KB179412

세상에 영향을 끼친 미국인
문화인, 예술인, 사상가

세계인의 감성을 자극한
문화 예술인

미국 ⑥

세계통찰

★ 미국을 만든 사람들 6 ★

세상에 영향을 끼친 미국인 - 문화인, 예술인, 사상가

세계인의 감성을 자극한
문화 예술인

한솔교육연구모임 지음

솔과나무

[PART 1] 예술, 스포츠

01

Steven Spielberg

꿈을 실현시키는 20세기 최고의 영화감독
스티븐 스필버그 • 022

영화를 사랑한 소년 | 예술 영화감독으로 발돋움하게 한 영화 〈쉰들러 리스트〉 | 전쟁과 국가에 대한 본질 〈라이언 일병 구하기〉 | 우울한 빅브라더의 시대, 〈마이너리티 리포트〉 | 검은 9월단의 인질극으로 최악이 된 뮌헨 올림픽 대참사 | 피의 복수로는 모든 것을 해결할 수 없다. 영화 〈뮌헨〉 | 가장 큰 영향력을 지닌 영화계의 살아 있는 전설

02

Charlie Chaplin

세상에 웃음을 선사한 천재,
찰리 채플린 • 056

불우한 어린 시절 | 할리우드, 영화 산업의 중심지가 되다 | 채플린, 할리우드를 평정하다 | 어릿광대가 원한 세상: 누구나 행복을 포기해서는 안 된다 | 추방당한 어릿광대 | 왕의 몰락 | 다시 미국으로

03

자유, 정의, 평등을 위해 싸운 전설적인 권투 선수
무하마드 알리
Muhammad Ali

• 082

04

작은 생쥐 한 마리로 미디어 제국을 일군
월트 디즈니
Walt Disney

• 104

05

한 장의 사진에 시대를 담은 사진작가
로버트 카파
Robert Capa

• 150

왜 미국을
읽어야 할까요?

〈세계통찰〉 시리즈는 다양한 독자에게 세계를 통찰할 수 있는 지식과 교양을 전해 주고자 합니다. 미국을 시작으로 중국, 일본, 중남미, 유럽, 아시아, 아프리카 등 오대양 육대주의 주요 국가들에 관한 정치, 경제, 역사, 문화 등 다양한 정보를 제공하여 세상이 움직이는 원리를 독자 스스로 알게끔 하고자 합니다.

지구상에 있는 국가들은 별개가 아니라 서로 연결된 유기체입니다. 여러 나라 가운데 〈세계통찰〉 시리즈에서 미국 편 전 16권을 먼저 출간하는 이유는 유기적인 세계에서 미국이 가진 특별한 지위 때문입니다. 19세기까지 세계를 호령하던 대영제국의 패권을 이어받은 미국은 20세기 이후 오늘날까지 세계 유일의 초강대국으로 세계를 이끌고 있습니다. 또한 세계 최강의 경제력을 기반으로 자유시장을 중시하는 자본주의 이념을 전 세계에 전파했습니다. 우리나라를 포함하여 많은 나라가 세계 최대 시장인 미국과의 무역을 통해 가난을 딛고 경제성장을 이룰 수 있었습니다. 애플이나 구글 같은 미국 기업들이 새로운 산업을 일으키면서 미국은 물론, 전 세계에 수많은 일자리와 자본력을 제공했습니다.

이처럼 전 세계에 커다란 영향을 미치고 있는 미국이라는 나라를 알기 위해 '미국의 대통령'을 시작으로 한 '미국을 만든 사람들' 편을 소개합니다. 대통령제를 기반으로 한 미국식 민주주의는 전 세계로 전파되면서 수많은 국가에 영향을 미치고 있습니다. 제2차 세계대전 이후 독립한 국가들이 대부분 대통령제를 선택하면서 대통령제는 미국을 넘어 많은 국가의 정치체제로 자리 잡았습니다. 도전 정신과 혁신을 바탕으로 미국 경제를 세계 최강으로 만든 '기업인들' 역시 우리에게 많은 교훈을 줍니다. 세계인의 감성과 지성을 자극하고 있는 '예술인과 지식인'도 이야기의 대상입니다. '사회 문화' 편에서는 미국의 문화를 통해 미국만이 가진 특성을 살펴봅니다. 창의와 자유를 존중하는 사회 분위기는 할리우드 영화, 청바지, 콜라 등 미국만의 문화를 탄생시켰고 이는 전 세계로 확산되어 지구촌의 문화로 자리 잡았습니다. 이제 미국의 문화는 미국인만 누리는 것이 아니라 세계인이 함께 공유하는 것이 되었습니다. '산업' 편에서는 정보통신, 우주 항공, 에너지, 유통 등 미국의 주력 산업을 통해 오늘날 미국이 세계경제를 주무르고 있는 비결과 미래에도 미국이 변함없이 강력한 영향력을 행사할 수 있는 이유에 대해 알아봅니다.

'전쟁' 편에서는 미국이 참전한 전쟁을 통해 전쟁이 미국은 물론 세계에 미친 영향에 대해 살펴봅니다. 미국은 전쟁으로 독립을 쟁취했을 뿐만 아니라 세계를 움직일 수 있는 새로운 질서를 만들어 냈습니다. 다시 말해 전쟁은 미국이 세계를 뜻대로 움직이는 도구였습니다.

이처럼 미국의 정치, 경제, 문화 등 각 분야는 20세기 이후 지구촌에 막대한 영향을 미치고 있기에 미국에 관한 지식이 없으면 세계를 제대로 이해할 수 없습니다. 미국을 제대로 알게 된다면 세상이 돌아가는 힘의 원리를 더 잘 알 수 있습니다. 〈세계통찰〉 시리즈 미국 편은 '미국을 만든 사람들' 전 6권, '세계의 중심이 된 미국의 문화와 산업' 전 6권, '전쟁으로 일어선 미국' 전 4권으로 되어 있습니다. 이렇게 총 16권의 인물, 사회·문화, 산업, 전쟁 등 주요 분야를 다루면서 단편적인 지식의 나열이 아니라 미국의 진면목, 나아가 세계의 흐름을 알 수 있도록 했습니다. 적지 않은 분량이지만 정치, 경제, 문화사에 남을 인물들과 역사에 기록될 사건을 중심으로 다양한 예화와 사례를 들어가면서 쉽고 재미있게 썼습니다. 처음부터 끝까지 차분히 읽다 보면 누구나 미국과 세계의 과거와 현재, 미래를 명확하게 들여다볼 수 있는 통찰력을 가질 수 있을 것입니다.

세계를 한눈에 꿰뚫어 보는 〈세계통찰〉 시리즈! 길고도 흥미진진한 이 여행에서 처음 만나게 될 나라는 미국입니다. 두근거리는 마음으로 함께 출발해 봅시다!

한솔(한솔교육연구모임 대표)

세상의 변화를 읽고,
앞을 내다보는 힘

　미래학자 엘빈 토플러는 "한국 학생들은 하루 10시간 이상을 학교와 학원에서 자신들이 살아갈 미래에 필요하지 않을 지식을 배우고, 존재하지 않을 직업을 위해 아까운 시간을 허비하고 있다."라고 했습니다. 그렇다면 우리는 무엇을 배우고, 생각해야 할까요? 수년 안에 지구촌은 큰 위기를 맞이할 가능성이 큽니다. 위기는 역사적으로 늘 존재했지만, 앞으로 닥칠 상황은 미국과 중국의 패권 전쟁의 상황에서 과거와는 차원이 다른 큰 변화가 일어날 것입니다. 2018년 기준 중국은 미국의 66% 수준의 경제력을 보입니다. 구매력 기준 GDP는 중국이 이미 2014년 1위에 올라섰습니다. 세계 최강의 지위를 위협받은 미국은 트럼프 집권 이후 중국에 무역 전쟁이란 이름으로 공격을 시작했습니다. 미국과 중국의 무역 전쟁은 단순히 무역 문제로만은 볼 수 없는 정치, 사회, 경제, 문화가 엮여 있는 총체적 전쟁입니다. 미국과 중국의 앞날을 예측하기 위해서는 경제 분야 외에, 정치, 사회, 문화 등을 통합적으로 볼 수 있어야 합니다. 역사는 리듬에 따라 움직입니다. 현재와 비슷한 문제가 과거에 어떤 식으로 일어났는지를 알면 미래를 읽는 통찰력이 생깁니다. 지나온 역사를 통해 세상의 변화를 읽고 앞을 내다보는 힘을 길러야 합니다. 역사를 통해서 남들이 보지 못하는 곳을 보고, 다른 사람과 다르게 생각하는 힘을 길러야 합니다.

〈세계통찰〉은 이러한 필요에 따라 세계 주요 국가의 역사, 경제, 사회, 문화 등 다양한 주제를 통해 세계를 이해하는 안목을 심어 주고자 쓰인 책입니다. 솔과나무 출판사는 오대양 육대주에 걸쳐 있는 중요한 나라를 대부분 다루는 계획 아래 먼저 미국과 중국에 대한 책을 출간할 계획입니다. 이는 오늘날 미국과 중국이 정치, 경제, 문화 등 모든 분야를 선도하며 전 세계에 막대한 영향을 미치고 있는 초강대국이기 때문입니다. 〈세계통찰〉 시리즈는 미국과 중국 세계 양강 대결의 상황에서 미·중 전쟁의 미래를 예측할 수 있는 훌륭한 나침반이 될 수 있을 것입니다.

특히 미국은 정치, 경제, 문화 등 어느 분야로 보아도 세계인의 관심을 가장 많이 받는 나라입니다. 〈세계통찰〉 시리즈 '미국'은 정치, 경제, 사회, 문화 모든 분야에 걸쳐서 시간과 공간을 넘나들며 현재의 미국을 이해할 수 있게 만든 획기적인 시리즈입니다. 인물, 산업, 문화, 전쟁 등의 키워드로 살펴보면서 미국의 역사와 문화, 각국과의 상호관계를 파악할 수 있는 지식과 읽을거리를 제공합니다. 인물과 사건을 중심으로 이야기를 이어가고 그 과정에서 우리가 오늘날 세상을 살아갈 때 활용할 수 있는 지혜를 담고 있습니다. 단순히 사실 나열에 그치지 않고, 왜 그렇게 되었는지, 그 뒤에는 어떻게 되었는지, 과정과 흐름 속에서 숨은 의미를 찾아냄으로써 유연하고 창의적인 생각을 할 수 있도록 자극합니다. 무엇보다 〈세계통찰〉 시리즈에는 많은 이들의 실패와 성공의 경험이 담겨 있습니다. 앞서 걸은 이들의 발자취를 통해서만 우리는 세상을 보는 통찰력을 키울 수 있다는 사실을 기억했으면 합니다. 미국을 자세히 들여다보면 지구촌 사람들의 모습을 다 알 수 있다고도 합니다. 세계를 이끌어가는 미국을 이해한다는 것은 단순히 한 나라를 아는 것이 아니라 세계를 이해하는 것이기 때문에 〈세계통찰〉 시리즈 미국 편을 통해 모두가 미국에 대해 입체적이고 통합적으로 살펴볼 수 있는 기회를 얻기를 바랍니다.

곽석희(청운대학교 융합경영학부 교수)

〈세계통찰〉 시리즈에
부쳐

4차 산업혁명 시대를 맞이하는 청소년에게 꼭 필요한 지혜

4차 산업혁명 시대에는 나라 사이의 언어적, 지리적 장벽이 허물어집니다. 견고한 벽이 무너지는 대신 개인과 개인을 잇는 촘촘한 연결망이 더욱 진화합니다. 이제 우리는 다양한 문화적 배경을 가진 친구와 이전과는 완전히 다른 방법으로 우정을 나눌 수 있습니다. 낯선 언어는 더는 장애가 되지 않습니다. 스마트폰의 번역 프로그램을 이용하면 내가 할 말을 실시간으로 전달할 수 있고 상대방의 말뜻을 이해할 수도 있습니다. 또 초고속 무선 통신망을 이용해 교류하는 동안 지식이 풍부해져서 앞으로 내가 나아갈 길을 설계하는 데 큰 도움이 됩니다.

저는 오랫동안 현장에서 청소년을 만나며 교육의 방향성을 고민해 왔습니다. 초 단위로 변하는 세상을 바라보면 속도에 대한 가르침을 줘야 할 것 같고, 구글 등 인터넷상에 넘쳐 나는 정보를 보면 그것에 대한 양적인 교육이 필요할 것 같았습니다. 긴 고민 끝에 저는 시대

가 변해도 퇴색하지 않는 보편적 가치와 철학을 청소년에게 심어 줘
야겠다는 결론을 내렸습니다.

4차 산업혁명 시대에는 인공 지능과 인간이 공존합니다. 최첨단 과
학이 일상이 되는 세상에서 75억 지구인이 조화롭게 살아가려면 인
간 중심의 교육이 필요합니다. 인문학적 지식과 소양을 통해 인간을
더욱 이해하고 이롭게 만드는 시각을 갖춰야 합니다. 〈세계통찰〉 시
리즈는 미래를 이끌어 나갈 청소년을 위한 지식뿐 아니라 그 지식을
응용하여 삶에 적용해 볼 수 있는 지혜까지 제공하는 지식 정보 교양
서입니다.

청소년이 이 책을 반드시 접해야 하는 이유

첫째, 사고의 틀을 확대해 주는 책입니다.

〈세계통찰〉 시리즈는 정치, 경제, 사회, 문화, 무역, 외교, 전쟁, 인물
에 이르기까지 하나의 국가가 국가로서 존재하고 영유하는 모든 것
을 다루고 있습니다. 한 국가를 이야기할 때 경제나 사회의 영역을
충분히 이해했다 해도 '이 나라는 이런 나라다.' 하고 한마디로 정의
하기는 어렵습니다. 인물이나 역사적 사건과 같은 눈에 보이는 사실
과 이념, 사고, 철학과 같은 눈에 보이지 않는 특성까지 좀 더 유기적
이고 종합적인 사고를 해야 한 나라를 이해하고 정의할 수 있을 것입
니다. 이 책을 통해 합리적이고 논리적으로 사고하는 습관을 자연스

럽게 기를 수 있습니다.

둘째, 글로벌 리더를 위한 최적의 교양서입니다.

4차 산업혁명 시대라 하더라도 모든 나라가 해체되는 것은 아닙니다. 세계화 속도가 점점 가속화되는 글로벌 시대에 꼭 필요한 소양은 역설적이게도 각 나라에 대한 수준 높은 정보입니다. 일반적으로 알려진 상식의 폭을 확대할 수 있어야 합니다. 미국과 중국의 무역 분쟁이나 우리나라와 일본의 갈등에서도 볼 수 있듯 세계 곳곳에는 국가 사이의 특수한 사정과 역사로 인해 각종 사건과 사고가 터져 나오고 있습니다. 한 국가의 성장과 번영은 자국의 힘과 노력만으로는 가능하지 않습니다. 가깝고 먼 나라와의 유기적인 관계 속에서 평화를 지키고 때로는 힘을 겨루면서 이루어지는 것입니다. 한편 G1, G2라 불리는 경제 대국, 유럽 연합EU이나 아세안ASEAN 같은 정부 단위 협력 기구 사이에 일어나는 상호 이해관계도 중요해지고 있습니다. 〈세계통찰〉 시리즈는 미국, 중국, 일본, 아세안, 유럽 연합, 중남미 등 지구촌 모든 대륙과 주요 국가를 공부하는 데 반드시 필요한 영역을 씨실과 날실로 엮어서 구성하고 있습니다.

마지막으로 〈세계통찰〉 시리즈는 글쓰기, 토론, 자기 주도 학습, 공동 학습에 최적화된 가이드 북입니다.

저는 30년 이상 교육 현장에 있으면서 토론, 그중에서도 대립 토론debating 수업을 강조해 왔습니다. 학생 스스로 자료를 찾고 분류하며 자신만의 생각을 정리하고 발표하는 방식입니다. 이때 다른 사람의 생각을 경청하고 공감하는 학생일수록 주도적이고도 창의적인 인재로 성장하는 것을 보았습니다. 〈세계통찰〉 시리즈가 보여주는 형식과 내용은 학생과 교사 모두에게 긍정적인 영향을 줄 것이라고 확신합니다.

가까운 미래에 글로벌 리더로서 우뚝 설 우리 청소년에게 힘찬 응원의 메시지를 보냅니다.

박보영(교육학 박사, 박보영 토론학교 교장, 한국대립토론협회 부회장)

PART

1.

예술, 스포츠

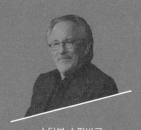

스티븐 스필버그

찰리 채플린

무하마드 알리

월트 디즈니

로버트 카파

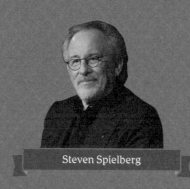

Steven Spielberg

꿈을 실현시키는 20세기 최고의 영화감독

스티븐
스필버그

미국의 영화감독 (1946~)
할리우드와 블록버스터 영화를 대표하는 거장.
〈E.T.〉, 〈쥬라기 공원〉 등 수많은 흥행작을 연출했으며, 2013년 〈포브스〉
에서 선정한 세계에서 가장 영향력 있는 100인에 뽑혔다.

영화를 사랑한 소년

스티븐 스필버그는 사람들의 기억에 오래 남을 수많은 영화를 만든 주인공입니다. 그는 1946년 12월 미국 오하이오주 신시내티 Cincinnati에서 유대인 부모 사이에서 태어났습니다. 전기 엔지니어였던 스필버그의 아버지가 직장을 자주 옮기는 바람에 가족들은 이곳저곳으로 이사를 다녀야 했습니다.

일정한 곳에 정착하지 못하고 떠돌이 생활을 한 스필버그는 정서적으로 불안정했고, 친구들과 관계도 원만하지 못했습니다. 당시만 하더라도 미국에서 유대인에 대한 차별이 극심했기 때문에 그는 더욱

어린 시절
인종 차별에 시달리던
스티븐 스필버그

어린 시절부터
영화에 소질이 있던
스티븐 스필버그

위축되었습니다. 친구 하나 없던 스필버그는 점차 내성적인 성격으로 변해 갔고, 그런 모습을 지켜보던 부모는 마음이 안타까웠습니다.

스필버그의 어머니는 홀로 지내는 아들이 안타까워 열두 살 때 동영상을 담을 수 있는 소형 무비 카메라를 선물했습니다. 무비 카메라는 스필버그의 친구가 되어 주었고, 그를 영화감독의 세계로 이끌었습니다. 그때부터 스필버그는 영화의 세계에 빠져들어 시나리오를 쓰고 영화를 찍기 시작했습니다. 초창기 작품은 주로 가족 이야기였지만 열세 살 때 40분짜리 전쟁 영화를 만들기도 했습니다. 열일곱 살 때 장편 영화 〈불빛Firelight〉을 제작하며 상업 영화의 세계로 들어서게 되었습니다.

스필버그는 〈불빛〉을 촬영하기 위해 공항 측에 공항을 일시 폐쇄해 달라고 요구했을 정도로 영화를 위해서라면 거칠 것이 없었습니다. 이 영화를 만든 뒤 스필버그는 아버지의 도움으로 동네 극장을 빌려 영화를 상영했고, 하루 만에 제작비 500달러를 벌어들였습니다.

이후 스필버그는 공부를 뒷전으로 한 채 영화에 빠져 학교 성적이 좋지 못했습니다. 평소 그는 서던캘리포니아 대학교USC 영화과에 진학하고 싶었지만 낙방하였고, 대신 캘리포니아 주립 대학교California State University 롱비치Long Beach 캠퍼스에 진학했습니다. 하지만 자신이 원하는 대학이 아니었던 만큼 학교생활에 흥미를 느끼지 못하고 겉돌기 시작했습니다.

스필버그는 학교에 가는 날보다 유명한 영화 제작사인 유니버설 스튜디오Universal Studios 주변을 기웃거리는 날이 더 많았습니다. 처음에는 잡상인으로 몰려 스튜디오 안으로 들어가지 못했지만, 거의 매일 출근하다시피 하다 보니 사람들과 친숙해져 영화 촬영장을 드나들 수 있게 되었습니다. 스필버그는 그곳에서 영화에 관한 살아 있는 지

스티븐 스필버그에게 성공의 발판을 만들어 준 유니버설 스튜디오

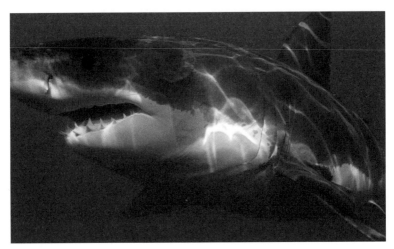
식인 상어를 소재로 한 〈죠스〉

식을 공부했습니다. 대학에서 가르쳐 주지 않는 현장에서만 느낄 수 있는 살아 있는 지식은 그를 흥분시켰습니다.

스필버그의 영화에 대한 뜨거운 열정은 유니버설 스튜디오 사람들의 마음을 움직였습니다. 회사는 아직 학생인 그에게 TV 프로그램 제작을 맡기며 감독으로 일할 기회를 주었습니다. 좋은 기회가 찾아온 것은 틀림없지만 영화감독이 꿈이던 스필버그는 TV 프로그램 제작에 만족할 수 없었습니다.

1975년 스물아홉 살의 스필버그를 단번에 세계적인 영화감독 반열에 올려놓는 일이 생겼습니다. 회사 측은 스필버그에게 식인 상어와의 혈투를 그린 영화 〈죠스Jaws〉의 감독을 맡겼는데, 이 영화가 세계적인 성공을 거두면서 영화사에 엄청난 수익을 안겨 주었습니다. 제작비를 700만 달러 정도 들인 〈죠스〉는 4억 달러 이상의 수입을

외계인을 등장시켜 엄청난 흥행을 거둔 영화 〈E.T.〉

올립니다. 이는 당시로서는 최대 수입이며, 죠스는 사상 최고 흥행 작품이 되었습니다. 이 영화 한 편으로 스필버그는 무명 감독에서 할리우드의 거물이 되었습니다.

예술 영화감독으로 발돋움하게 한 영화 〈쉰들러 리스트〉

영화 〈죠스〉가 크게 성공하자 미국 유수의 영화사들은 스필버그를 잡기 위해 안달이었습니다. 스필버그는 외계인과 어린이들의 우정을 다룬 영화 〈E.T.〉, 손에 땀을 쥐게 하는 액션 모험 영화 〈인디아나 존스〉 등 작품마다 자신의 흥행 기록을 갈아 치우며 흥행의 귀재가 되었습니다. 그는 엄청나게 많은 돈을 벌었지만 모두가 그를 좋게 평가한 것은 아니었습니다.

제2차 세계대전 당시 강제 수용소에서 죽음을 맞이한 유대인

당시 스필버그의 작품은 돈벌이를 위한 오락 영화였기 때문에 예술성을 찾아보기 힘들었습니다. 이로 인해 스필버그는 영화 평론가들의 매서운 비판에 시달렸습니다. 영화 평론가 대부분이 스필버그의 영화를 두고 '예술성이라고는 전혀 찾아볼 수 없는 허접한 작품'이라는 악평을 쏟아 냈습니다.

1985년 스필버그는 미국 사회에서 약자인 흑인 여성이 겪는 고통을 담은 〈컬러 퍼플〉이라는 영화를 선보였지만 작품성을 인정받는데는 실패하였습니다. 가장 권위 있는 영화제인 아카데미상 시상식에서 그의 작품은 무려 11개 부문에 걸쳐 수상 후보에 이름을 올리지만, 단 한 개도 수상하지 못했습니다. 스필버그는 영화를 돈벌이의 수단으로만 여긴다는 비판에서 벗어나기 위해 노력했지만, 기회를 잡기가 쉽지 않았습니다.

그런데 1993년 유대인 대학살을 다룬 영화 〈쉰들러 리스트〉 제작에 나서면서 새로운 전기를 맞이했습니다. 스필버그는 어린 시절 유대인이라는 이유만으로 온갖 차별을 받으며 학교에 다녀야 했습니다. 이후 그는 자신이 유대인임을 드러내기를 꺼렸지만 우연히 유대인 대학살에 관한 책을 읽은 뒤로 마음을 바꿨습니다.

스필버그는 홀로코스트Holocaust*의 생존자들을 만나면서 유대인이 얼마나 큰 고통을 겪었는지 알게 됩니다. 그리고 홀로코스트에 관한 자료를 수집하는 과정에서 오스카 쉰들러Oskar Schindler라는 독일 사람에 대해서도 알게 됩니다.

제2차 세계대전이 시작되던 해 쉰들러는 독일군 점령지인 폴란드의 크라쿠프Krakow 마을로 이주했습니다. 그는 당시 폴란드에 살고 있던 유대인의 불행이 자신에게는 행운이 될 수 있다는 사실을 직감하고, 폴란드로 건너가 기회를 엿보고 있었습니다. 쉰들러는 사업에 연이어 실패해 빈털터리 상태였고, 정직과는 거리가 먼 사람이었습니다.

폴란드에 살던 유대인들은 지난 수백 년 동안 모든 분야에서 주류층으로 뿌리를 내렸습니다. 그런데 나치 독일이 폴란드를 강제 점령하면서 그들은 모든 것을 잃고 강제 수용소에 갇히는 처지가 되었습니다.

쉰들러는 크라쿠프 강제 수용소에 갇힌 유대인이 운영하던 그릇

* 제2차 세계대전 중 나치 독일이 자행한 유대인 대학살.

유대인 대학살이 일어난 아우슈비츠 수용소

공장을 돈 한 푼 들이지 않고 강탈하다시피 차지한 뒤, 강제 수용소의 소장과 독일군 고위 장교에게 뇌물을 건네기 시작했습니다. 마침내 쉰들러는 수백만 명의 독일군이 사용하는 군용 식기 납품권을 따내는 데 성공하고, 수용소의 유대인 노동력을 착취해 수익을 극대화했습니다.

뇌물과 노동력 착취로 손쉽게 큰돈을 벌어들인 쉰들러는 사치스럽고 방탕한 생활을 하며 개인의 이익만을 추구했습니다. 쉰들러와 밀접한 관계에 있던 수용소장 아몬 괴트Amon Goeth는 매일 아침 일어나면 숙소 발코니에 나와 유대인을 쏘아 죽이는 것으로 일과를 시작했을 정도로 사악했습니다. 그는 식탁에 올라온 스프가 따뜻하지 않거나 닭 한 마리가 사라져도 책임을 물어 유대인을 살해했습니다. 만약 수용된 유대인이 탈출하다가 잡히기라도 하면 같은 방에 있는 사람을 모두 죽인 뒤 시신 일부를 자신이 기르던 애완견에게 주었을 정도로 잔혹했습니다.

　수용소를 지키던 독일군 병사는 인간미라고는 찾아볼 수 없을 정도로 매정했고, 별다른 죄책감 없이 유대인을 학살했습니다. 사실 600만 명 넘는 유대인을 학살한 독일인이 원래부터 야만적인 것은 아니었습니다. 독일은 유럽 내에서도 문화가 발달한 대표적인 문명 국가였습니다. 음악의 아버지 바흐, 음악의 성인 베토벤, 소설가 괴테, 철학자 칸트, 수학자 가우스 등 셀 수 없이 많은 위인이 독일인이 었을 정도로 문화 선진국이었습니다.

　하지만 전쟁이라는 광기의 소용돌이에 휩싸인 독일인은 정의를 외면하고 히틀러에게 복종하면서 유대인 대학살을 벌였습니다. 1944년 전쟁에서 패색이 짙어지자 독일군은 크라쿠프 수용소의 유대인을 모두 아우슈비츠Auschwitz의 가스실로 보내 죽이려 했습니다. 그때서야

유대인을 학살할 때 사용하던
독가스의 원료

유대인을 구한 의인 오스카 쉰들러

쉰들러는 자신에 대해 돌아보기 시작했습니다. 그동안 유대인 노동력을 착취해 자신이 원하던 큰돈을 벌었지만, 인간의 생명을 벌레보다 못하게 다루는 독일군의 행위에 반감을 갖게 되었습니다.

쉰들러는 지금껏 번 돈으로 유대인을 구하기로 결심하고 수용소장을 포함한 독일군 장교를 매수했습니다. 수용소에서 어느 정도 떨어진 곳에 세워질 공장의 노동자로 사용한다는 조건으로 유대인 수용자를 사들이기 시작했습니다. 그는 전재산을 모두 쏟아부어 1,100여 명의 유대인을 수용소 밖으로 데리고 나왔습니다. 이들은 모두 쉰들러 덕분에 목숨을 구하게 되었습니다.

나치 독일은 무고한 유대인을 600만 명 이상 죽이는 만행을 저질렀지만, 독일 사람 중에는 쉰들러 같은 의인도 있었습니다. 스필버그는 이 영화를 통해 세상에는 비록 소수지만 극한 상황에서도 결코 사라지지 않는 양심을 지닌 사람도 있다는 것을 보여 주고자 했습니다.

영화 〈쉰들러 리스트〉는 아카데미 시상식에서 12개 부분의 수상 후보에 올랐고 감독상, 작품상, 편집상, 촬영상 등 7개 부문을 휩쓸면서 1993년 최고의 영화가 되었습니다. 오랜 세월 동안 오락 영화감독이라는 꼬리표를 달고 다닌 스필버그는 〈쉰들러 리스트〉를 통해 그의 예술 세계를 처음으로 인정받았습니다.

전쟁과 국가에 대한 본질 〈라이언 일병 구하기〉

어느 누구도 참혹한 전쟁을 원하지 않지만, 전쟁은 인류가 지구상에 등장한 이래 끊이지 않았습니다. 전쟁을 일으키는 사람은 대개 힘 있는 권력자이지만, 이들이 전쟁터에 나가 죽는 일은 거의 없습니다. 대신 젊은이들이 전장에 나가 싸움을 하며, 젊은 청춘을 희생해야 했습니다. 스필버그는 영화 〈라이언 일병 구하기〉를 통해 전쟁과 국가의 본질에 대해 말하고자 했습니다.

1944년 6월 6일, 프랑스 노르망디 해변에서 제2차 세계대전의 승부를 가르는 대규모 상륙 작전이 벌어졌습니다. 연합군의 주축인 미군은 오마하Omaha 해변에 상륙하기로 했습니다.

스필버그는 영화 도입부에 오마하 해변 상륙 작전을 보여 주며 기존 영화와 다른 시도를 했습니다. 이제까지 나온 미국의 전쟁 영화는 대부분 미군의 용맹스러움을 보여 주기에 급급했습니다. 적군을 향해 돌진하는 미군은 두려움을 찾아보기 힘든 천하무적이었습니다. 하지만 스필버그는 전쟁의 참모습을 보여 주고자 했습니다. 그래서 실전에 참전한 미군의 증언을 토대로 당일에 있었던 일을 있는 그대로 그려 냈습니다. 스필버그는 "이 작품을 연출하면서 어떠한 과장도 없이 전쟁을 그대로 보여 주려고 했습니다."라고 말했습니다.

오마하 해변 상륙 당일, 독일군은 미군의 상륙에 대비해 진지마다

참혹한 노르망디 상륙 작전의 살상을 적나라하게 보여 준 〈라이언 일병 구하기〉

강력한 기관총을 배치했습니다. 상륙정을 타고 오마하 해변으로 접근하는 미군은 독일군을 무찌를 생각에 사기가 충만한 것이 아니라, 죽을지 모른다는 극도의 공포에 사로잡혀 있었습니다. 겁에 질린 미군은 신을 향해 기도하고, 떨리는 손을 주체하기가 어려웠습니다. 일부 병사는 먹은 음식물을 토하기도 하며 두려움에 떨어야 했습니다.

상륙정이 병사들을 상륙시키기 위해 문을 여는 순간, 미군을 향해 조준하고 있던 독일군의 기관총이 불을 뿜기 시작하면서 순식간에 그곳은 아비규환으로 변했습니다. 독일군의 강력한 기관총에 몸이 갈기갈기 찢겨 나가면서 미군들은 상륙정 바닥에 힘없이 쓰러졌습니다. 독일군의 기관총은 온종일 불을 뿜어 댔고, 미군의 시체에서 흘러나온 피가 오마하 해변을 온통 붉게 물들였습니다.

영화가 시작되고 30분 가까이 이어지는 처절한 전투 장면은 관객

영화 〈라이언 일병 구하기〉 제작을 발표하는 스티븐 스필버그

들에게 트라우마*를 심어 줄 정도로 격렬했습니다. 〈라이언 일병 구하기〉에 영웅은 등장하지 않았습니다. 미군들은 살아야겠다는 단 한 가지 욕구를 위해 이리저리 뛰어다니기에 바빴습니다.

　미 육군 사령부는 전투가 끝나고 병사들의 전사 통지서를 작성하는 과정에서 뜻밖의 사실을 발견했습니다. 아이오와Iowa주의 한 농촌 마을에 살던 네 명의 형제가 모두 전쟁에 참전해 이들 중 세 명이 전사한 것이지요. 미 육군 사령부에서 전사자 관리를 담당하던 군인들은 세 아들의 전사 통지서를 고향에 있는 홀어머니에게 보내기에 앞서 고민에 빠졌습니다. 세 아들을 잃고 슬퍼할 홀어머니를 위해 마지

* 외부에서 일어난 강력한 정신적 충격으로 인해 발생하는 심리적 외상.

제2차 세계대전 당시 미 육군 참모 총장
조지 마셜

막으로 남은 막내 제임스 프란시스 라이언 일병을 집으로 돌려보내려고 했지만, 미 육군 사령부에서는 그의 행방을 파악하지 못했습니다. 라이언 일병은 노르망디 상륙 작전 당시 낙하산을 타고 독일군 점령 지역에 떨어졌는데, 생사가 확인되지 않은 상태였습니다.

특공대를 보내서 라이언 일병을 구해 홀어머니 품으로 돌려보내는 것이 국가의 의무라는 견해와 전쟁에서는 희생자가 나오게 마련이므로 병사 한 명을 구하기 위해 특공대를 보낼 필요가 없다는 의견이 팽팽히 맞서게 됩니다. 이에 육군 참모 총장 조지 마셜George Marshall이 상황을 정리합니다. 그는 생사가 불분명한 라이언 일병을 적진에서 구해 집으로 돌려보내는 것이 국가가 해야 할 일이라고 단언하며 특공대를 보내라는 명령을 내립니다.

하루에도 수천 명의 군인이 죽는 곳이 전쟁터이다 보니 한 사람의 생명은 하찮아 보일 수 있습니다. 더구나 제임스 F. 라이언은 전쟁의 승리에 큰 영향을 미치는 중요한 인물이 아닌 일개 병사에 지나지 않습니다. 하지만 스필버그는 전쟁에서 그리 중요하지 않은 병사라도 가족에게는 이 세상 무엇과도 바꿀 수 없는 소중한 존재임을 영화를 통해 말하고자 했습니다. 정상적인 국가라면 단 한 명의 군인도 전쟁터에 내버려 두지 말고 데려와야 한다는 것이 스필버그의 생각이었습니다.

육군 참모 총장의 엄명에 따라 존 밀러 대위에게 라이언 일병을 구하는 임무가 주어졌고, 그는 부하 7명과 함께 독일군 점령 지역으로 떠났습니다. 라이언 일병을 구하기 위해 가는 동안, 곳곳에서 전투를 치르며 사상자까지 발생했습니다. 천신만고 끝에 라이언 일병을 찾아낸 특공대는 그를 전쟁터에서 데리고 나가려고 하지만, 라이언 일병이 이를 거절합니다.

당시 라이언 일병이 있던 곳에는 소수의 미군만이 살아남은 상태였는데, 그는 자신의 목숨을 지키기 위해 사지에 있는 동료를 외면할 수 없었던 것입니다. 라이언 일병은 특공대원을 향해 "왜 나만 집으로 돌아가야 하나요? 전우들도 나와 다를 것이 하나도 없습니다. 그들도 모두 집에 가고 싶어 합니다."라고 말하며 그 어떤 특혜도 누리기를 거절했습니다.

결국 특공대는 적진에 남아 독일군과 최후의 격전을 치릅니다. 이 과정에서 8명의 특공대원 중 6명이 목숨을 잃습니다. 라이언 일병은 고향으로 살아 돌아가지만 평생 동안 자신을 구하기 위해 목숨을 잃은 6명의 특공대원에 대한 죄책감에서 벗어나지 못합니다.

스필버그는 〈라이언 일병 구하기〉를 통해 국가는 국민을 위해 존재하며 국민에게 최선을 다해야 한다고 주장하고 있습니다. 또한 전쟁은 모든 사람에게 깊은 트라우마를 남기게 된다는 것을 말하고자 했습니다.

우울한 빅브라더의 시대, 〈마이너리티 리포트〉

영국의 소설가 조지 오웰George Orwell은 1948년 사회학적 통찰과 풍자로 가득한 소설《1984》를 발표했습니다. 소설에는 절대 권력을 지닌 통치자 빅브라더big brother *가 등장합니다. 빅브라더는 첨단 감시 장치인 텔레스크린**을 통해 국민의 일거수일투족을 끊임없이 감시했기 때문에 절대 권력을 지니게 되었습니다. 1940년대 이미 조지 오웰은 정부나 독재자가 첨단 기술을 통해 국민을 철저히 감시하는 어두운 미래를 예측하며, 이런 세상이 결코 바람직하지 않다고 주장했습니다.

2002년 스필버그 역시 〈마이너리티 리포트Minority Report〉라는 영화를 통해 국가가 국민을 감시하는 세상이 인권 보호에 얼마나 큰 위협이 되는지를 보여 줍니다. 영화는 2054년 미국 워싱턴 D.C.를 배경으로 하고 있습니다.

2054년 사람들은 그 어느 때보다도 범죄로부터 안전한 세계에 살고 있습니다. 미국 정부가 '범죄 예방국'이라는 특별한 부서를 만들어 범죄를 예방하기 때문입니다. 범죄 예방국에는 가까운 미래를 예측할 수 있는 초능력을 지닌 소녀들이 있습니다. 예지 능력을 지닌 소녀들은 정부 당국에 의해 감금된 상태로 일하는데, 잠시 뒤 벌어질 범죄의 현장을 화면으로 보여 줍니다.

---

* 소설 〈1984〉에 처음 등장한 말로, 정보의 독점과 감시를 통해 사람들을 통제하는 권력을 말한다. 현재 빅브라더는 사회를 돌보는 보호적 감시라는 긍정적 의미와 권력자들의 사회 통제 수단이라는 부정적인 의미를 동시에 지닌다.
** 텔레비전 수상기에서 화면을 보여 주는 형광막으로 수신과 송신을 동시에 할 수 있는 장치.

조지 오웰이 우려한
감시 사회가 된 오늘날의 모습

　범죄 예방국 팀장 존 앤더튼은 화면에 비친 범죄 현장이 어디인지
를 재빠르게 분석하는 뛰어난 능력으로 범죄 예방에 큰 역할을 하고
있습니다. 예를 들어 칼을 든 남자가 피해자를 죽이려고 접근하는 장
면이 화면 속에 비춰지면 그곳이 어디인지 신속하게 파악해 범인을
체포함으로써 범죄를 예방합니다.

　존 앤더튼이 누구보다도 열정적으로 일하는 데는 나름대로의 사연
이 있습니다. 범죄 예방국이 출범하기 직전, 그는 아들을 범죄로 잃
어버리는 쓰라린 경험을 합니다. 이로 인해 범죄 예방 프로그램이야
말로 자신과 같은 피해자를 사전에 방지할 수 있는 가장 좋은 시스템
이라고 확신하고 최선을 다해 일합니다.

　범죄 예방국 출범 이후 미국의 범죄 발생률은 현저히 낮아졌고, 정
부는 이를 업적으로 내세우며 범죄 예방 프로그램을 더욱 강화하려
고 합니다. 하지만 얼마 지나지 않아 뜻밖의 사건이 발생합니다. 범
죄 예방국 조직 내부에서 누군가가 존 앤더튼을 모함하여 예비 살인

자로 조작해 존 앤더튼의 모습을 화면에 띄우게 됩니다.

한순간에 잔혹한 예비 살인자로 몰리게 된 존 앤더튼은 도망을 가면서 많은 것을 고뇌합니다. 지금까지 그가 범죄자로 여겨 구속시킨 사람들 중 자신과 같은 억울한 피해자가 있을 수 있다고 생각합니다. 존 앤더튼이 도망 다니는 동안 범죄 예방국은 미래에 펼쳐질 첨단 기술을 총동원해 그를 추적합니다.

영화에서 2050년대의 미국 정부는 홍채*를 등록해 국민을 관리합니다. 홍채 인식 시스템은 생후 18개월에 완성되어 평생 변하지 않는 홍채의 특성을 이용한 것입니다. 지문처럼 자국이 남지 않을 우려도 없습니다. 다른 사람과 홍채가 같을 확률이 없기 때문에 국가로서는 신원 확인을 위한 좋은 수단으로 활용할 수 있습니다. 영화에서 홍채는 신용카드를 대신할 결제 수단으로도 널리 활용됩니다. 홍채 인식기를 통해 본인이 맞는지 신원만 확인하면 계좌의 돈이 자동으로 이체되는 편리한 세상이 펼쳐집니다. 하지만 홍채 인식 시스템은 정부가 대상을 손쉽게 추적할 수 있기 때문에 국민의 사생활이 침해될 수 있습니다.

스필버그는 영화를 통해 범죄 예방이라는 대의명분을 앞세워 정부가 국민의 사생활을 들여다볼 수 있는 사회에 대해 우려를 표했습니다. 마침내 스필버그의 우려가 현실로 드러나기 시작하면서 사람들

---

* 동공 주위에 있는 고리 모양의 얇은 막으로, 수축과 이완을 통해 동공의 크기를 조절하여 안구로 들어오는 빛의 양을 조절한다.

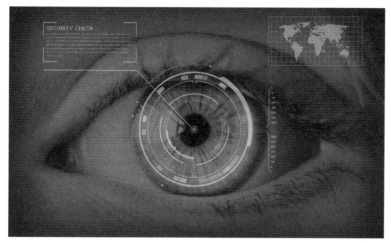

스마트폰에서도 활용되고 있는 홍채 인식 시스템

은 그의 선견지명에 감탄했습니다.

2001년 9·11 테러 이후 미국 정부는 국제 테러로부터 미국 사회를 보호한다는 명분을 내세워 미국인뿐 아니라, 전 세계인을 대상으로 정보를 수집하면서 물의를 일으킵니다. 2002년 광범위하고 체계적인 정보 수집을 위해 국방부 규모와 맞먹는 조직원 17만 명으로 구성된 국토 안보부가 설치되었습니다. 국토 안보부는 국민의 안전 보호라는 대의명분 아래 위치 추적, 감청, 이메일 검열 등 사생활을 침해하는 일을 주도하면서 빅브라더가 지배하는 감시 사회가 시작됨을 알렸습니다.

검은 9월단의 인질극으로 최악이 된 뮌헨 올림픽 대참사

1972년 8월 26일 독일 뮌헨München에서 제20회 하계 올림픽이 성대한 막을 올렸습니다. 당시 독일은 자유 진영의 서독과 공산 진영의 동독으로 나뉘어 있었는데, 올림픽은 서독에서 개최되었습니다. 서독은 뮌헨 올림픽을 통해 제2차 세계대전의 아픔을 딛고 멋지게 재기한 모습을 전 세계에 보여 주려고 했습니다. 대회 공식 구호도 '행복한 게임'이라 부르며, 서독은 올림픽을 통해 전 세계를 축제 분위기로 이끌려고 했습니다.

같은 해 9월 5일 팔레스타인Palestine*을 대표하는 정치 조직인 팔레스타인 해방 기구PLO 소속 테러범 8명이 보안 조치가 허술한 올림픽 선수촌에 잠입했습니다. 이들은 이스라엘 선수단 숙소를 급습해 선수 1명과 코치 1명을 살해하고, 9명을 인질로 붙잡았습니다. 테러범들은 이스라엘 인질을 살해하지 않는 조건으로 이스라엘 감옥에 수감된 동료 234명을 석방할 것과 자신들이 안전하게 이집트로 도망칠 수 있도록 항공기를 마련해 줄 것을 요구했습니다. 세계적인 평화 행사인 올림픽에서 유혈 참사가 벌어지자, 이스라엘은 인질을 구하기 위해 특수 부대를 서독에 파견하고자 했습니다.

이스라엘은 1948년 건국 이후 호전적인 아랍 세계와 맞서기 위해 최강의 군사력을 유지하고 있었습니다. 따라서 이스라엘의 잘 훈련된 특수 부대를 투입한다면 인질극은 더는 희생 없이 원만히 해결될

---

* 역사적으로 이스라엘과 요르단의 지명이자, 2013년 1월 이 지역의 일부에서 수립된 독립 국가의 명칭.

팔레스타인 해방 기구의 테러로 피의 축전이 된 뮌헨 올림픽

가능성이 있었습니다. 하지만 서독 정부는 국내법 규정을 내세워 이스라엘 특공대의 입국을 금지하고, 서독 경찰을 동원해 테러범을 제압하기로 결정했습니다.

그런데 당시 서독 경찰은 대테러 훈련을 받은 경험이 거의 없기 때문에 고도로 훈련된 테러범과 맞설 상황이 아니었습니다. 하지만 서독은 끝까지 고집을 부렸습니다. 서독 경찰은 범인들의 요구 사항인 해외 탈출을 미끼로 테러리스트들을 모두 사살하려고 했습니다. 우선 범인들과 인질을 헬기로 서독 공군 기지까지 수송한 뒤, 매복해 있던 경찰 저격수를 동원해 테러범을 살해하려는 계획을 세웠습니다.

하지만 서독 경찰의 테러범 제거 계획이 언론에 유출되면서 일이 꼬이기 시작했습니다. 방송을 통해 서독 경찰의 공격 계획을 미리 알고 있던 테러범들은 이에 대비했습니다. 테러범에게 반격의 기회를

목표를 위해 테러도 마다하지 않던
야세르 아라파트 PLO 의장(왼쪽)

주지 않으려면 조준 사격으로 단번에 사살해야 했지만, 서독 저격수
의 실력으로는 어림도 없었습니다.

저격수들은 제대로 제압하지 못했고, 테러범들은 격렬하게 저항했
습니다. 테러범들이 수류탄으로 타고 온 헬기를 폭파시키며 총을 난
사하자, 서독 경찰은 겁에 질려 제대로 대처하지 못했습니다. 전투가
계속되는 과정에서 테러범들은 인질 9명 모두를 몰살했습니다. 마침
내 테러범 5명이 사살되고 3명이 체포되면서 올림픽 역사상 최악의
유혈 참사가 막을 내렸습니다.

이스라엘 정부와 국민은 강력하게 올림픽 중단을 요청했습니다.
하지만 서독은 올림픽 주경기장에서 목숨을 잃은 선수들의 장례식을
치러 주었을 뿐, 올림픽을 중단할 생각은 전혀 없었습니다. 선수들의
죽음은 애석한 일이지만, 세계인의 축제인 올림픽을 중단할 만한 일
은 아니라고 판단했기 때문입니다.

1972년 9월 11일 뮌헨 올림픽은 막을 내렸습니다. 이스라엘 선수

들은 동료의 유해를 싣고 고국으로 돌아가야 했습니다. 같은 해 10월 29일 팔레스타인 해방 기구 소속 테러범들은 체포된 뮌헨 올림픽 테러범 3명을 구출하기 위해 서독의 루프트한자Lufthansa 민간기를 공중에서 납치하는 만행을 저질렀습니다.

　여객기 납치범들은 서독에 수감되어 있는 올림픽 테러범을 풀어주지 않을 경우, 여객기의 승객을 모두 살해하겠다고 협박했습니다. 겁에 질린 서독 정부는 자국민을 살리기 위해 올림픽 테러범을 모두 풀어 주었습니다. 이 사건은 이스라엘 국민을 분노하게 했습니다. 이스라엘 곳곳에서 서독을 규탄하는 시위가 벌어졌지만 서독 정부는 자국민 보호를 위해서 어쩔 수 없는 조치였다는 항변을 늘어놓으며 사태를 마무리하려고 했습니다.

피의 복수로는 모든 것을 해결할 수 없다, 영화 〈뮌헨〉

　뮌헨 올림픽 테러가 일어날 당시 이스라엘의 지도자는 골다 메이어 Golda Meir 수상이었습니다. 골다 메이어는 이스라엘 최초의 여성 총리로서 철의 여인으로 불릴 정도로 강한 사람이었습니다. 그녀는 뮌헨 올림픽 테러와 관련 있는 모든 사람을 지구 끝까지 따라가 제거하라는 명령

테러범에 대한 응징을 결정한 골다 메이어

을 내립니다. 수상의 명령에 따라 이스라엘 첩보 기관인 모사드Mossad
는 최정예 요원만을 엄선해 테러범들의 추적에 나섭니다.

2005년 스필버그는 테러범 사냥에 나선 모사드 요원들에 관한 영
화 〈뮌헨〉을 제작해 많은 논란을 일으켰습니다. 사실 스필버그는 오
래전부터 뮌헨 올림픽 테러에 관한 영화를 만들려고 했지만, 팔레스
타인과 이스라엘의 갈등은 복잡한 문제여서 다루기가 쉽지 않았습니
다. 그런데 2000년대 들어 미국을 포함한 전 세계가 테러의 공포에
시달리면서 그는 마음을 고쳐먹고 아랍인이 저지르는 테러 문제를
다루기로 했습니다. 스필버그는 당시 뮌헨에서 실제로 어떤 일이 벌
어졌는지 꼼꼼히 조사한 뒤 영화 〈뮌헨〉 제작에 들어갔습니다.

영화를 보면, 골다 메이어 수상의 명령이 떨어진 뒤 모사드는 외부
세계에 얼굴이 전혀 알려지지 않은 사무직 요원 에브너를 수장으로
하는 5명으로 이루어진 테러범 제거 팀을 구성합니다. 이들은 뮌헨
테러에 관련된 테러범 11명을 죽이기 위해 유럽, 중동 등 전 세계 모

'지략이 없으면 백성이 망하고
지략이 많으면 평안을 누린다.'를
모토로 하는 이스라엘 첩보 기관 모사드

든 지역을 찾아다닙니다.

임무를 시작할 때만 하더라도 이들
에게 팔레스타인 테러범은 같은 하늘
아래에서 살 수 없는 악마와 같은 존
재였습니다. 하지만 테러범을 제거해
나가면서 자신이 하는 일에 대해 회의
에 빠져듭니다. 천신만고 끝에 표적을
제거하더라도 더 잔인한 인물이 그 자
리를 곧바로 대체하면서 테러는 계속

이스라엘에 저항하기 위해 구성된
팔레스타인의 국장

됩니다. 또한 뮌헨 테러를 주도한 팔레스타인 해방 기구 역시 에브너
팀에 반격을 가하면서 이스라엘 측의 사망자도 생겨납니다. 사실 뮌
헨 올림픽 테러는 팔레스타인 청년들이 개인적인 이익을 위해 저지
른 것이 아니라, 오직 독립된 국가를 갖고 싶은 열망에서 비롯된 것
입니다.

스필버그는 테러범을 묘사하면서 이들도 가족이 있는 평범한 사람
이라는 사실을 보여 주었습니다. 에브너는 임신한 아내의 생명마저
위협받게 되자, 테러범 제거 작전을 중단하고 가족의 품으로 돌아갑
니다. 그는 목표로 삼던 11명의 테러범 중 9명을 제거하지만, 남은 테
러범 2명을 제거하지 않기로 결정한 뒤 고향인 이스라엘이 아닌 뉴
욕으로 건너가 정착합니다. 에브너는 사람을 죽였다는 죄책감과 누
군가가 자신과 가족을 해칠지 모른다는 불안감에 결국 정상적인 생
활을 할 수 없게 됩니다.

뮌헨 올림픽 테러를 기획하고
결국 살해당한 알리 하산 살라메

스필버그는 영화를 통해 피의 복수로 모든 문제를 해결할 수는 없다고 말하려고 했습니다. 스필버그는 팔레스타인 사람의 생각을 들어주고 존중해 주지 않으면 그들도 이스라엘 사람의 말을 들어주지 않는다는 사실을 깨닫고 있었습니다. 하지만 영화가 공개되자 이스라엘 정부와 전 세계의 유대인은 스필버그를 비난하기 시작했습니다. 유대인 입장에서 볼 때 뮌헨 올림픽 테러범들은 이해나 상종할 가치가 없는 극악무도한 사람들이었기 때문입니다.

가장 큰 영향력을 지닌 영화계의 살아 있는 전설

영화감독으로서 스필버그는 더는 이룰 것이 없을 정도로 큰 성공을 거두었습니다. 액션, 공상 과학SF, 코미디, 전쟁, 공포, 역사 등 거의 모든 장르의 영화에 도전해 화제작을 만들어 냈습니다. 더불어 40억 달러에 이르는 엄청난 돈을 손에 쥐었습니다. 지금까지 만든 영화 저작권료만 해마다 1억 5,000만 달러 이상에 육박합니다. 일흔 살이 넘은 그는 변함없이 영화를 제작하며 세상 사람들과 소통하고 있습니다.

많은 사람이 스필버그에게 성공 비결을 물을 때마다 그는 "가장 위대한 업적은 아이 같은 호기심에서 탄생합니다. 저는 마음속의 어린아이를 포기하지 않았을 뿐입니다."라고 대답합니다. 그는 항상 새로

공룡을 등장시켜
대성공을 거둔
〈쥬라기 공원〉

운 것을 발견하기 위해 노력합니다. 그 노력은 그가 보여 준 창의력의 원천이 되었습니다.

스필버그는 영화계에만 안주하지 않고 좀 더 좋은 세상을 만들기 위해 적극적으로 나서는 지식인입니다. 1993년 영화 〈쉰들러 리스트〉의 흥행 성공으로 큰돈을 벌자, 그 돈으로 쇼아Shoah재단을 만들어 홀로코스트 생존자에 대한 지원을 하고 있습니다. 또한 스필버그는 인권 보호에 앞장선 사람들에게 상을 주고 있습니다. 북아프리카의 수단 난민 보호에 앞장선 영화배우 조지 클루니George Timothy Clooney나 버락 오바마Barack Obama 미국 전 대통령 등 인권 보호에 기여를 한 인사들이 쇼아 인권상을 수상했습니다.

스필버그는 정치에도 관심이 많아 인권을 중시하는 후보에게

스티븐 스필버그가 만든 쇼아재단 로고

미국 정부로부터 공로패를 받는 스티븐 스필버그

할리우드에 영원한 족적을 남긴 스티븐 스필버그

많은 후원금을 보내고 있습니다. 4년마다 치러지는 미국 대통령 선거에서 민주주의와 인권에 투철한 후보를 지지하면서 엄청난 영향력을 행사하고 있습니다. 그는 좋은 후보에게는 적극적인 지지 성명과 함께 많은 후원금을 보내 최대한 도움을 주고 있습니다. 하지만 자신이 정치계에 직접 뛰어들지는 않습니다. 정치는 정치인이 해야 한다고 생각하며, 자신은 국민으로서 정치인들이 올바른 길로 나아갈 수 있도록 도와야 한다고 믿기 때문입니다. 스필버그는 영화가 세상에 등장한 이래 가장 큰 영향력을 행사하는 감독으로서 영화계의 살아 있는 전설이 되었습니다.

★

할리우드의
침략자들

　1980년대 일본의 경제력은 세계 최대 경제 대국인 미국의 3분의 2에 이를 정도로 대단했다. 일본은 제품 수출로 해마다 천문학적인 달러를 전 세계로부터 거두어들였다. 일본 기업은 벌어들이는 돈을 주체하기 힘들 정도로 성공 가도를 달렸다. 영원히 잘나갈 것이라고 생각했던 일본 기업은 해외 투자에 나섰다.

　일본을 대표하는 기업 소니는 콜롬비아 픽쳐스를 인수하고, 소니의 라이벌 기업인 파나소닉은 유니버설 픽쳐스를 인수하며 시선을 끌었다. 일본 기업들이 미국 메이저 영화사를 앞다투어 인수하자 할리우드가 일본인의 손에 넘어가는 것이 아닌가 하는 우려의 목소리가 커졌다. 하지만 일본의 전성기는 오래가지 않아, 1990년대에 들어서자 일본 경제는 침체의 길로 접어들었다.

　돈벌이가 시원치 않자 파나소닉은 유니버설 픽쳐스를 인수한 지 5년 만에 회사를 매물로 내놓아야 했다. 결국 파나소닉은 막대한 손실을 보고 유니버설 픽쳐스를 정리했다. 소니는 콜롬비아 픽쳐스를 매물로 내놓지는 않았지만 영화 사업으로 인해 적지 않은 손해를 감수했다. 일본인들은 할리우드가 황금알을 낳는 거위가 될 줄 알았지만, 실상은 회사의 부실만을 키운 애물단지였다. 일본인들이 영화 산업에서 실패한 이유는 영화에 대해 잘 몰랐기 때문이다. 일본은 애니메이션이나 게임 분야에서는 강국이지만, 영화 산업은 할리우드와 비교할 수 없을 정도로 낙후되어 있었다. 영화를 제대로 모르는 사람이 인수한 영화 제작사는 성공할 수 없었다.

2010년대에 접어들자 일본이 한바탕 휘젓고 간 할리우드에 중국이 등장했다. 1990년대 이후 중국은 값싼 제품을 수출해 예전의 일본처럼 막대한 달러를 벌어들이면서 할리우드를 기웃거렸다. 사회주의 국가인 중국은 일본과는 다른 목적을 갖고 할리우드를 접수하고자 했다. 미국을 밀어내고 세계를 자국의 영향력 아래 두고자 했던 중국은 자국의 우월성을 과시하는 수단으로 할리우드 영화를 이용하고자 했다.

중국은 할리우드 영화가 미국뿐만 아니라 전 세계로 퍼져 나가기 때문에 중국에 대한 좋은 이미지를 만드는 데 영화만 한 것이 없다고 판단했다. 할리우드 관계자들도 중국의 진출이 나쁘지만은 않았다. 과거, 영화는 미국인에게 최고의 오락거리였지만 재미있는 드라마나 유튜브 등 다양한 볼거리가 생기면서 미국의 영화 시장은 정체를 면하지 못하고 있었다. 게다가 할리우드 관계자들은 14억 명에 달하는 중국인이 영화의 재미에 눈을 뜰 경우 미국보다 더 많은 돈을 중국 시장에서 거두어들일 수 있을 것이라는 기대를 갖고 있었다. 중국 정부의 영향력 아래 있던 중국 기업들은 수십억 달러에 달하는 거액을 할리우드에 쏟아부었다. 스티븐 스필버그 또한 중국 자본으로 영화를 만들었다.

그런데 시간이 지나면서 문제가 드러나기 시작했다. 돈을 투자한 중국 기업은 영화 제작 과정에도 일일이 간섭하며 감독이나 배우와 마찰을 일으켰다. 그들은 돈을 투자하는 대가로 중국인 배우를 출연시킬 것을 요구했다. 이들 중 상당수가 연기력이 부족하고 영화 내용과도 어울리지 않았다. 또한 영화 속의 중국인은 무조건 긍정적인 모습으로 비추도록 요구했다. 이에 할리우드 영화에 등장하는 중국인은 뛰어난 실력을 갖춘 과학자이거나 선하고 믿음직한 사람으로 묘사된다.

중국 기업의 요구는 시간이 지날수록 많아졌다. 중국 배우를 등장시키는 차원을 넘어 자국에 관한 어떤 부정적인 장면도 노출시키지 말 것을 강요했다. 2012년 미국에서 리메이크된 영화 〈레드 던Red Dawn〉의 원래 스토리는 중국군이 미국을 침략하는 내용이었다. 그러나 중국의 반대로 중국 대신 북한이 미국을 공격하는 내용으로 바뀌었다. 이외에도 수많은 할리우드 영화가 중국의 요구로 내용이 바뀌는 것은 물론이고, 할리우드 영화 제작사들이 영화를 구상하는 단계부터 중국의 눈치를 보고, 중국에 대한 비판적인 내용이 들어가지 않도록 몸을 사리게 되었다. 그러자 이를 비판하는 목소리가 터져 나왔다. 많은 미국인이 창의성을 존중받아야 할 영화계에서 중국의 눈치를 보면서 영화를 만드는 것이 옳지 못하다고 외치지만 돈 앞에 장사가 없는 실정이다.

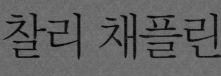

02

Charlie Chaplin

세상에 웃음을 선사한 천재,

찰리 채플린

영국 출신의 희극 배우, 영화감독, 제작자 (1889~1977) •
1914년 할리우드 영화에 첫 출연한 이후 무성 영화와 유성 영화를 넘나
들며 대작을 만들어 냈다.

불우한 어린 시절

찰리 채플린은 1889년 4월 영국 버밍엄_{Birmingham} 인근 집시* 거주 지역의 이동식 마차에서 태어났습니다. 가난한 뮤지컬 배우의 자식이었던 채플린은 어릴 적부터 빈곤하게 살았습니다. 불행하게도 채플린이 태어난 지 얼마 되지 않아 부모가 이혼을 하는 바람에 그는 아버지 없이 어머니 품에서 자랐습니다. 무명 뮤지컬 배우였던 어머니는 생활비를 마련하기 위해 돈을 주는 곳이라면 때와 장소를 가리지 않고 출연했고, 그러면서 건강이 급속도로 악화되었습니다.

1894년 채플린의 어머니는 영국 남부 햄프셔주에 있던 육군 기지 내 병영 극장에서 가수로 활동했는데,

어린 시절의 찰리 채플린

---

* 코카서스 인종에 속하는 소수의 유랑 민족으로, 인도 북부에서 이동을 시작해 유럽 등 전 세계에 흩어져 살고 있다.

어느 날 공연 도중 목소리가 갈라지고 말았습니다. 무대 위에 선 여가수의 목소리에서 듣기 고약한 파열음이 나오자 관객이었던 군인들은 일제히 야유를 보냈습니다. 겁에 질린 채플린의 어머니는 황급히 무대에서 내려왔고, 그녀를 대신해 다섯 살이던 채플린이 무대에 올라 노래를 불렀습니다. 그날의 무대는 채플린에게는 첫 무대였지만, 그의 어머니에게는 마지막 무대였습니다.

그날 이후 채플린의 어머니는 후두염을 심하게 앓으며 끝내 목소리를 잃어버렸습니다. 일자리를 잃은 채플린과 어머니는 런던의 한 빈민 구호소에 들어가 겨우 목숨만 부지하는 처참한 삶을 살게 됩니다. 설상가상으로 채플린의 어머니는 정신병에 걸려 자식조차 알아보지 못하게 되었습니다. 어린 나이에 가장이 된 채플린은 생계를 위해 신문팔이, 인쇄소 노동자, 장난감 공장 노동자, 병원 잡부, 청소부 등 온갖 궂은일을 했지만 결코 낙담하지 않았습니다. 부모로부터 춤과 노래의 재능을 물려받은 그는 배우가 되기 위해 부단한 노력을 했으며, 세월이 흐르면서 점차 주위로부터 재능을 인정받게 되었습니다.

할리우드, 영화 산업의 중심지가 되다

1894년 발명왕 토마스 에디슨Thomas Alva Edison이 키네토스코프kinetoscope 영사기를 만들어 내면서 영화의 시대가 열렸습니다. 돈벌이에 여념이 없던 에디슨은 자신이 만든 영사기를 특허 등록한 뒤 이를 무기로 삼아 영화계 전체를 지배하려고 했습니다. 그동안 에디슨은

백열전구, 축음기 등 수많은 발명품을 특
허 등록한 뒤 사람들에게 막대한 특허 사
용료를 받아내는 방법으로 부를 축적해
왔습니다.

에디슨의 영화계에 대한 간섭이 도를
넘자, 영화인들은 그의 영향력에서 벗어
나기 위해 당시 영화 제작의 근거지였던
동부의 뉴욕을 떠나기로 결심했습니다.

동영상을 담을 수 있는
키네토스코프 영사기

그들은 서부로 떠나 캘리포니아주 로스앤젤레스 할리우드에 보금자
리를 마련했습니다.

당시 할리우드는 인구가 1,000명도 안 되는 한적한 시골이었습니
다. 할리우드는 일 년 내내 맑고 화창한 날씨가 이어지고 사막, 산, 바

미국 영화의 중심지가 된 할리우드

미국인의 마음을 사로잡은 할리우드 영화

다 등 다양한 자연 풍경이 있어 영화를 만들기에는 최적의 장소였습니다. 1911년 20개가 넘는 영화사가 이곳에 둥지를 틀었습니다. 1920년대가 되면서 자리 잡은 영화사의 수가 무려 50개에 이르렀습니다. 할리우드에서는 미국 영화의 90% 이상을 생산했습니다.

할리우드가 미국 영화 산업의 중심지로서 탄탄한 입지를 다져 갈 때, 유럽은 수준 높은 예술 영화를 중심으로 영화 산업계의 강자로 군림하고 있었습니다. 그런데 1914년 제1차 세계대전이 일어나면서 모든 것이 바뀌기 시작했습니다. 전쟁의 여파로 유럽의 영화 산업이 뿌리째 붕괴되면서 미국의 경쟁자가 사라졌습니다.

1920년대 후반, 이전보다 현실감 있는 유성 영화가 등장하면서 영화 산업은 더욱 큰 영향력을 행사했습니다. 1929년 미국에서 경제 대공황이 발생하자 다른 산업은 불황을 견디지 못하고 줄줄이 파산했지만 영화 산업은 비약적인 성장을 거듭했습니다. 희망을 잃고 방황하던 미국인에게 꿈과 희망을 준 영화는 이전보다 더욱 많은 사랑을 받았습니다. 할리우드는 세계 영화계의 중심으로 확고한 명성을 얻게 되었습니다.

채플린, 할리우드를 평정하다

영국에서 연기력을 인정받은 채플린은 세계 영화 산업의 중심지인 할리우드로 진출하기 위한 기회를 엿보다가 스물네 살 때 뜻을 이루게 됩니다. 1913년 채플린은 순회공연을 떠난 미국에서 일생일대의 행운을 잡게 됩니다. 미국의 영화 제작자 겸 코미디계의 대부였던 맥

독특한 모습으로 사람들의 사랑을 독차지한 찰리 채플린

세네트_{Mack Sennett}가 채플린의 잠재력을 알아보고 발탁한 것입니다.

이후 채플린은 미국으로 이주해 희극 배우로 인생을 살면서 사람들의 기억에 오래 남는 자신만의 캐릭터를 만들기 위해 애썼습니다. 그 결과 탄생한 것이 어릿광대 스타일의 희극적인 캐릭터였습니다. 그는 뒷날 전 세계 팬들의 기억 속에 영원히 각인되는 지팡이, 작은 중절모, 우스꽝스러운 콧수염, 비정상적으로 큰 구두 등 채플린만의 독창적 캐릭터를 창조해 냈습니다.

미국에서 데뷔한 채플린이 톱스타로 발돋움하는 데는 그다지 오랜 시간이 걸리지 않았습니다. 불과 몇 년 만에 수많은 작품에 출현해 관객을 울고 웃기며, 할리우드를 대표하는 스타로 우뚝 섰습니다. 이십 대 후반에 평생 동안 써도 다 쓰지 못할 정도로 큰돈을 벌게 된 채플린은 그동안 마음속에 그려 왔던 자신만의 예술 세계를 구현하고자 했습니다.

어릿광대가 원한 세상: 누구나 행복을 포기해서는 안 된다

채플린이 영화계에 처음으로 몸을 담았을 때는 소리가 없는 무성 영화 시대였습니다. 동작과 표정만으로 연기하다 보니 사람들을 재미있게 하기 위해 과격하고 엉뚱한 장면을 억지로 집어넣었습니다. 하지만 채플린의 작품은 저급한 코미디와는 격이 달랐습니다. 채플린은 자신의 인생철학을 작품 속에 투영하려고 했고, 작품마다 그가 말하고자 하는 주제가 녹아 있었습니다.

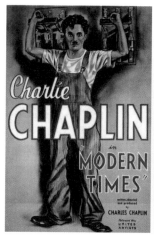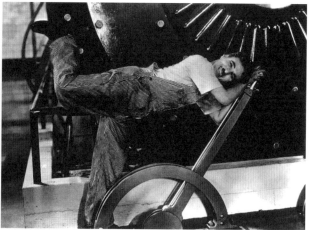

기계 부품 취급을 받는 노동자를 풍자한 영화 〈모던 타임즈〉

채플린이 1936년에 발표한 〈모던 타임즈Modern Times〉에는 자본주의에서 발생하는 인간 소외에 대한 맹렬한 비판 의식이 담겨 있습니다. 18세기 후반 영국에서 시작된 산업 혁명 이후 노동자는 자본가에게 기계 부품처럼 취급되었습니다. 돈이 최고의 가치가 되는 천민자본주의 아래에서 인간은 돈벌이를 위한 수단이자 도구일 뿐, 어떠한 가치도 가질 수 없는 현실을 채플린은 풍자를 통해 비판했습니다.

영화 속에서 채플린은 거대한 공장에서 온종일 나사못 조이는 일을 하는 노동자로 등장합니다. 그런데 컨베이어벨트*에 얽매여 단순한 작업을 빠른 속도로 종일 반복하다 보니 강박증에 걸려 정신 병원까지 가게 됩니다. 하지만 길에서 만난 한 소녀와 행복을 찾아 아름

---

* 두 개의 바퀴에 벨트를 걸어 돌리면서 그 위에 물건을 올려 연속적으로 운반하는 장치.

전체주의 사회를 비판한 영화 〈위대한 독재자〉

다운 여정을 떠나면서 영화는 끝을 맺습니다.

채플린은 〈모던 타임즈〉를 통해 노동자를 착취하는 자본주의를 날카롭게 비판하면서도 인간은 누구나 행복을 포기해서는 안 된다는 메시지를 전하고자 했습니다. 그는 자신이 누구보다 힘든 어린 시절을 보냈고, 각고의 노력 끝에 어려움을 극복했기 때문에 영화를 보는 모든 관객이 불행 속에서도 희망을 엿보기를 바랐습니다.

1940년 발표한 채플린의 또 다른 대표작 〈위대한 독재자The Great Dictator〉 역시 그의 세계관을 잘 반영하고 있습니다. 유럽 출신인 채플린은 히틀러가 자신과 비슷한 점이 많다고 생각했습니다. 히틀러와 채플린은 같은 해, 같은 월, 같은 주에 태어났으며 둘 다 키가 작고 콧수염을 길렀습니다. 히틀러의 아버지는 가정 폭력을 일삼았으며, 채플린의 아버지는 술주정뱅이로 둘 다 자식을 제대로 돌보지 않았습니다. 히틀러는 그림을 그리는 예술가였고, 채플린은 연기를 하는 예술가였습니다.

1933년 히틀러가 권력을 잡고 독재를 시작하자 채플린은 걱정 어린 눈빛으로 유럽을 바라보았습니다. 지독한 인종 차별주의자인 히틀러가 유대인을 탄압하기 시작하고 독일 국민을 상대로 압제를 행하자, 채플린은 히틀러와 나치 독일의 문제점을 고발하는 영화를 만들기로 결심합니다.

1938년 채플린은 히틀러의 독재 정치를 소재로 한 영화 〈위대한 독재자〉를 만들겠다고 전 세계에 발표했습니다. 이에 가장 먼저 영국 정부가 채플린의 신작이 히틀러를 자극할 수 있다는 우려를 표명했습니다. 영국은 독일과의 관계 악화를 방지하기 위해 채플린의 영화가 영국에서 상영되는 일은 없을 것이라고 말했습니다. 전 세계에 흩어져 살고 있던 유대인 역시 채플린의 영화에 대해 부정적인 반응을 보였습니다. 그의 영화가 히틀러를 우상시하는 독일인을 자극해 유대인에 대한 반감을 더욱 악화시킬 것을 우려했기 때문입니다. 할리우드의 유명 스타들과 친구들도 하나같이 히틀러를 소재로 한 영화를 만들지 않는 것이 좋겠다고 충고하자, 채플린의 마음은 무겁기 그지없었습니다.

그런데 당시 미국 대통령이었던 프랭클린 루스벨트Franklin Delano Roosevelt는 채플린을 지지했습니다. 평소 독재를 혐오하고 민주주의를 신봉한 프랭클린 루스벨트는 채플린이 앞으로 만들 영화야말로 히틀러의 독재를 만천하에 드러낼 수 있는 좋은 수단이라 생각했습니다. 그는 보좌관을 보내 채플린을 격려해 주었을 뿐 아니라, 안전을 책임지겠다고 약속했습니다. 이에 자신감을 회복한 채플린은 1939년 9월 드디어 영화 촬영에 들어갔습니다. 이후 유대인을 혐오하고 나치 독일을 지지하는 미국 내 극우주의자로부터 숱한 협박을 받았습니다. 하지만 채플린은 위축되지 않고 신랄한 풍자를 통해 전체주의 국가인 나치 독일과 독재자 히틀러를 영화를 통해 여과 없이 고발했습니다.

채플린은 평소 자신의 신념이었던 반전 평화주의 사상과 만민 평등 사상을 〈위대한 독재자〉라는 명작을 통해 세상 사람에게 보여 주었습니다. 채플린 특유의 풍자와 해학으로 만들어진 〈위대한 독재자〉는 세계적으로 큰 인기를 얻었지만, 나치 독일에서는 상영이 금지되었습니다. 나치 독일에서 신격화된 히틀러를 채플린이 영화 속에서 바보로 만들었기 때문입니다.

독일에서는 〈위대한 독재자〉뿐 아니라 채플린의 모든 영화가 금지되어 독일 국민은 그의 영화를 볼 수 없었습니다. 하지만 오래전부터 채플린의 팬이었던 히틀러는 그의 작품이 발표될 때마다 필름을 구해 영화를 즐겼습니다. 그는 〈위대한 독재자〉가 나오자마자 측근에게 필름을 구해 오도록 명령해, 포르투갈까지 가서 구해 온 이 영화를 여러 차례 반복해서 보며 즐거워했다고 합니다.

추방당한 어릿광대

채플린은 영화를 통해 독재와 전체주의 반대, 인간의 도구화 거부, 반전 평화 사상 추구 등 자신이 원하는 세상을 마음껏 그려 냈습니다. 지금의 관점에서 보면 그렇게 큰 이상도 아니지만 당시에는 적지 않은 사람이 그의 생각에 거부감을 드러냈습니다.

특히 영화 〈모던 타임즈〉에서 자본가를 탐욕스러운 모습으로 묘사한 것을 두고 부자들은 채플린을 자본주의를 혐오하는 사회주의자로 낙인찍었습니다. 그때만 해도 미국은 철저히 자본가를 위한 나라였기 때문에 자본가를 비판하는 것 자체가 금기로 여겨졌습니다. 하지만 채플린은 이에 아랑곳하지 않고 영화를 통해 현실을 마음껏 비판했습니다.

채플린의 반전 평화 사상도 미국 주류층의 비위를 건드렸습니다. 사실 미국은 전쟁을 통해 성장한 나라입니다. 18세기 후반 독립 전쟁을 통해 영국으로부터 독립 국가를 이루었고, 19세기 중반에 일어난 남북 전쟁을 통해 산업 국가로 성장하는 발판을 마련했습니다. 더구나 제1·2차 세계대전을 통해 세계 최강국의 지위에 오르며 패권을 쥐게 되었습니다. 이처럼 전쟁은 미국을 발전시키는 거대한 원동력이었기 때문에 주류층이 전

반사회주의 열풍을 일으킨 조지프 매카시

쟁을 반대하는 채플린을 좋아할 리
없었습니다.

미국 사회의 기득권층에 여러모로
미운 털이 박힌 채플린은 결국 1950
년대 불어닥친 반사회주의 선풍인
매카시즘McCarthyism의 희생양이 되었
습니다. 당시 반사회주의 운동의 선
봉장이었던 FBI미국 연방 수사국의 존 에

찰리 채플린을 사회주의자로 몰아붙인
존 에드거 후버

드거 후버John Edgar Hoover 국장은 채플린이 가는 곳마다 FBI 요원을 미
행하게 해 일거수일투족을 감시하도록 명령했습니다.

FBI는 채플린의 과거 행적을 조사해 사회주의자로 낙인찍을 만한
근거를 수집했습니다. FBI가 정보망을 총동원해 채플린의 모든 행적
을 조사했지만, 그를 사회주의자로 매도할 만한 증거를 찾을 수 없었
습니다. 그도 그럴 것이 채플린은 일생 동안 한 번도 정치 단체에 가
입한 적이 없고, 정치와 무관한 의식 있는 예술가였기 때문입니다.

후버 국장은 채플린이 사회주의자라는 확실한 꼬투리를 잡지 못하
자 상상력을 동원해 채플린을 사회주의자로 몰아갔습니다. 이때《동
물농장》의 저자이자 한때 사회주의자였던 영국의 소설가 조지 오웰
의 허위 제보가 결정적인 역할을 했습니다. 조지 오웰은 젊은 시절
사회주의에 매료되어 활발하게 사회주의 활동을 했습니다. 영국 정
부가 위험인물로 지목해 20년간 감시하는 것에 큰 부담을 느낀 조지

오웰은 1940년대 중반 사회주의의 신조를 버리고 전향했습니다. 그가 전향하면서 영국 정보국에 넘긴 비밀 사회주의자 명단에 채플린이 포함되어 있었습니다. 하지만 이는 조지 오웰의 일방적인 주장에 지나지 않고, 실제로 채플린은 정당 활동을 한 적이 없습니다.

사회주의자에서 전향한 조지 오웰

FBI는 채플린의 출생을 문제 삼기도 했습니다. 채플린은 1889년 4월 16일 영국에서 출생했으나, FBI는 그를 러시아 출신 유대인이라고 여겼습니다. 한 제보자가 채플린의 본명이 '이스라엘 토른슈타인'이며 러시아에서 프랑스 파리로 이주한 유대인이라고 주장했기 때문입니다. 영국 정보국과 미국 연방수사국은 채플린의 출생에 대한 비밀을 캐기 위해 영국과 프랑스를 샅샅이 뒤지고 다녔지만 끝내 그의 공식적인 출생 기록을 찾아낼 수 없었습니다.

최근 들어 밝혀진 사실에 의하면 채플린의 어머니가 출산 비용이 없어 병원 대신 이동식 마차에서 아기를 낳았기 때문에 공식 출산 기록이 없다고 합니다. 하지만 FBI의 후버 국장은 출생이 명확하지 않은 채플린을 비밀 사회주의자로 간주하고, 미국 사회를 보호하기 위해 그를 추방하기로 결정합니다.

1952년 9월 채플린이 새 작품 〈라임라이트Limelight〉를 홍보하기 위

찰리 채플린이 만든
비운의 영화 〈라임라이트〉

해 가족과 함께 여객선을 타고 영국으로 향하고 있을 때, 미국 정부
는 채플린의 미국 내 재입국을 불허하는 조치를 내렸습니다.

법무부는 "사회주의자 찰리 채플린은 미국 사회를 전복시킬 수 있
는 위험인물이기 때문에 미국으로 돌아올 수 없다."라는 성명을 전격
발표했습니다. 더구나 채플린이 만든 모든 작품에 대한 상영 금지 처
분을 내려 미국 내에서 그의 흔적을 깨끗이 지우려고 했습니다.

하지만 미국 정부가 계획적으로 내쫓을 정도로 두려워한 채플린은
당시 예순세 살 노인에 지나지 않았습니다. 대서양 한복판에서 추방
소식을 들은 채플린과 가족들은 큰 충격을 받았습니다. 미국은 채플
린의 예술적 감각이 화려하게 피어났던 곳으로 제2의 고향이나 다름
없었습니다. 그는 이십 대 초반에 미국으로 건너온 이후 40년간 살면
서 모든 예술적 성과를 미국에서 거두었습니다. 유럽에 도착한 채플

오랫동안 미국인에게
사랑받은 찰리 채플린

린은 기자 회견을 통해 자신은 결단코 사회주의자가 아니라고 항변

하면서 자신을 받아 주지 않는 미국에 대해 섭섭함을 토로했습니다.

왕의 몰락

미국에서 추방당한 채플린은 누구도 자신의 영화에 대한 사랑을 꺾을 수 없다는 사실을 증명하기 위해 노심초사했습니다. 그는 무고한 사람을 사회주의자로 몰아붙인 미국 정부의 악행을 고발하기 위해 〈뉴욕의 왕〉이라는 사회 고발 영화를 만들기로 마음먹습니다. 유럽의 가상 국가인 에스트로비아에서 민중 봉기로 퇴위당한 샤도프 왕은 왕실의 보물과 재산을 빼돌려 뉴욕으로 도망칩니다. 하지만 측근 중 한 명이 재산 대부분을 빼돌려 사라지는 바람에 경제적인 곤궁에 시달리게 됩니다.

어느 날 샤도프 왕은 한겨울 눈밭에서 떨고 있는 열 살짜리 소년 루퍼트 맥커비를 보게 되고, 아이를 불쌍하게 여겨 자신이 머물던 호텔방으로 데려갔습니다. 한때 교사였던 소년의 부모는 사회주의자인

미국에서 추방당한 채플린 가족

친구를 고발하지 않았다는 이유로 미국 정부에 의해 조사를 받던 중이어서 아들을 돌볼 수 없는 상태였습니다.

샤도프 왕이 소년을 돌보고 있다는 사실이 세상에 알려지면서 일이 터지게 됩니다. 소년의 부모가 사회주의자로 몰려 조사를 받고 있던 상태였기 때문에, 아이를 돌보던 샤도프 왕역시 사회주의자로 몰리게 되

세계 영화계에 큰 족적을 남긴 찰리 채플린

어 곤욕을 치르게 됩니다. 결국 샤도프 왕이 미국에서 쫓겨나면서 영화는 끝을 맺습니다.

영화 속 샤도프 왕은 바로 찰리 채플린 자신이었습니다. 채플린은 미국 정부가 온갖 구실을 갖다 붙여 자신을 추방한 것은 너무나 잘못된 일이라는 것을 영화를 통해 보여 주고 싶어 했습니다. 하지만 채플린이 열정을 다해 만든 〈뉴욕의 왕〉은 흥행에 참패해 채플린 시대의 종말을 알리는 작품이 되고 맙니다.

〈뉴욕의 왕〉에서 채플린은 콧수염에 중절모를 쓴 유쾌한 모습이 아니라 미국의 매카시즘을 신랄하게 비판하는 근엄한 왕으로 등장해 보는 사람들로 하여금 무거운 감정을 갖게 했습니다. 결국 영국에서 재기를 위해 심혈을 기울여 제작한 영화 〈뉴욕의 왕〉은 채플린이 일

생 동안 쌓아 왔던 명성을 한순간에 실추시켰고, 그에게 별다른 도움도 되지 못했습니다.

영화 평론가들은 '이제 채플린의 시대는 갔으며 〈뉴욕의 왕〉은 차라리 만들지 않았으면 더 나았을 졸작'이라는 혹평을 늘어놓았습니다. 하지만 채플린은 영화의 흥행 여부에 상관없이 자신이 만든 모든 영화에는 그 나름대로의 의미가 있다고 말했습니다. 채플린은 냉전의 부산물인 매카시즘이라는 광기에 대해 아무도 말하지 않기 때문에 자신이 나설 수밖에 없었다고 주장했습니다.

다시 미국으로

영화 실패 이후 채플린은 영국을 떠나 가족과 함께 중립국이자 모든 사상의 자유를 보장하는 스위스에 정착했습니다. 하지만 그는 영화의 중심지였던 할리우드에 있을 때처럼 좋은 영화를 만들어 내지 못했습니다. 영화에 대해 칼끝처럼 날카로웠던 그의 감성은 스위스에 정착한 이후 급속히 퇴화되어 예술가가 아닌 평범한 인간으로 살아가게 됩니다.

어느 날 채플린은 시내로 외출을 나갔다가 우연히 '찰리 채플린 흉내 내기' 대회가 개최되고 있는 것을 보게 됩니다. 참가자 모두가 채플린처럼 변장해 열심히 흉내 내고 있었는데, 채플린도 즉석에서 참가 신청을 해 연기력을 뽐냈습니다. 우승을 기대한 채플린의 예상과는 달리 결과는 3등에 머무르고 말았습니다. 이미 팔순을 바라보는 그는 예전의 채플린이 아니었던 것입니다.

스위스의 한적한 시골 마을에서 여생을 보내던 채플린에게 어느 날 뜻밖의 소식이 날아옵니다. 1972년 미국 영화계가 영화 발전에 큰 기여를 한 채플린을 기리기 위해 그에게 아카데미 영화제 특별 공로상을 수여하기로 한 것입니다. 미국 정부도 수상하기 위해 입국하는 채플린을 막지 않고 환영했습니다. 사실상 이것은 미국 정부가 채플린을 향해 화해의 손길을 내민 것이나 다름없습니다.

시상대에 오른 채플린은 벅찬 감격에 한동안 말문을 열지 못했습니다. 그는 오랜 세월 타국에서 자신과 가족이 받은 고통과 억울함에 대해 한마디 불평도 하지 않았습니다. 오히려 웃음을 지으며 "다들 웃으세요. 즐겁게 삽시다."라는 수상 소감을 남겨, 무려 12분 동안이나 기립 박수를 받았습니다. 그로부터 3년 뒤인 1975년 영국 여왕 엘리자베스 2세는 자랑스러운 영국인 채플린에게 기사 작위를 하사했

아카데미 특별 공로상을
수상하는 찰리 채플린(오른쪽)

습니다. 사실 영국 여왕은 20년 전부터 기사 작위를 수여하려고 했지만, 미국이 원치 않아 선뜻 행동에 나서지 못했습니다.

인생의 황혼기가 되어서야 실추된 명예를 회복한 채플린은 1977년 88세의 나이로 스위스의 자택에서 조용히 눈을 감았습니다. 채플린이 세상에 영화를 선보인 지 100여 년이 흘렀지만 아직도 채플린의 영화는 많은 사람의 사랑을 받고 있습니다. 채플린의 영화 속에는 독특한 분장, 인간에 대한 뛰어난 관찰력, 가난한 민중의 정의감과 비애감에 바탕을 둔 날카로운 사회 풍자, 약자에 대한 배려와 평화에 대한 갈망이 있기 때문입니다. 또한 채플린은 절망 속에서 피어나는 희망을 이야기했기에 보는 이들로 하여금 잔잔한 감동을 느끼게 합니다.

★

채플린의
트라우마

어릴 적 가정 환경은 한 인간의 인생에 영향을 미친다. 빈민 구호소에서 자란 채플린의 어린 시절은 공포와 비참함의 연속이었다. 빈민 구호소에 맡겨진 채플린은 너무 어려서 어머니가 정신병에 걸려 아들을 몰라보는 상태라는 것을 깨닫지 못했다. 채플린은 어머니가 곧 찾아올 것이라는 기대감에 옷도 갈아입지 않고 기다렸다.

구호소 관계자의 말을 잘 듣지 않았던 채플린에게 돌아온 것은 구호소 관계자들의 가혹한 매질이었다. 특히 구호소 소장은 고무로 만든 채찍으로 몸에서 피가 나고 기절할 때까지 매질을 하였다. 어린 시절 고무 채찍으로 맞은 경험은 일생 동안 트라우마로 작용해 채플린은 고무를 두려워했다. 고무로 된 물건을 보면 겁에 질려 도망쳤는데, 이를 지켜보던 사람들은 그를 도저히 이해하지 못했다.

뒷날 스타가 된 채플린은 영화사와 계약을 맺을 때도 촬영 현장에 고무로 된 어떤 물품도 들이지 말 것을 요구했다. 또한 성공한 뒤에도 어릴 적 습관을 버리지 못하고 옷을 잘 갈아입지 않아 악취로 주변 사람들을 힘들게 했다.

채플린의 마음을 짓누른 두 번째 트라우마는 성장 과정 중에 어머니로부터 사랑을 제대로 받지 못한 모성애 결핍 현상이었다. 성인이 된 채플 린은 결핍된 모성애를 충족하기 위해 여성과 교제했지만 실패의 연속이 었다. 채플린에게 접근한 여성은 대부분 그의 부와 명예를 이용하기 위한 사람이었다. 그는 세 번이나 결혼에 실패하면서 이혼한 부인들에게 엄청 난 돈을 주어야 했다.

가정불화로 고통받던 채플린은 우나 오닐Oona O'Neill이라는 여성을 만나 면서 인생의 전환점을 맞이한다. 1942년 채플린은 뉴욕의 한 행사장에서 열일곱 살의 우나 오닐을 처음 만나 그녀에게 청혼한다. 우나 오닐은 노 벨 문학상 수상자인 아서 오닐의 딸로 빼어난 외모와 따뜻한 마음을 지 닌 여성이었다.

그녀는 채플린을 만나기 전부터 무명의 소설가인 제롬 데이비드 샐린 저Jerome David Salinger를 만나고 있었다. 샐린저는 우나 오닐에게 근사한 저녁 한 끼조차 사 줄 수 없는 처지였는데 채플린이 나타나자 큰 부담감을 가 질 수밖에 없었다.

채플린은 아서 오닐보다 한 살 아래였다. 우나 오닐의 주변 사람들이 채플린과의 교제를 한사코 반대했지만 시간이 흐를수록 두 사람은 가까 워졌다. 그런데 조안 배리Joan Barry라는 신인 배우가 채플린과의 사이에서 태어난 딸을 세상에 공개하며 두 사람 사이에 위기가 닥쳤다.

재판부는 진실을 찾기 위해 소송 관련자들을 상대로 혈액형 검사를 한 결과 조안 배리의 주장은 모두 거짓말이었음이 드러났다. 그러나 혈액형 검사 결과는 재판의 증거로 활용되지 못했다.

평소 채플린을 사회주의자로 판단한 FBI 국장 후버는 채플린에게 면 죄부를 줄 생각이 없었다. 막강한 권력을 쥐고 있던 후버는 재판부에 압 력을 가해 혈액형 검사 결과를 증거로 사용하지 못하도록 했다. 결국 채플린은 재판에서 지고 말았다. 미국 언론들은 그를 처자식을 내팽개치는 파렴치한으로 몰아세웠다. 미국인에게 몹쓸 사람으로 인식된 채플린은 연기자로서 내리막길을 걸어야 했다. 그는 끝내 미국에서 추방되는 비운을 맞았다.

채플린이 이러한 곤경에 빠졌을 때도 우나 오닐은 끝까지 그를 믿었고 1943년 두 사람은 마침내 결혼에 이르렀다. 36년이라는 나이 차이를 뛰어넘은 두 사람의 결혼 소식은 제2차 세계대전이 일어나 군 복무를 하고 있던 샐린저의 귀에도 들려왔다. 채플린에게 우나 오닐을 빼앗긴 샐린저는 고통을 극복하기 위해 소설 쓰는 일에 혼신을 다했다. 그 고뇌의 결과로 탄생한 것이 바로《호밀밭의 파수꾼》이라는 소설이다. 1951년 샐린저는 이 소설로 서른두 살의 나이에 노벨 문학상을 타는 영예를 누린다.

미국에서 추방된 우나 오닐과 채플린은 스위스에 정착해 8명의 자식을 낳으며 행복한 여생을 보냈다. 1977년 12월 크리스마스 날 채플린이 여든여덟 살의 나이로 영면에 들자 우나 오닐은 집 근처에 채플린의 무덤을 만들고 날마다 무덤을 찾았다. 그런데 어느 날 그녀가 집을 비운 사이 도굴꾼이 나타나 채플린의 시신을 훔쳐 가는 사태가 벌어졌다. 도굴꾼은 채플린의 시체를 돌려주는 조건으로 막대한 돈을 요구했지만 경찰의 수사망이 좁혀 오자 시체를 버리고 달아났다. 무려 11주 만에 채플린의 시신을 회수한 우나 오닐은 재발을 막기 위한 방법으로 채플린의 무덤에 엄청난 양의 콘크리트를 쏟아부어 밀봉 처리했다. 어린 시절 부모에게 사랑받지 못한 트라우마로 인해 채플린은 우나 오닐을 만나기 전까지 숱한 방황을 했지만 그녀와 결혼한 뒤에는 편안한 마음으로 여생을 보낼 수 있었다.

03

Muhammad Ali

자유, 정의, 평등을 위해 싸운 전설적인 권투 선수

무하마드 알리

미국의 권투 선수 (1942~2016) •⎯⎯⎯⎯⎯⎯⎯⎯
1960년 로마 올림픽에서 금메달을 딴 뒤 프로로 전향해 헤비급 사상 처
음으로 세 차례나 세계 챔피언이 되었다. 인종 차별에 반대하는 사회운
동가로도 활약하였다.

가난한 흑인 소년 캐시어스 클레이

캐시어스 클레이Cassius Clay는 1942년 1월 미국 켄터키주 루이빌Louisville의 가난한 흑인 집안에서 태어났습니다. 그의 아버지는 여느 흑인처럼 백인의 무시와 차별 속에서 허드렛일을 하며 생계를 유지했습니다. 가난과 늘 함께한 클레이는 버스 요금이 없어 학교까지 뛰어다녀야 했습니다. 학창 시절 열심히 뛰어다닌 덕택에 뒷날 클레이는 힘은 물론이고 헤비급* 선수로는 보기 드문 스피드를 갖추게 됩니다.

클레이는 우연한 기회로 권투를 하게 되었습니다. 열두 살 때 자전거를 타고 집으로 가던 중에 갑자기 소나기가 내렸습니다. 비를 피하기 위해 자전거를 세워 두고 잠시 극장 안에서 비가 그치기

미국 켄터키주 위치

---

* 권투나 레슬링 등에서 선수의 몸무게에 따라 분류한 등급 가운데 가장 무거운 체급.

를 기다리다 나와 보니, 자전거가 감쪽같이 사라지고 없었습니다. 집 안의 유일한 재산이었던 자전거를 도둑맞은 클레이는 경찰서로 달려가 형사에게 울분을 토하며 "도둑놈을 잡으면 주먹으로 한 방 먹이겠다."라고 했습니다. 귀찮은 표정을 짓던 형사는 "한 방 먹이는 것을 배우려면 권투 도장에나 가라."라고 대답했죠.

이후 권투 도장에 나가면서 클레이의 인생은 바뀌게 됩니다. 몸집이 크고 민첩해 권투 선수로서 제격이었던 그는 아마추어 권투 선수로 경기에 나섭니다. 클레이는 열여덟 살이 되기 전에 180승을 올리며 아마추어 최강의 권투 선수로 등극합니다. 1960년 열여덟 살의 나이에 로마 올림픽 국가 대표로 발탁된 클레이는 올림픽 무대에서도 월등한 기량으로 금메달을 목에 걸었습니다. 그는 스스로가 자랑스러워 올림픽이 끝난 뒤에도 계속 금메달을 목에 걸고 다녔습니다.

로마 올림픽 금메달리스트가 된 캐시어스 클레이

어느 날, 클레이는 햄버거를 사기 위해 금메달을 목에 건 채 식당에 들어갔습니다. 식당 주인은 클레이를 보자마자 "깜둥이에게는 음식을 팔지 않는다."라고 말하며 문전 박대했습니다. 식당에 있던 불량배들도 클레이에게 폭언을 퍼부으며 금메달을 빼앗으려고 했습니다. 그 순간 클레이는 깨달았습니다. 백인에게 자신은 미국을 대표하는 권투 선수가 아니라 그냥 흑인일 뿐이었습니다. 그는 인근 강가로 달려가 금메달을 강물에 내던진 뒤 국가 대표를 그만두었습니다. 이후 그는 험한 정글과도 같은 프로 권투의 세계로 나아가게됩니다.

헤비급 세계 챔피언

클레이는 프로 권투 세계에서도 승승장구하며 챔피언의 길로 나아갔습니다. 그가 넘어야 할 마지막 장벽은 당시 프로 권투 세계 챔피언이던 소니 리스턴Sonny Liston이었습니다. '어둠의 철권'이라 불리던 리스턴은 무장 강도 출신으로 밑바닥 인생을 살았던 사람입니다. 또래의 아이들에 비해 괴력을 타고난 그는 일찌감치 범죄의 세계로 들어가 어린 나이에 교도소를 들락거렸습니다.

교도소 생활은 리스턴에게 행운을 가져다주었습니다. 사회에서 굶기를 밥 먹듯이 하던 그에게 교도소 음식은 그가 먹어 본 가장 좋은 음식이었습니다. 더구나 교도소에서 운 좋게도 전직 권투 선수를 만나 권투를 배우게 되었습니다. 리스턴은 출소 뒤 프로 권투에 입문해 승리의 행진을 멈추지 않았습니다. 당대 내로라하는 유명 선수들이 모두 그의 앞에 무릎을 꿇었습니다.

리스턴은 머지않아 헤비급 세계 챔피언이 되지만, 그가 흑인 전과

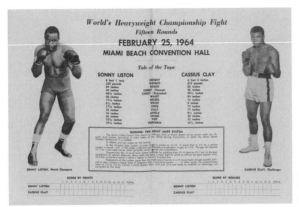

리스턴과 클레이의
한판 승부를 알리는
홍보물

자 출신이라는 이유로 사람들은 그를 싫어했습니다. 사각의 링Ring*에
오른 리스턴의 눈빛에서는 살기가 느껴졌고, 상대방과 권투 경기를
하는 것이 아니라 마구잡이로 주먹질을 하는 것 같은 인상을 주었습
니다. 리스턴의 매서운 주먹에 상대 선수는 대부분 3회전도 버티지 못
하고 링 위에 쓰러졌습니다. 사람들은 누군가가 나타나 그를 무너뜨
리기를 바랐습니다. 바로 그때 캐시어스 클레이가 등장한 것입니다.

1964년 2월, 클레이와 리스턴의 권투 경기가 마이애미Miami에서 열
렸습니다. 사람들은 클레이가 이기는 것은 고사하고 2회전까지만이
라도 버티길 바랐습니다. 경기 직전 클레이는 텔레비전에 출연해 "나
비처럼 날아 벌처럼 쏘겠다."라는 참신한 비유로 사람들의 마음을 사
로잡았습니다. 경기가 시작되자 클레이는 나비처럼 부드러운 동작으

---

* 권투나 프로 레슬링의 경기장.

로 링 위를 춤추듯 돌아다니며 리스턴의 살인 주먹을 피했습니다.

클레이가 사각의 링 전체를 사용하는 작전으로 시간을 끌며 기량을 발휘하자, 리스턴은 초조해지기 시작했습니다. 리스턴은 이제껏 3회전 이전에 경기를 끝냈기 때문에 그 이상 경기를 하는 것은 무리였습니다. 4회전이 되면서 리스턴의 움직임이 느려지기 시작했습니다. 클레이는 챔피언의 주먹을 피하며 눈을 집중 공격했습니다. 시간이 지나면서 리스턴의 눈은 퉁퉁 부어올랐고, 마침내 눈두덩이가 찢어져 피가 흘러내렸습니다. 6회전이 끝나면서 리스턴은 그로기_{Groggy} * 상태가 되었고, 1분의 휴식 뒤 7회전을 알리는 종이 울렸지만 링 위로 나오지 못했습니다. 스물두 살인 클레이의 완벽한 승리였습니다.

단번에 미국의 권투 영웅이 된 클레이는 언론에 주목받는 스타가 되었습니다. 챔피언이 된 뒤로도 클레이는 도전자를 계속해서 물리치며 권투계의 황제 자리를 유지합니다.

진짜 나를 찾아가는 길

헤비급 세계 챔피언이 된 클레이는 부귀영화를 누리는 생활을 거부했습니다. 대신 자신의 정체성을 찾는 일에 나섰지요. 클레이가 전성기를 누리던 1960년대 중반은 미국 사회가 혼란을 거듭하던 시기였습니다. 대외적으로는 베트남 전쟁이라는 수렁에서 허우적거리고

---

* 권투 경기에서 심하게 공격을 받아 몸을 가누지 못하고 비틀거리는 상태.

백인을 상대로 강렬한 저항을 한 말콤 엑스

있었고, 대내적으로는 흑인 인권 운동이 격렬하게 진행되고 있었습니다. 말콤 엑스Malcolm X[*]를 중심으로 흑인 인권 운동이 확산되면서 백인들의 신경을 거스르고 있었습니다.

미국 흑인의 성姓은 대부분 그들의 조상으로부터 내려온 것이 아니라, 그들을 노예로 부리던 백인 주인이 붙인 것이었습니다. 흑인인 말콤은 자신의 빼앗긴 성을 되찾기 위해 백인이 정한 '리틀'이라는 성 대신에 엑스x라고 성을 바꿨습니다.

말콤 엑스에게 깊은 감명을 받은 클레이는 자신의 성 '클레이'가 백인이 붙인 성임을 깨닫고, 진정한 뿌리를 찾을 때까지 성을 모른다는 의미로 자신의 성을 엑스x로 바꾸게 됩니다. 이후 캐시어스 클레이는 캐시어스 엑스가 되었습니다.

하지만 백인들이 클레이의 정체성 찾기 운동을 좋아할 리 없었습니다. 사실 백인에게 권투는 인간의 폭력성을 대리 만족시켜 주는 운동일 뿐, 그 이상의 의미는 없었습니다. 따라서 흑인 권투 선수는 돈을 받고 링 위에서 싸우는 존재로 남으면 그만이었습니다.

---

[*] 미국의 흑인 인권 운동 지도자이자 이슬람 운동가.

클레이는 방송에 출연해 "나는 백인 동네로 이사할 생각도 없고 백인 여자와 결혼할 생각도 없습니다. 나는 백인이 원하는 챔피언이 되지 않을 것입니다."라고 서슴지 않고 말했습니다. 클레이가 자신의 정체성을 찾겠다고 하자, 그를 동경하던 많은 흑인 청년이 영향을 받기 시작했습니다. 하지만 얼마 지나지 않아 클레이에 대한 백인들의 비난이 쏟아졌는데, 그럴수록 그는 더욱 강해졌습니다. 클레이는 아예 기독교에서 이슬람교로 개종해 이름을 무하마드 알리로 개명합니다.

청교도 국가인 미국에서 이슬람교로 개종하는 것은 그 당시로서는 결코 받아들일 수 없는 반역에 가까운 행동이었습니다. 백인들은 알리를 본격적으로 견제하기 시작합니다. 알리를 괘씸하게 생각한 미국 정부는 그를 베트남 전쟁터로 보내기 위해 1967년 4월 징집영장을 보냈습니다.

하지만 알리는 징집영장 수령을 거부하며 베트남 전쟁에 참전할 뜻이 없음을 분명히 밝힙니다. 그는 언론과 한 인터뷰에서 "베트콩은 나를 깜둥이라고 부르지 않습니다. 또한 나를 무시한 적도 없습니다. 내가 왜 무고한 베트남 사람을 죽여야 한단 말입니까? 베트콩과 싸우느니 차라리 흑인을 억압하는 세상과 싸우겠습니다."라고 말했습니다.

무하마드 알리가 된 캐시어스 클레이

1960년대 미국 사회를 암흑으로 몰아넣은 베트남 전쟁

　알리가 참전을 거부하자 전국 각지에서 협박 편지와 전화가 빗발쳤습니다. 평화를 주장한 알리는 공공의 적이 되어 처단해야 할 대상이 되고 말았습니다. 정부도 적극적인 조치에 나섰습니다. 1967년 4월 알리는 징병 위원회로부터 출두하라는 마지막 명령을 받았지만 또다시 이를 거부했습니다. 이후 그는 백인에게 도전하는 것은 물론 국가 공권력을 따르지 않았다는 이유로 혹독한 대가를 치르게 됩니다.

　알리는 챔피언 타이틀을 빼앗겼을 뿐 아니라, 권투 선수 자격까지 박탈되어 더는 링에 오를 수 없었습니다. 더구나 병역 기피로 검찰에 기소되어 징역 5년의 실형을 선고받습니다. 당시 징집 기피자는 보통 1년 6개월 형을 선고받았지만, 알리는 예외적으로 5년이라는 중형을 선고받았습니다. 미국 정부는 그가 해외로 도피하지 못하도록 여권마저 압수하고 정보기관을 동원해 감시했습니다. 알리가 가는 곳마

이슬람 종단에서 추방된 무하마드 알리(뒷줄 가운데)

다 정보기관 요원들이 미행하고 감청하며 그의 모든 것을 감시했습니다.

다른 흑인 스포츠 스타처럼 백인의 비위를 맞추고 조용히 살았다면 알리는 편안하게 부귀영화를 누리며 살 수 있었습니다. 하지만 그는 자신의 내면에서 메아리치는 양심의 소리대로 살고자 모진 고초를 감내했습니다. 알리는 자신이 따르던 이슬람 종단에서도 제명당하는 아픔을 겪었습니다. 당시 이슬람 종단은 논란의 중심에 서 있는 알리의 존재가 부담스러워 그를 교단에서 퇴출해 버렸습니다.

이처럼 주변에서도 버림받은 알리는 억울함을 풀기 위해 법정 투쟁에 나섰습니다. 재판은 3년간이나 계속되었고, 그동안 알리는 권투를 할 수 없었습니다. 긴 법정 투쟁 끝에 알리는 무죄 판결을 받았지만, 그의 나이는 권투 선수로는 환갑에 해당하는 서른을 앞두고 있었습니다.

돌아온 챔피언

대법원에서 무죄 판결을 받은 알리는 징집 기피자라는 불명예에서 벗어날 수 있었습니다. 벌어 놓은 돈이 많았기 때문에 굳이 링에 설 필요도 없었습니다. 하지만 그는 '입만 살아 있는 떠버리 복서'라고 폄하하는 백인들에게 자신의 신념이 하찮지 않은 것임을 증명하고 싶었습니다. 알리는 다시 권투 글러브를 끼고 챔피언의 자리에 오를 것이라고 선언했습니다.

1974년 10월 아프리카 자이르오늘날 콩고민주공화국의 킨샤사Kinshasa에서 서른두 살의 노장인 알리는 혈기왕성한 스물여섯 살의 챔피언 조지 포먼George Foreman을 상대로 챔피언 벨트를 찾기 위한 도전에 나섰습니다. 킨샤사에 도착한 알리는 아프리카 사람들의 열렬한 환영을 받았습니다. 자이르 국민은 가난하고 힘이 없었지만 알리가 어떤 인물인지 잘 알고 있었습니다. 알리는 공항에 마중 나온 환영 인파에 "백인에게 노예로 잡혀간 이래 400년 만에 고향으로 돌아와 형제들 앞에 서게 되어 기쁩니다."라는 말로 답례했습니다.

반면에 같은 흑인이었던 챔피언 포먼은 킨샤사 사람들에게 어떤 호의적인 말도 하지 않았습니다. 그는 자신은 미국인이며, 아프리카 킨샤사는 단지 권투 경기를 치르기 위해 방문한 장소에 지나지 않는

조지 포먼과 경기를 앞둔 무하마드 알리

다고 생각했습니다. 사실 유전적으로 따지자면, 외조부가 아일랜드
계 백인 농장주였기 때문에 백인의 피가 8분의 1 정도 섞여 있는 알
리보다 100% 흑인이었던 조지 포먼이 아프리카 사람에 좀 더 가까
웠습니다.

알리는 치열한 공방 끝에 챔피언 조지 포먼을 상대로 8회 KO승을
거두면서 잃어버린 챔피언 벨트를 되찾았습니다. 이후로도 마흔 살
이 될 때까지 선수 생활을 하다가 1981년 알리는 은퇴합니다. 그가
처음으로 권투 글러브를 낀 지 28년 만의 일이었습니다.

'복싱계의 전설'이 된 알리의 노후는 평온하지 못했습니다. 그는
오랜 권투 선수 생활로 인해 파킨슨병을 얻었습니다. 파킨슨병이란,
뇌의 신경 세포가 점차 파괴되어 서서히 죽어 가는 무서운 병입니다.

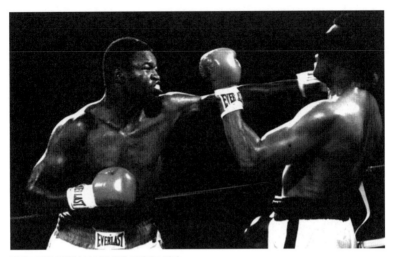
권투로 인해 심각한 뇌손상을 입은 무하마드 알리

뇌신경 세포가 파괴되면 '도파민'이라는 물질이 제대로 생성되지 않습니다. 도파민의 여러 역할 중 주된 기능은 뇌에서 운동에 관한 명령을 전달하는 것입니다. 이 물질이 부족해지면 운동 기능에 장애가 발생합니다. 따라서 파킨슨병을 앓게 되면 손이 떨리고 걸음걸이가 불편해지며 얼굴의 표정 변화가 사라지게 됩니다.

도파민의 또 다른 기능은 감정을 느끼게 하는 것입니다. 도파민은 행복 호르몬이라고도 불리는데, 즐거움에 관한 신호를 전달해 인간이 행복감을 느낄 수 있게 해 줍니다. 하지만 파킨슨병에 걸리면 심각한 우울증과 불면증으로 고통받게 됩니다. 병의 마지막 단계에서는 인지 능력이 상실되어 자신이 누구인지도 모르고 죽게 되는 무서운 질환입니다.

파킨슨병은 신경 세포의 70% 이상이 파괴되었을 때 비로소 증세가 나타나고, 현재로서는 뾰족한 치료법이 없습니다. 이런 이유로 파킨슨병의 발병은 곧 죽음을 향해 가는 길이나 다름없습니다. 사십 대 초반의 알리에게 파킨슨병이 찾아왔습니다. 그동안 권투 선수 생활을 하면서 머리에 너무 많은 주먹을 얻어맞아 생긴 일종의 직업병이었습니다.

실제로 파킨슨병은 프로 권투 선수에게 흔하게 나타나는 질환입니다. 상대방의 주먹이 머리를 때릴 때마다 보통 사람이 일생 동안 받는 것보다 더 큰 충격이 머리에 가해집니다. 이로 인해 프로 권투 선수들은 파킨슨병에 많이 걸릴 수밖에 없는 위험한 상황에 노출되어 있습니다.

알리는 파킨슨병을 앓으면서도 유엔 대사로 활동하며 가난한 나라에 식량과 의료 지원을 하는 일에 앞장섰습니다. 그는 인도주의자가 되어 세계 곳곳을 누비며 도움이 필요한 사람들을 보듬어 주었습니다. 2012년 9월, 알리는 인권 신장에 크게 공헌한 사람에게 주어지는 '필라델피아 자유의 메달' 수상

투병 생활 중에도 2012년 런던 올림픽
개막식에 등장한 무하마드 알리

자가 되었습니다.

같은 해 영국 런던에서 개최된 올림픽은 알리의 마지막 외출이 되었습니다. 런던 올림픽 준비 위원회는 개막식 행사에 가장 위대한 스포츠 스타를 등장시키기로 결정했습니다. 개막식에는 농구 선수 마이클 조던Michael Jordan, 체조 선수 나디아 코마네치Nadia Comaneci, 축구 선수 데이비드 베컴David Beckham 등이 차례로 등장해 관객들의 박수를 받았습니다. 그러나 이날 가장 뜨거운 박수를 받은 사람은 단연 무하마드 알리였습니다.

알리는 오랜 투병 생활로 무척 수척했지만 깔끔하게 양복을 차려입고 개막식에 모습을 드러냈습니다. 그의 모습을 지켜본 사람들은 자리에서 일어나 박수를 보냈습니다. 그는 파킨슨병으로 얼굴 근육이 마비되어 웃을 수도, 제대로 걸을 수도 없었지만, 같은 병을 앓고 있는 사람들에게 희망을 주기 위해 개막식에 등장한 것입니다. 52년 전 로마 올림픽 금메달 시상대에 올랐던 열여덟 살 소년은 어느덧 칠십 대 할아버지가 되어 올림픽 무대를 다시 밟게 되었습니다.

알리, 사람들의 마음속에 별이 되다

2016년 6월 알리는 30년 넘는 투병 생활 끝에 일흔네 살의 나이에 세상을 떠나고 맙니다. 병마가 덮치기 전까지만 해도 그는 세상에서 가장 센 주먹을 가진 사람이었습니다. 하지만 오랜 세월 파킨슨병에 맞서 싸우면서 세상을 떠나기 전의 모습은 너무나 초췌해져 있었습

삶의 마지막 길을 걷는
무하마드 알리

니다.

알리는 파킨슨병에 걸린 직후부터 자신의 마지막을 준비했습니다.
그는 가족들에게 고향 루이빌의 프리덤 홀Freedom Hall에서 장례식을 치
러 달라고 부탁했습니다. 프리덤 홀은 1960년 열여덟 살 청년이었던
그가 프로 데뷔전을 치렀던 뜻 깊은 장소입니다. 장례식에는 수많은
추모객이 몰려들어 떠나가는 알리의 마지막 모습을 지켜보았습니다.

알리는 권투를 시작한 뒤 운동하는 것이 힘에 부칠 때마다 '지금의
고통을 이겨 내야만 사람들에게 존경받는 챔피언이 될 수 있다.'라는
말을 마음속으로 수없이 되뇌었습니다. 결국 어린 나이에 세계 챔피
언이 된 그는 당대 최고 스포츠 스타로서 얼마든지 안락한 생활을 누
릴 수 있었습니다. 하지만 흑인 인권 운동에 앞장서면서 피할 수 있
는 험한 길을 걸어야 했습니다.

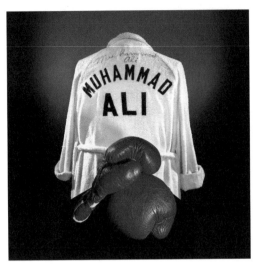

사람들의 마음속에
영원한 전설로 남은
무하마드 알리

알리는 옳다고 믿는 일을 하는 데 주저하지 않았습니다. 이로 인해 전 세계 사람들의 머릿속에 세계 챔피언을 넘어 행동하는 양심가로 남았습니다. 권투 선수들은 '권투라는 운동보다 유일하게 더 큰 사람'이라고 평가하며 알리의 죽음을 슬퍼했습니다. 알리는 20세기 최고의 권투 선수인 동시에 세상을 변화시킨 위대한 영웅으로 사람들의 마음속에 별이 되었습니다.

★

국가에 저항하는
제2의 알리

미국의 국가國歌인 '성조기여 영원하라Star-Spangled Banner, 일명 성조가'는 미국인에게 절대적으로 사랑받는 노래다. 전 세계 모든 민족이 모여 사는 미국은 자칫하면 모래알처럼 분열되기 쉬운 나라다. 이에 모든 미국인을 단결시킬 구심점이 필요한데 그 역할을 성조가와 성조기가 하고 있다.

1918년 제1차 세계대전이 한창일 때 미국 프로 야구MLB 경기 도중 전쟁터에서 목숨을 걸고 전투를 벌이는 미국 젊은이들을 위로하고 승리를 기원하는 뜻에서 성조기를 게양하고 성조가를 연주했다. 그라운드에 있던 선수들이 기립 자세로 성조가를 따라 부르자 관중도 모두 자리에서 일어나 목청 높여 국가를 불렀다. 이를 계기로 프로 야구에서는 경기 시작 전에 성조가를 부르며 국기에 대한 예의를 표하는 것이 관례가 되었다. 시간이 흐르자 프로 농구NBA와 프로 미식 축구NFL 등 모든 프로 스포츠 행사에서 같은 의례가 행해졌다.

1968년 멕시코에서 벌어진 제19회 하계 올림픽에서 미국이 발칵 뒤집어지는 사건이 벌어졌다. 남자 육상 200m 경기에서 미국 선수 토미 스미스Tommie Smith가 사상 최초로 마의 20초 벽을 깨며 금메달을 획득했다. 게다가 스미스의 동료인 존 카를로스John Carlos가 동메달을 따면서 미국인의 기쁨은 한층 더했다. 전 세계인이 지켜보는 메달 시상식에서 단상 위에 맨발로 오른 두 사람은 성조가가 경기장 안에 힘차게 울려 퍼지자 갑자기 고개를 숙이고 검은 장갑을 낀 한 손을 하늘을 향해 추켜올렸다. 이들의 얼굴에는 분노와 슬픔이 자리 잡았다. 이를 지켜보던 미국인들은 어리둥절했지만 머지않아 두 사람이 왜 그런 행동을 했는지 알게 되었다.

1968년은 미국 역사상 백인의 흑인 탄압이 최고에 이른 해였다. 흑인 인권 향상을 위해 매진하던 마틴 루터 킹 목사가 암살되는 등 백인의 폭력이 기승을 부리고 있었다. 스미스와 카를로스는 미국에서 고통받는 흑인의 실상을 전 세계에 알리고 백인에게 항의를 표시하기 위해 올림픽 시상식을 이용했다. 이들이 맨발로 시상대에 오른 것은 미국에서 가난을 벗어나지 못하고 있는 흑인의 처지를 반영한 것이었다.

성조기가 올라갈 때 고개를 숙이고 주먹을 치켜세운 것은 조국인 미국에 대한 저항이었다. 이들의 행동은 미국 사회를 발칵 뒤집어 놓았다. 미국은 미국 수정 헌법 제1조에서 표현의 자유를 보장하고 있는 만큼 어디에서나 자신의 의사를 표현할 수 있다는 소수와 아무리 국가에 불만이 있더라도 전 세계인이 보는 앞에서 조국을 모욕한다는 것은 결코 용서할 수 없다는 다수로 나뉘었다. 특히 미국을 움직이는 백인 보수층에게 두 사람은 절대로 용납할 수 없는 반역자에 불과했다.

결국 두 사람은 다음 날 올림픽 선수촌에서 쫓겨나고 메달도 박탈당했다. 순수 아마추어 대회인 올림픽 시상식에서 정치적인 행동을 했다는 이유였다. 이들은 미국에 돌아와서도 큰 고난을 당해야 했다. 미국 육상계에서 영구 추방되고 끊임없이 살해 협박을 받고 살아야 했다. 이들은 모든 것을 잃었지만 흑인에게는 진정한 올림픽 영웅으로 남게 되었다.

당시 은메달을 딴 오스트레일리아의 백인 선수 피터 노먼 역시 파란의 주인공이 되고 말았다. 오래전부터 미국은 인종 차별로 악명을 떨치고 있었지만, 오스트레일리아에 비하면 아무것도 아니었다. 유럽인들이 세운 오스트레일리아는 유색 인종의 유입을 아예 막을 정도로 인종 차별이 심한 나라였다. 체육 교사 출신인 피터 노먼은 스미스와 카를로스가 올림픽 시상식에서 인종 차별에 항의하는 행동을 할 것이라는 사실을 미리 알게 되자 검은 장갑은 끼지는 않았지만 이들을 지지하는 배지를 가슴에 달고 시상대에 올랐다.

오스트레일리아의 자랑스러운 은메달리스트인 노먼이 흑인과 뜻을 함께하자 백인 일색인 오스트레일리아 사람들은 분노했다. 오스트레일리아 육상계가 노먼에게 흑인에 대한 지지를 철회할 것을 요구했지만 노먼은 자신의 뜻을 굽히지 않았다. 그러나 노먼이 감당해야 할 대가는 너무도 컸다. 노먼은 나이도 젊고 능력도 출중해 얼마든지 선수 생활을 더 할 수 있었지만 오스트레일리아 육상계에 미운 털이 박혀 다시는 올림픽에 출전하지 못하고 선수 생명을 마감해야 했다.

2006년 노먼이 세상을 떠나자 미국에 살던 스미스와 카를로스는 오스트레일리아로 달려와 장례식에서 그의 관을 들어 주었다. 이제는 할아버지가 된 두 사람의 얼굴에 한없는 눈물이 흐르자 이를 지켜보던 조문객들도 눈물을 참지 못했다. 2012년 오스트레일리아 의회는 노먼에게 지난날의 일을 사과하는 성명을 발표하며 용서를 구했다. 또한 오스트레일리아 올림픽 위원회는 죽은 노먼에게 훈장을 주었다.

1968년 멕시코 올림픽 육상 200m에서 메달을 딴 선수 모두는 큰 시련을 겪었다. 하지만 올림픽 역사에 영원히 남는 선수가 되었다.

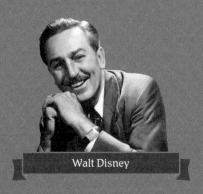

04

Walt Disney

작은 생쥐 한 마리로 미디어 제국을 일군

월트 디즈니

미국의 만화 영화 제작자 (1901~1966) •

미국의 만화 영화감독이자 제작자이며 사업가다. 미키 마우스나 도널드
덕 등 세계적으로 널리 알려진 캐릭터를 탄생시켰다.

행복하지 않았던 어린 시절

쥐를 의인화한 미키 마우스는 전 세계 어린이 대부분이 알고 있을 정도로 널리 알려진 캐릭터입니다. 월트 디즈니가 만들어 낸 미키 마우스, 도널드 덕, 구피 등 수많은 캐릭터는 아이들에게 큰 영향을 미치고 있습니다. 미국 캘리포니아주 남서부 애너하임Anaheim에 있는 세계적인 유원지 디즈니랜드 역시 어린이들이 꼭 가고 싶어 하는 곳 중 하나입니다.

월트디즈니컴퍼니The Walt Disney Company(이하 디즈니사)는 창업주의 이름을 따서 탄생한 회사입니다. 디즈니사는 대표적인 캐릭터인 미키 마우스로 매년 60억 달러 이상의 돈을 벌어들이는 유명한 회사로서, 코카 콜라와 더불어 미국 문화를 대표하는 기업으로 성장했습니다.

월트 디즈니의 어린 시절(오른쪽)

가난한 성장기를 거친 월트 디즈니

오늘날 월트 디즈니는 전 세계 어린이에게 꿈을 심어 주는 사람으로 명성을 얻고 있습니다. 하지만 그의 어린 시절은 결코 행복하지 않았습니다.

1901년 12월 월트 디즈니는 일리노이주 북동부에 있는 시카고Chicago의 가난한 집안에서 4남 1녀 가운데 넷째 아들로 태어났습니다. 잡일로 근근이 생계를 이어 가던 그의 아버지는 사과 농장을 운영하면 한몫 잡을 수 있을 것이라는 생각으로 1906년 가족을 데리고 미주리주 마르셀린Marceline으로 이주했습니다.

월트 디즈니는 다섯 살 때 아버지를 따라 시골 생활을 하게 되었습니다. 사과 농사는 많은 지식과 비법, 노동력을 필요로 하는 일이어서 결코 만만치 않습니다. 하지만 사과 재배가 쉬울 줄 알고 시작한 디즈니의 아버지는 인건비 절감을 위해 자식들을 학교에 보내지 않고 사과 농장에서 일하도록 했습니다. 어린 월트 디즈니는 학교에 가는 대신 농장에서 일해야 했습니다. 하지만 곧 돈에 쪼들리게 된 아버지는 가족에게 폭력을 일삼았습니다.

아버지의 가정 폭력과 노동력 착취가 심해지자, 큰아들과 둘째 아들은 가출해 가족을 떠났습니다. 두 아들이 집을 나간 것이 그동안 키워 준 은혜를 배반한 것이라고 생각한 아버지는 분노해, 남아 있는 두 아들인 로이 디즈니Roy Disney와 월트 디즈니에게 폭력을 가하며 심하게 화풀이했습니다.

월트디즈니컴퍼니 로고

이때 어린 월트 디즈니를 세심히 보살펴 준 사람이 바로 셋째 형인 로이였습니다. 월트보다 여덟 살이 많은 로이는 다정다감하고 책임감이 강한 사람으로, 아버지가 어린 동생에게 무차별 폭행을 가할 때마다 몸으로 막아 주었습니다. 로이는 사과 농장에서도 힘든 일을 도맡아 하면서 어린 동생을 지켜 주었습니다.

1910년 아버지는 사과 농사가 실패로 끝나자 생계를 위해 대도시인 캔자스시티Kansas City로 이주했습니다. 그는 신문 보급소를 운영하며 생계비 마련에 나섰지만, 가난을 면치 못했습니다. 그러자 또다시 두 아들을 돈벌이에 동원했지요. 아홉 살이던 월트 디즈니는 새벽에 일어나 곳곳을 돌아다니며 신문을 배달했습니다. 배달 일이 끝나면 길거리에서 신문을 팔았습니다. 어린 월트 디즈니에게 신문 배달 일은 감당할 수 없을 정도로 고된 일이었지만, 아버지의 강요는 멈추지 않았습니다.

고된 노역에 시달리던 월트 디즈니는 학교에 가면 책상에 앉아 꾸벅꾸벅 떨어지기 일쑤였습니다. 이로 인해 선생님에게 꾸지람을 듣는 것은 물론이고 학교 성적도 좋지 못했고 친구들로부터 따돌림을 당했습니다. 다만 그림 그리는 실력만큼은 매우 뛰어나 누구도 따라올 수 없었습니다. 그가 틈날 때마다 교과서 여백에 그린 온갖 종류의 동물 그림은 마치 살아서 튀어나올 것만 같았습니다.

월트 디즈니의 아버지는 신문 보급소 운영으로는 도저히 먹고살 수 없자 젤리 공장을 운영하려고 1917년 가족을 데리고 다시 시카고로 이주했습니다. 월트 디즈니는 이곳에서도 아버지의 젤리 공장에서 일해야 했기 때문에 학교 성적은 형편없었습니다. 학창 시절 그의 유일한 즐거움은 교과서에 낙서를 하거나 만화를 그려 교내 신문에 싣는 일이었습니다. 학교생활에 만족하지 못한 월트 디즈니는 고등학교를 중퇴하고 돈을 벌기 위해 직장을 찾아 나섰습니다.

애니메이션의 세상으로 들어서다

월트 디즈니는 우체국에서 임시 직원을 뽑는다는 구인 광고를 보고 찾아갔지만, 나이가 어리다는 이유로 퇴짜를 맞았습니다. 그는 양복을 빌려 입고, 얼굴에 콧수염을 붙여서 다시 찾아가 일을 하게 해 달라고 간청한 끝에 마침내 임시 직원으로 일하게 되었습니다.

1918년 평소에 의지하던 로이 디즈니가 입대해 제1차 세계대전에 참전하자, 월트 디즈니 역시 형을 따라 군대에 가려고 했습니다. 그러나 당시 열여덟 살 미만은 입대할 수 없었습니다. 나이 제한에 걸린 월트 디즈니는 부모의 서명을 위조해 국제 적십자사 소속 자원봉

월트 디즈니가 꿈을 실현하기 위해 찾아간 할리우드의 옛 모습

사 요원으로 참전했습니다. 그는 구급차 운전수가 되어 전쟁터를 누비며 수많은 사람의 목숨을 구한다는 사명감에 불타 프랑스로 갔지만 현실은 생각한 것과는 완전히 달랐습니다.

월트 디즈니가 프랑스에 도착했을 때는 이미 제1차 세계대전이 거의 끝나 가고 있었기 때문에 부상병을 태워 나를 일이 없었습니다. 하지만 온종일 구급차에 앉아 만화를 그릴 수 있었기 때문에, 이 시기에 그림 실력이 크게 향상되었습니다.

1919년 적십자사 봉사 요원으로 활동한 지 1년 만에 고향으로 돌아온 월트 디즈니는 자신의 재능을 발휘하기 위해 만화 영화 회사에 취직했습니다. 그러나 능력을 인정받지는 못했지요. 전문가 입장에서 볼 때, 월트 디즈니의 작품은 아마추어 수준에 지나지 않았고 전혀 매력적이지도 않았습니다. 회사에서 쫓겨난 그는 직접 회사를 세워 만화 영화 시장을 두드렸으나, 이 역시 실패로 끝나고 말았습니다.

1923년 월트 디즈니는 인생의 전환점을 만들기 위해 미국 영화 산업의 중심지인 할리우드로 향했습니다. 그곳에서 형 로이와 함께 '디즈니브라더스'라는 스튜디오를 설립한 뒤 본격적인 창작 활동에 나섰습니다. 디즈니 형제는 자신들의 작품을 들고 다니면서 영화 제작사와 배급사에 홍보했습니다. 여러 차례 문전 박대를 당한 끝에 두 형제는 영화 배급업자 찰스 민츠Charles Mintz를 만나게 되었습니다.

찰스 민츠는 할리우드 대형 영화 제작사인 유니버셜 스튜디오Universal Studios에 월트 디즈니가 만든 만화 영화 〈행운의 토끼 오스왈드〉 시리즈를 납품해 적지 않은 돈을 벌어들였습니다. 찰스 민츠가 중간에서 대부분의 이익을 챙긴다는 사실을 알게 된 월트 디즈니는 작품의 가격 인상을 요구했습니다. 하지만 찰스 민츠는 그의 요구를 들어주기는커녕 일방적으로 계약 해지를 통보했습니다.

찰스 민츠가 과감히 계약 해지를 선언한 이면에는 나름대로 속셈이 있었습니다. 독선적이었던 월트 디즈니는 조금이라도 마음에 들지 않을 경우 직원들에게 폭언과 모욕 주기를 일삼았습니다. 직원들이 인간적인 대우를 해 줄 것을 수차례 요구했지만 그는 종업원을 무시해도 되는 대상으로 여겼을 뿐입니다.

디즈니브라더스 직원들의 불만이 하늘을 찌른다는 사실을 알게 된 찰스 민츠는 그들을 포섭하기 위해 공을 들였습니다. 그 결과 직원 대부분이 회사를 떠나기로 마음먹고 적절한 시기를 노리고 있던 상황이었습니다. 때마침 찰스 민츠가 디즈니브라더스와 계약을 파기하자, 직원들은 동시에 회사를 떠나 월트 디즈니에게 큰 타격을 주었습니다.

　이후 찰스 민츠의 밑으로 들어간 직원들은 〈행운의 토끼 오스왈드〉 시리즈를 계속 만들어 냈습니다. 월트 디즈니의 곁에는 형 로이밖에 없었고, 더는 정상적인 작품 활동을 할 수 없게 되었습니다. 월트 디즈니는 자신을 배신한 주변 사람에 대한 분노 때문에 한동안 잠도 이루지 못했습니다. 하지만 위기를 극복하기 위한 돌파구를 찾아야만 했습니다.

명랑하고 활달한 장난꾸러기 미키 마우스의 탄생

　월트 디즈니는 '오스왈드 토끼'보다 더 매력적인 캐릭터를 만들기위해 노심초사하던 중 명랑하고 활달한 장난꾸러기 쥐를 주인공으로한 캐릭터 '미키 마우스'를 고안해 냈습니다. 쥐는 사람들이 싫어하는 동물이지만, 그는 과감하게 캐릭터로 만들었습니다.

　1928년 11월 월트 디즈니는 〈증기선 윌리〉라는 단편 만화 영화에 미키 마우스를 등장시켰습니다. 〈증기선 윌리〉는 만화 영화 사상 최초로 소리까지 집어넣은 유성 영화로 당시로서는 혁신적

월트 디즈니와 미키 마우스

인 작품이었습니다. 만화 영화 속에 등장한 미키 마우스는 오늘날의 모습과는 달리 젓가락처럼 마르고 긴 다리에 짓궂은 이미지였습니다. 미키 마우스는 암소의 이빨을 두들기고 염소의 꼬리를 돌리는 등 다른 동물을 못살게 구는 악동 짓만 골라서 했지만 사람들에게 큰 인기를 얻었습니다.

월트 디즈니는 직접 미키 마우스의 성우 역할을 하며 목소리를 불어넣었습니다. 귀여운 악동 미키 마우스는 시간이 흐를수록 인기가 높아졌고, 1930년부터는 인형에서 칫솔까지 각종 캐릭터 상품의 주인공이 되었습니다. 미키 마우스의 인기가 치솟자, 월트 디즈니는 미키 마우스의 인기 관리를 위해 모습을 조금씩 바꾸기 시작했습니다. 못된 이미지의 미키 마우스는 자녀에게 만화 영화를 보여 주는 부모의 기분을 상하게 할 수도 있기 때문입니다.

월트 디즈니는 미키 마우스를 온순하고 귀여운 모습으로 바꾸기 위해 머리를 크게 만들고 눈도 크게 만들어 마치 어린아이처럼 보이도록 했습니다. 악동 이미지의 미키 마우스는 얼굴의 절반을 차지할 정도로 큰 눈과 동그랗게 튀어나온 이마를 지닌 사랑스러운 캐릭터로 탈바꿈했습니다. 이후로도 월트 디즈니는 사람들의 취향을 분석해 계속해서 미키 마우스의 외모를 바꾸어 나갔습니다.

미키 마우스가 오랫동안 사람들에게 변함없는 사랑을 받을 수 있었던 것은 우연이 아니었습니다. 소비자의 입맛에 맞추려는 월트 디즈니의 끊임없는 노력 덕분이었습니다. 미키 마우스로 큰 성공을 거두자 월트 디즈니는 욕심 많고 버릇없는 장난꾸러기 이미지의 도널드 덕, 낙천적인 구피, 미키 마우스의 여자 친구 미니 마우스 등 새로운 캐릭터를 창조해 디즈니 군단의 새로운 식구로 합류시켰습니다. 이 캐릭터들은 오늘날까지 디즈니사에 해마다 막대한 수익을 안겨주는 좋은 가족이 되고 있습니다.

월트 디즈니의 도전, 세계 최초 장편 만화 영화 〈백설 공주와 일곱 난쟁이〉

1933년 월트 디즈니는 미키 마우스가 성공하자, 이제껏 누구도 시도해 보지 않은 장편 만화 영화 제작을 꿈꾸었습니다. 그때까지 할리우드에서 제작되는 만화 영화는 상영 시간이 몇 분 정도밖에 되지 않는 단편으로, 극장에서 실사 영화가 상영되기 바로 직전에 사람들의 관심을 끌기 위해 상영되었습니다. 월트 디즈니는 관심을 끌기 위해 상영되던 만화 영화를 실사 영화와 비슷한 길이의 장편으로 만들기로 결심했습니다.

월트 디즈니는 만화 영화도 재미있으면 관객들을 충분히 사로잡을 수 있을 것이라고 확신했습니다. 그러나 그의 계획은 주변 사람의 반대에 부딪쳤습니다. 7분 남짓한 〈증기선 윌리〉를 만들기 위해서도 엄청나게 노력했는데, 80분이 넘는 장편 만화 영화를 만들려면 최소 20만 장 이상의 그림을 그려야 했기 때문입니다.

월트 디즈니는 주위의 만류에도 불구하고 그동안 벌어들인 돈에 거액의 빚까지 내어 컬러 장편 만화 영화 〈백설 공주와 일곱 난쟁이〉

세계 최초 장편 만화 영화인
〈백설공주와 일곱 난쟁이〉

를 제작했습니다. 〈백설 공주와 일곱 난쟁이〉는 4년에 가까운 제작 기간이 걸렸고, 150만 달러가 넘는 제작 비용을 부담했습니다. 당시 150만 달러는 엄청난 금액으로 웬만한 실사 영화 제작비보다 훨씬 큰 금액이었습니다. 세계 최초로 83분짜리 장편 만화 영화를 탄생시키기 위해 수많은 직원이 25만 장 이상의 그림을 그렸습니다.

1937년 12월, 세계 최초의 컬러 장편 만화 영화 〈백설 공주와 일곱 난쟁이〉가 드디어 극장에서 단독으로 상영되었습니다. 제작에 엄청난 노력이 들어간 만큼 작품의 완성도는 완벽했고, 큰 화젯거리가 되었습니다. 장편 만화 영화를 보기 위해 어린이나 어른 할 것 없이 극장을 찾았고 월트 디즈니는 큰돈을 벌었습니다. 더구나 〈백설 공주와 일곱 난쟁이〉로 아카데미 특별상을 수상하면서 작품성도 인정받았습니다.

이후로도 〈피노키오〉, 〈아기 사슴 밤비〉, 〈신데렐라〉, 〈정글북〉 등

월트 디즈니의 작품
〈피노키오〉

히트작을 쏟아 내며 월트 디즈니는 자신의 회사를 세계 최대 만화 영화 제작사로 발돋움시켰습니다. 또한 형의 동의를 받고 회사 이름을 '디즈니브라더스'에서 '월트디즈니컴퍼니'로 바꾸며 자신의 영향력을 극대화했습니다.

큰 위기가 뜻밖의 행운이 되다

월트 디즈니는 손대는 작품마다 큰 성공을 거두며 부와 명예를 쌓았습니다. 하지만 또다시 위기가 찾아오지요. 1941년 12월 일본의 하와이 진주만 습격 사건을 계기로 미국이 제2차 세계대전에 참전을 결정하면서 디즈니사의 많은 직원이 징집되었습니다. 회사는 정상적인 운영이 불가능할 정도로 극심한 인력 부족에 시달렸지만, 전쟁이 빨리 끝나는 것 이외에는 대책이 없었습니다.

어린이 앞에서 만화를 그리는 월트 디즈니

개점휴업 상태나 다름없던 디즈니사에 뜻밖의 행운이 찾아옵니다. 미국 국방부가 전쟁터에서 목숨을 걸고 싸우는 미군의 사기를 높이기 위해 월트 디즈니에게 미군용 만화 영화를 제작해 달라고 부탁한 것입니다. 하지만 월트 디즈니는 만화 영화 제작은 혼자 할 수 없는 일이라고 말하며, 전쟁터에 나가 있는 직원들을 복귀시켜 달라고 요청합니다. 미국 국방부는 디즈니사의 직원들을 즉각 회사로 복귀시켰습니다. 포탄이 비 오듯 쏟아지는 전쟁터에서 회사로 돌아온 직원들은 동료 군인들을 위로하기 위해 정성을 다해 만화 영화를 제작했습니다.

디즈니사가 제2차 세계대전 기간에 제작한 만화 영화는 최전선에서 국가를 위해 전쟁을 수행하던 군인들에게 큰 기쁨이 되었습니다. 전쟁터에서 만화 영화를 즐겁게 본 수많은 군인이 전쟁이 끝나고 고향으로 돌아간 뒤에도 디즈니사 만화 영화의 골수팬이 되는 경우가 많았습니다.

월트 디즈니, 매카시즘을 이용해 복수하다

월트 디즈니는 만화 영화 제작에 뛰어난 재능을 지닌 인물이었습니다. 하지만 성장하는 과정에서 부모의 사랑을 제대로 받지 못해 성격에 적지 않은 문제가 있었습니다. 그는 만화 영화를 제작하면서 직원들과 상의한 적이 거의 없습니다. 자신이 세계 최고라고 생각한 월트 디즈니는 자신의 말에 절대적인 복종을 하지 않는 직원은 가차 없이 회사에서 쫓아냈습니다. 종업원에 대한 대우도 좋지 않아서 직원들은 기초적인 생활도 힘들 정도로 박봉에 시달렸습니다.

1941년 5월 노동조합원을 중심으로 열악한 근무 환경 개선과 임금 인상을 요구하는 시위가 일어났습니다. 그런데도 월트 디즈니는 대화는커녕 직원을 만나려고도 하지 않았습니다. 화가 난 직원들은 월트 디즈니가 탄 차를 발로 차는 등 거세게 항의했지만 바뀌는 것은 아무것도 없었습니다. 결국 직원들은 파업에 돌입했습니다.

월트 디즈니는 형 로이 디즈니에게 회사를 맡긴 채 가족과 함께 홀연히 해외여행을 떠났습니다. 무려 9주 동안이나 파업이 계속되자 로이 디즈니는 임금을 대폭으로 인상하는 등 직원들의 요구를 대부분 수용하며 노사 분규를 가까스로 진정시켰습니다. 그러나 권위주의적인 성품을 지닌 월트 디즈니는 직원들이 벌인 파업에 대해 분노했고, 독한 마음을 먹고 복수를 다짐했습니다.

1950년대 초반 미국 전역에 매카시즘 열풍이 불었고, 좀처럼 복수할 기회를 잡지 못해 속이 불편했던 월트 디즈니에게 기회가 찾아왔

수많은 예술인을 사회주의자로
낙인찍은 조지프 매카시 상원 의원

습니다. 매카시즘은 공화당 상원 의원이던 조지프 매카시Joseph McCarthy
가 1950년 2월 9일 미국 웨스트버지니아주 공화당 행사에서 "미국
국무부 내에 205명의 사회주의자가 있다."라고 주장하면서 시작된
현대판 마녀사냥입니다.

　제2차 세계대전을 계기로 사회주의 종주국 소련이 세계 무대에서
미국과 맞먹을 정도로 성장하자, 미국 사람들은 사회주의 확산에 대
한 공포에 휩싸였습니다. 1949년 미국이 세계 최초로 원자 폭탄을 개
발한 지 불과 4년 만에 소련도 원자 폭탄 실험에 성공했습니다. 같은
해 세계 최대 인구 대국인 중국에 마오쩌둥이 이끄는 사회주의 정권
이 들어서자 미국인들의 불안은 더욱 커졌습니다. 더구나 1950년 6
월 25일 소련의 후원을 받은 사회주의 북한이 자유 민주주의 남한을
무력으로 침공하자, 미국인들은 사회주의를 극도로 혐오하기 시작했
습니다.

청문회에 출석해
매카시즘에 동조한 월트 디즈니

　미국 사회의 반사회주의 분위기 속에 매카시즘은 빠른 속도로 퍼져 나갔으며, 영화인의 안식처인 할리우드도 예외는 아니었습니다. 월트 디즈니는 매카시즘을 잘 이용하면 평소 마음에 들지 않던 사람을 일거에 손볼 수 있음을 간파하고 적극적으로 매카시즘에 동참했습니다. 그는 매카시 상원 의원에게 "미국의 만화 영화 산업 노동조합은 사회주의자들이 지배하고 있으며, 그들은 디즈니사를 차지하려고 한다."라는 근거 없는 선동으로 만화 영화 산업 노동조합을 사회주의 단체로 매도했습니다.

　당시 만화 영화 산업 노동조합에서 가장 큰 비중을 차지하고 있던 조합원은 세계 최대 만화 제작 회사인 디즈니사 소속 사람들이었습니다. 월트 디즈니는 악의적인 유언비어를 퍼뜨려 만화 영화 산업 노조원들을 사회주의자로 낙인찍었습니다. 이후 파업에 참여한 직원을 회사에서 쫓아내는 데 성공했습니다. 또한 파업 당시 올려 주었던 임금을 원래대로 내리면서 직원들에게 복수했습니다.

월트 디즈니는 당시 대통령보다 막강한 권력을 지녔던 FBI미국 연방 수사국 국장 존 에드거 후버에게 잘 보이기 위해 자발적으로 끄나풀 역할을 하기도 했습니다. 그는 할리우드에서 활동하는 감독, 배우 등 다양한 사람의 동태를 파악해 FBI 후버 국장에게 제공했습니다. 이는 동료를 국가 기관에 팔아먹는 것과 다름없는 행위였습니다.

할리우드의 극우주의자

할리우드를 무대로 창작 활동에 종사하는 사람은 대개 진보적인 생각을 지녔습니다. 진보적인 생각 없이는 창의적인 작품을 만들어 내기가 쉽지 않기 때문입니다. 하지만 월트 디즈니는 할리우드의 몇 안 되는 극우 보수주의자였습니다.

1930년대 히틀러가 독일에서 반反유대주의를 부르짖자, 월트 디즈니는 자동차 왕 헨리 포드와 함께 나치 독일의 인종주의 정책을 지지하기도 했습니다. 1938년 한 여성 작가가 디즈니사에 입사하기를 희망하자, 월트 디즈니는 편지를 보내 '여성은 스크린에 상영할 만화 영화를 그리는 것과 같은 창조적인 일을 할 수 없습니다. 창의적인 일은 오직 남성만이 할 수 있습니다.'라며 여성 직원 채용을 거절했습니다.

평소 월트 디즈니가 품고 있던 남성 우월주의는 그의 작품 속에 고스란히 담겼습니다. 〈백설 공주와 일곱 난쟁이〉, 〈신데렐라〉, 〈잠자는

나치 독일에 호의를 가진
월트 디즈니가 만든
나치 관련 애니메이션

숲속의 공주〉 등 대부분의 작품에 등장하는 여자 주인공은 하나같이 빼어난 미모를 지니고 있지만, 스스로 할 수 있는 일이 아무것도 없는 수동적이며 나약한 캐릭터입니다. 월트 디즈니가 만든 여자 주인공은 예외 없이 왕자님과 같은 멋진 남성이 구원해 주어야만 행복해질 수 있습니다. 월트 디즈니가 만화 영화를 통해 추구하는 이상적인 여성상은 아름다운 미모를 지닌 순종적인 여성이었습니다.

실제로 월트 디즈니가 살아 있을 때 스스로 운명을 개척하는 활동적인 여자 주인공은 단 한 명도 만화 영화에 등장하지 않았습니다. 그가 세상을 떠난 뒤에야 비로소 주체적인 여자 주인공이 모습을 드러냅니다. 그는 남성 우월주의자인 동시에 백인 우월주의자이기도 했습니다. 그가 만든 모든 작품에는 백인만이 주인공으로 등장했고, 유색 인종은 단역을 맡는 데 그쳤습니다.

이처럼 월트 디즈니가 만든 만화 영화에는 은연중에 극우 보수적인 성향이 담겨 있기 때문에 아직 지적으로 성숙하지 못한 어린이들에게 남성 중심주의와 백인 중심주의를 심어 줄 가능성이 짙었습니다. 수많은 지식인이 월트 디즈니 만화 영화의 편향적인 시각을 비판했지만, 그는 끝내 자신의 생각을 바꾸지 않았습니다.

꿈과 희망의 나라, 디즈니랜드

어린 나이에 돈을 벌기 위해 생업 전선에 뛰어든 월트 디즈니는 어린 시절의 좋은 추억이 거의 없었습니다. 그는 성인이 된 이후 불우했던 어린 시절에 대한 보상 심리로 궁궐 같은 집 안을 어린이용 장난감으로 가득 채워 놓고, 퇴근 뒤 잠들 때까지 장난감을 가지고 놀았다고 합니다.

마당에는 작은 기차를 타고 다닐 수 있는 구불구불한 철로를 깔았습니다. 그는 어린 자녀들과 함께 마당에서 기차를 타고 놀면서 큰 행복을 느꼈습니다. 디즈니는 이때 느낀 행복한 체험을 바탕으로 세계 최대 테마파크를 건설하겠다는 뜻을 세웠습니다. 당시에도 미국 전역에 수많은 유원지가 있었지만, 온 가족이 함께 즐거운 시간을 보낼 수 있는 테마파크는 별로 없었습니다.

월트 디즈니는 자신이 만든 만화 영화의 주인공인 미키 마우스, 도널드 덕, 백설 공주, 신데렐라 등 다양한 캐릭터를 만날 수 있고, 갖가지 최첨단 놀이 시설을 갖춘 테마파크 '디즈니랜드'를 만들기로 결심합니다. 거대한 테마파크를 만들기 위해서는 엄청난 공사 비용이 들기 때문에, 로이 디즈니뿐 아니라, 온 가족이 반대했지만 어느 누구도 그의 고집을 꺾을 수 없었습니다.

1953년 월트 디즈니는 전 재산을 투자해 캘리포니아주 남부에 있는 도시 애너하임에 당시로서는 세계 최대 규모의 테마파크 건설에 나섭니다. 디즈니랜드의 성공에 회사의 명운이 걸려 있기 때문에 월트 디즈니는 하루가 멀다 하고 건설 현장을 찾아 공사를 감독했습니다. 1955년 7월 드디어 웅장한 모습의 디즈니랜드가 완성되었습니다.

디즈니랜드는 '모험의 나라', '개척의 나라', '동화의 나라', '미래의 나라' 등 7개 테마로 구성되었습니다.

모험의 나라는 거대한 나무들이 울창하게 우거져 있고 강물이 미로처럼 얽혀 있는 열대 정글로, 오싹한 분위기의 고대 신전과 타잔의

온 가족이 함께할 수 있는 테마파크를 계획하는 월트 디즈니(가운데)

환상적인 디즈니랜드

집 등 스릴 넘치는 모험을 즐길 수 있습니다.

　개척의 나라에는 서부 개척 시대의 모습을 그대로 재현해 놓았습니다. 골드러시* 당시 금을 채취하기 위해 사용하던 연장, 증기선, 서부의 총잡이 등 마치 타임머신을 타고 돌아간 것처럼 완벽하게 과거를 재현했습니다.

　동화의 나라에서는 잠자는 숲속의 공주, 이상한 나라의 엘리스, 피터 팬 등 동화 속 주인공을 만날 수 있습니다. 미래의 나라에서는 마치 공상 과학 영화의 세계에 온 것처럼 첨단기술의 세계를 접할 수 있습니다.

---

* 상업적으로 가치가 있는 금이 발견되는 지역으로 사람들이 몰려드는 현상.

디즈니랜드에서 만날 수 있는 미키 마우스(오른쪽)와 미니 마우스

　디즈니랜드는 관람객에게 그 어떤 곳에서도 경험할 수 없는 환상의 세계를 열어 주며, 개장 첫날부터 인산인해를 이루었습니다. 디즈니랜드로 엄청난 돈을 벌어들인 디즈니사는 1971년 플로리다주 올랜도Orlando에 원조 디즈니랜드보다 100배나 넓은 부지에 초대형 디즈니랜드를 하나 더 만들었습니다. 1983년부터는 적극적인 해외 진출에 나서 일본 도쿄에 디즈니랜드를 열었고 대성공을 거두었습니다.

　1992년에는 콧대 높기로 유명한 프랑스 파리에 디즈니랜드를 열어 유럽 진출에도 성공했고, 2016년에는 중국 상하이에도 개장했습니다. 특히 상하이 디즈니랜드는 미국 문화를 동경하는 중국인이 몰려들며 입장권을 구하기가 쉽지 않을 정도로 큰 성공을 거두었습니다.

　오늘날 디즈니랜드는 전 세계 사람들이 한 번쯤 가 보고 싶은 꿈동산으로서 해마다 수천만 명의 관광객을 끌어모으고 있습니다. 관람객의 70% 이상이 성인으로 어린이보다 어른이 더 좋아하는 곳이 되었습니다.

애니메이션의 대부 월트 디즈니, 세상을 떠나다

1950년대에 들어서면서 텔레비전이 보급되기 시작하자, 영화를 제작하는 사람들은 예전만큼 극장에 관객이 모여들지 않을 것을 우려했습니다. 하지만 월트 디즈니는 이를 새로운 도약의 계기로 보았습니다. 그는 디즈니사가 만든 만화 영화를 TV 방송을 통해 매일 어린이들에게 보여 줄 수 있다고 판단했습니다. 그의 예상대로 아이들이 만화 영화를 접하는 횟수가 많아질수록 디즈니사의 만화 캐릭터의 인지도가 높아졌고, 그만큼 캐릭터 상품을 팔 수 있는 기회가 늘어났습니다. 월트 디즈니는 TV 방송용 만화 영화를 만들어 더욱 많은 돈을 벌어들이면서 성공의 정점에 이르렀습니다.

1966년 12월 월트 디즈니는 폐암으로 갑자기 세상을 떠났습니다.

월트 디즈니와 그가 만든 캐릭터

그는 제1차 세계대전에 참전하면서부터 피우기 시작한 담배를 끊지 못해 결국 예순다섯 살의 나이에 세상을 떠나고 맙니다. 그의 죽음은 만화 영화를 사랑하는 많은 사람에게 큰 아쉬움을 남겼고, 디즈니사는 침체의 길로 접어듭니다.

동물의 세계를 다루어 큰 성공을 거둔
애니메이션 〈라이온 킹〉

평소 월트 디즈니는 만화 영화 제작에 관한 전권을 행사하면서 다른 사람에게 그 권한을 넘기는 것을 꺼렸습니다. 능력 있는 후계자를 양성하지 않은 탓에 그가 세상을 떠난 뒤 회사는 곧바로 침체의 늪으로 빠져듭니다. 작품 기획을 모두 월트 디즈니가 했기 때문에 회사는 신작 개발에 어려움을 겪습니다. 디즈니사는 1966년부터 1980년대 후반까지 변변한 작품 하나 내놓지 못한 채 쇠락의 길을 걸었습니다.

제프리 카젠버그, 디즈니 왕국을 다시 세우다

1974년 뉴욕 대학 2학년에 재학 중이던 제프리 카젠버그Jeffrey Katzenberg는 학교를 그만두고 여러 가지 직업을 전전하다가 세계적인 영화사인 파라마운트 픽처스Paramount Pictures에 우편물을 담당하는 비

제프리 카젠버그

정규 직원으로 취직했습니다. 그는 영화에 관해 공부한 적은 없지만 어깨 너머로 영화 제작에 관한 살아 있는 지식을 얻었습니다.

이후 카젠버그는 영화 제작에 관한 일을 하면서 숨겨진 재능을 발견했습니다. 그가 관여한 영화마다 대성공을 거두었고, 입사한 지 7년 만에 파라마운트 픽처스의 스튜디오 담당 사장으로 파격적인 초고속 승진을 하며 주변 사람을 놀라게 했습니다.

1984년 디즈니사의 최고 경영자인 마이클 아이스너Michael Eisner는 몰락하고 있는 회사를 살리기 위해 탁월한 능력을 지닌 카젠버그를 경영진으로 영입했습니다. 아이스너는 과거 파라마운트 픽처스에서 총괄 사장을 지낸 인물이었기 때문에 카젠버그의 역량을 잘 알고 있었습니다.

서른네 살이라는 젊은 나이에 세계 최대 만화 영화 제작사의 2인자가 된 카젠버그는 창업자 월트 디즈니가 만들어 놓은 나쁜 관행을 타파하는 일부터 시작했습니다. 월트 디즈니의 영향으로 디즈니사의 작품마다 남성 우월주의와 백인 우월주의 가치관이 녹아 있었는데, 미국 사람들은 더는 그런 내용의 만화 영화를 원하지 않았습니다. 월트 디즈니가 작품 활동을 할 때만 하더라도 미국의 80% 이상이 백인이었지만, 이민자가 폭증하면서 미국 사회는 점차 여러 민족이 어우러져 사는 다인종 사회로 변해 갔습니다.

또한 월트 디즈니 사망 이후 여성의 인권이 강화되면서 미국은 남녀가 평등한 사회로 발전해 나갔습니다. 이로 인해 의식 있는 부모는 자녀에게 구습舊習을 벗어나지 못하고 있는 디즈니사의 만화 영화를 보지 못하게 하기도 했습니다. 이런 내용의 작품으로는 도저히 승산이 없다고 생각한 카젠버그는 새로운 시대에 맞는 작품을 준비했습니다.

그 첫 번째 작품이 1989년에 발표한 〈인어 공주〉입니다. 〈인어 공주〉의 여주인공 아리엘Ariel은 이전의 남성 의존적인 여주인공과 달리 자신의 의사를 분명하게 표현하는 당당한 여성입니다.

카젠버그가 변화된 세상에 맞춰 〈인어 공주〉를 제작하자 사람들은 다시 디즈니사의 만화 영화를 찾기 시작했습니다. 이후로도 그만의 창의성을 유감없이 발휘해 〈미녀와 야수〉, 〈알라딘〉, 〈라이온 킹〉 등 이전의 작품과는 사뭇 다른 만화 영화를 세상에 내놓습니다. 그가 발표하는 작품마다 역대 흥행 기록을 깨면서 디즈니사는 제2의 전성기를 맞이합니다. 해마다 수십억 달러의 이익을 내는 회사로 탈바꿈하며 할리우드에서도 예전의 지위를 되찾았습니다. 카젠버그는 쓰러져 가던 디즈니 왕국을 멋지게 재건하는 데 성공하면서 사람들의 찬사를 받았습니다.

하지만 정작 카젠버그를 디즈니사로 영입한 아이스너는 마음이 편

버락 오바마 대통령에게서
상을 받는 제프리 카젠버그

치 않았습니다. 그는 파라마운트 픽처스 시절부터 엘리트로서 출세
코스를 밟아 온 인물로서 카젠버그의 승승장구에 대해 상대적인 열
등감이 컸습니다. 1994년 급기야 아이스너는 디즈니사에서 카젠버
그를 내치고 맙니다.

실업자 신세가 된 카젠버그에게 도움의 손길을 내민 사람은 세계
적인 영화감독 스티븐 스필버그였습니다. 그는 카젠버그와 함께 영
화사 '드림웍스DreamWorks'를 만들어 만화 영화 제작에 나섰습니다.

카젠버그는 드림웍스에서 만화 영화 제작에 관한 전권을 행사할
수 있게 되면서 디즈니사에서 시도하지 못한 다양한 만화 영화를 만
들게 됩니다. 예쁘고 사랑스러운 캐릭터 대신 뭔가 모자라지만 현실
에서 쉽게 접할 수 있는 캐릭터를 선택해, 누구라도 부담 없이 재미
있게 볼 수 있는 작품을 만들었습니다. 그 결과 〈이집트 왕자〉, 〈슈
렉〉, 〈쿵푸 팬더〉 등 만화 영화 역사상 빛나는 명작이 대거 세상에 모

어린이가 좋아하는 판다를 등장시켜
인기를 얻은 〈쿵푸 팬더〉

습을 드러냈습니다. 드림웍스는 강력한 경쟁자로 떠오르며 그동안 디즈니사가 독점하고 있던 만화 영화 시장을 경쟁 체재로 바꾸었습니다.

새로운 도전자, 스티브 잡스

1955년 캘리포니아주 샌프란시스코San Francisco에서 태어난 스티브 잡스Steve Jobs는 어려운 가정 형편 때문에 대학 진학 뒤 1년 만에 학교를 중퇴하고 개인용 컴퓨터 회사 '애플'을 설립해 사업가로서 첫발을 내딛습니다. 그는 수많은 고난을 극복하며 애플을 세계적인 컴퓨터 회사로 성장시키는 놀라운 재능을 발휘합니다.

하지만 1985년 스티브 잡스는 자신이 세운 회사에서 쫓겨나는 수모를 당합니다. 재기를 위해 애쓰던 스티브 잡스는 1986년 영화 〈스타워즈〉 시리즈의 제작자 조지 루카스George Lucas가 운영하던 루카스

혁신의 아이콘 스티브 잡스

필름LucasFilm의 컴퓨터 그래픽 부문인 픽사Pixar를 500만 달러에 인수하고 만화 영화 제작에 나섰습니다.

이후 스티브 잡스는 월트 디즈니가 쌓아 온 견고한 아성을 무너뜨리기 위해 노력합니다. 그는 컴퓨터 전문가답게 만화 영화 제작에 컴퓨터를 적극적으로 도입하면서 월트 디즈니와 다른 방식으로 작품을 만들었습니다. 만화 영화 제작에 컴퓨터를 이용하면 모든 장면을 일일이 손으로 그리는 불편함에서 벗어날 수 있기 때문에 손쉽게 돈을 벌 수 있을 것이라고 기대했습니다.

하지만 스티브 잡스의 바람과 달리 만화 영화 제작은 지지부진했습니다. 픽사에 컴퓨터 그래픽 전문가는 많았지만 만화 영화 제작에 경험 있는 사람이 없었기 때문에 시행착오를 겪어야 했습니다. 그러나 픽사의 가능성을 확신한 잡스는 만화 영화 제작을 위해 전 재산을 쏟아부으며 엄청난 경제적 부담을 감수했습니다. 잡스는 언론 인터뷰 도중 "내 인생에서 픽사처럼 똑똑한 젊은이가 많이 모여 있는 집단은 본 적이 없습니다."라고 말할 정도로 픽사를 아꼈습니다.

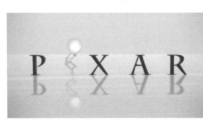
픽사 로고

픽사의 역작
〈토이 스토리〉

1995년 픽사가 만든 세계 최초의 3차원 입체 장편 만화 영화 〈토이 스토리Toy Story〉가 세상에 모습을 드러내면서 만화 영화 산업 전반에 큰 파장을 몰고 왔습니다. 그때까지 세상에 등장한 모든 만화 영화는 사람이 손으로 직접 그렸을 뿐 아니라, 2차원의 평면적인 동영상이었습니다. 하지만 〈토이 스토리〉는 모든 작업이 컴퓨터로 진행되었고, 3차원 입체 형태로 만들어져 마치 실사 영화를 보는 것처럼 높은 완성도를 갖추었습니다.

월트 디즈니가 세계 최초의 장편 만화 영화 〈백설 공주와 일곱 난쟁이〉로 만화 영화 산업에 큰 획을 그었다면, 컴퓨터 기술을 이용해 만든 3차원 〈토이 스토리〉는 혁신적으로 기술적 진보를 이룩한 기념비적인 작품입니다. 밋밋하던 2차원 만화 영화가 현실감 넘치는 3차원 입체로 바뀌자, 평소 만화 영화를 좋아하던 사람들은 혁신적인 〈토이 스토리〉를 보기 위해 극장 앞에서 줄을 이루었습니다. 그 덕분에 스티브 잡스는 멋지게 재기에 성공합니다.

픽사는 〈토이 스토리〉의 성공을 계기로 주식 시장에 상장되고, 스티브 잡스는 다시 억만장자의 반열에 오릅니다. 픽사는 〈토이 스토리〉 이후에도 〈몬스터 주식회사〉, 〈니모를 찾아서〉, 〈인크레더블〉 등 내놓은 작품마다 성공하여 디즈니사를 능가할 만큼 엄청난 영향력을 갖게 됩니다. 픽사의 작품들은 진부한 디즈니사의 만화 영화와 달리 하나같이 독창적인 내용을 담고 있어 많은 사람의 뜨거운 사랑을 받았습니다.

픽사가 만화 영화 산업의 흐름을 바꾸며 승승장구하자 위기감을 느낀 디즈니사는 2006년 무려 70억 달러 넘는 돈을 들여 픽사를 인수했습니다. 스티브 잡스는 자신이 보유한 픽사의 주식 50.1%를 넘기는 조건으로 디즈니사 전체 주식의 7.4%에 해당하는 1억 3,800만 주를 받아 최대 주주가 되었습니다. 이는 당시 40억 달러가 넘는 엄청난 금액이었습니다.

영원히 사랑받는 미키 마우스

1966년 월트 디즈니는 세상을 떠났지만 그가 창조한 캐릭터들은 오늘날에도 변함없이 전 세계 팬들에게 사랑받고 있습니다. 특히 1928년에 첫선을 보인 미키 마우스는 디즈니 왕국을 대표하는 캐릭터로서 1978년 만화 캐릭터로는 처음으로 할리우드 명예의 거리

디즈니의 돈주머니인 미키 마우스

Hollywood Walk of Fame에 이름을 새기는 영광을 누렸습니다. 또한 세계 어린이들에게 미국 문화를 알리는 중요한 역할을 하고 있습니다.

　미국 사람들은 미키 마우스를 지키기 위해 각별한 노력을 기울이고 있습니다. 1909년에 만들어진 '지적재산권법'에 의하면 미키 마우스의 저작권 보장 기간은 56년입니다. 미키 마우스의 저작권 유효 기간이 1984년에 만료되게 되자 디즈니사는 의회를 상대로 로비*를 벌여 저작권 유효 기간을 2003년으로 늘렸습니다.

　2003년이 다가오자 디즈니사는 다시 한번 저작권 유효 기간 연장을 시도했으나, 이번에는 적지 않은 저항에 부딪쳤습니다. 미키 마우

---

* 권력자에게 이해 문제를 진정하거나 탄원하는 일.

스가 미국을 상징하는 캐릭터이지만 오직 디즈니사를 위해 법을 바꾸는 것은 옳지 않다고 생각하는 사람이 많았기 때문입니다. 예상치 못한 장벽에 부딪친 디즈니사는 막대한 로비 자금을 사용하며 저작권법 개정에 힘을 쏟아 2023년까지 저작권 유효 기간을 연장하는 데 성공했습니다.

하지만 저작권 만료 기간이 도래하는 2023년 디즈니사가 미키 마우스에 대한 권리를 포기할 것이라고 생각하는 사람은 거의 없습니다. 미키 마우스는 만화 영화뿐 아니라 양말, 신발, 가방 등 온갖 상품의 캐릭터로 각광받으면서 매년 60억 달러 이상의 수익을 회사에 안겨 주고 있습니다. 이처럼 엄청난 돈을 벌어다 주는 미키 마우스를 디즈니사가 포기할 리 없기 때문에 수단과 방법을 가리지 않고 저작권 보장 기간을 연장할 것이라고 예상하고 있습니다.

월트 디즈니는 살아생전 독선적이고 권위주의적인 성격으로 주변 사람에게 많은 비난을 받았지만, 그가 만든 만화 영화는 무려 31개의 아카데미상을 받았을 정도로 작품성을 인정받았습니다. 월트 디즈니는 세상을 떠나고 없지만, 그가 남긴 작품은 사라지지 않고 계속해서 전 세계 어린이의 사랑을 받고 있습니다.

디즈니사를 뛰어넘은 마블 스튜디오

월트 디즈니가 '애니메이션의 아버지'로 추앙받는 것처럼 스탠 리

Stan Lee는 '만화의 아버지'로 남아 있습니다. 1922년 유대인 가문에서 태어난 스탠 리는 공부에는 소질이 없어 고등학교밖에 졸업하지 못했지만 재미있는 이야기를 만들어 내는 데 천부적인 재능이 있었습니다.

1939년 열일곱 살의 나이로 만화계에 입문한 스탠 리는 마블 코믹스Marvel Comics라는 만화 회사에서 일하며 실력을 다져 나갔습니다. 스탠 리는 초인적인 힘을 지닌 영웅인 슈퍼히어로에 관심이 많았습니다. 하지만 슈퍼히어로가 인류를 위협하는 외계인이나 악당과 싸우는 내용이 주를 이루는 스탠 리의 만화 세계는 처음에는 사람들에게 배척당했습니다.

그런데 천재 만화 작가 잭 커비Jack Kirby가 스탠 리의 재능을 알아보았습니다. 이후 두 사람은 단짝이 되어 미국 만화 산업의 전성기를 이끕니다. 월트 디즈니에게 대적할 만한 유일한 창작자라는 명성을 얻

군 복무 시절의 스탠 리

마블의 만화들

스탠 리가 창조한 〈헐크〉

은 스탠 리는 잭 커비와 함께 슈퍼히어로 〈스파이더맨〉, 〈엑스맨〉, 〈아이언맨〉, 〈토르〉, 〈앤트맨〉, 〈헐크〉, 〈캡틴아메리카〉 등 오늘날 전 세계인에게 사랑받는 수많은 캐릭터를 창조해 냅니다.

월트 디즈니의 작품은 누구나 쉽게 접할 수 있는 애니메이션으로 제작되어 전 세계인에게 폭넓은 사랑을 받았습니다. 반면에 스탠 리의 작품은 영어 만화책으로 출판되어 그다지 널리 알려지지 못했습

전 세계적으로 선풍적인 인기를 끈 〈아이언맨〉

니다.

하지만 스탠 리가 마블 스튜디오Marvel Studios 이하, 마블를 설립하고 2008년 〈아이언맨〉을 시작으로 슈퍼히어로 영화를 만들면서 디즈니사를 긴장시켰습니다. 마블이 제작한 영화는 디즈니사의 작품을 뛰어넘는 세계적인 흥행을 거두었고, 마블 캐릭터를 사랑하는 열광적인 팬들을 확보하게 되었습니다.

마블은 보유하고 있는 많은 캐릭터로 끝없이 영화를 만들어 냈습니다. 대표적인 것이 여러 캐릭터가 함께 등장하는 〈어벤져스〉 시리즈입니다. 스탠 리는 새로운 영화를 만들 때마다 영화에 카메오*로

---

* 유명 배우나 저명인사가 뜻밖의 장면에 출연하여 짧은 시간 동안 펼치는 연기나 역할.

조지 W. 부시 대통령에게
미국 예술 훈장을 받는 스탠 리

출연하는 열정을 보였으며, 언론과 적극적인 인터뷰를 하면서 영화를 홍보했습니다.

2008년 스탠 리는 예술가로서 누릴 수 있는 최고의 영광인 '미국 예술 훈장'을 받으면서 여든여섯 살의 나이에 전성기를 맞았습니다. 마블이 디즈니사를 누르고 영향력을 확대하자 디즈니사의 경영진이 내놓은 해결책은 경쟁자이자 최대의 근심거리인 마블을 아예 인수하는 것이었습니다.

2009년 디즈니사 경영진이 무려 42억 4,000만 달러를 들여 마블을 인수하려 하자 높은 인수 가격에 불만을 품은 주주들은 잇따라 항의했습니다. 그러나 수많은 슈퍼히어로 캐릭터를 보유한 마블을 그냥 놔둘 수 없던 디즈니사는 거액을 들여 결국 마블의 주인이 되었습니다.

2018년 스탠 리가 아흔여섯 살의 나이로 세상을 떠나자 그의 죽음을 슬퍼하는 사람들의 애도가 끊이지 않았습니다. 비록 스탠 리는 월트 디즈니 같은 명성을 얻지는 못했지만 월트 디즈니를 뛰어넘는 창의적인 만화가로 미국 예술계에 족적을 남겼습니다.

디즈니사의 새로운 도전자, 넷플릭스

1997년에 탄생한 기업 넷플릭스Netflix는 영화 DVD를 고객에게 빌려주는 회사였는데, 설립 이전부터 크고 작은 경쟁업체가 많았습니다. 넷플릭스는 경쟁이 치열한 DVD 대여 시장에서 살아남기 위해 기존 업체와는 전혀 다른 경영 전략을 펼쳤습니다.

기존 업체들은 DVD를 빌려줄 때마다 대여료를 받았으며 기간 내에 반납하지 않을 경우 연체료를 물어야 했습니다. 하지만 넷플릭스는 한 달 단위로 정액 요금을 받았고, 빌려 간 DVD를 반납하면 새로운 DVD를 빌려주었습니다. 영화를 좋아하는 고객들은 월정액 요금만 지급하면 원하는 영화를 얼마든지 볼 수 있기 때문에 넷플릭스를 선택했습니다. 넷플릭스는 영화 마니아를 중심으로 사업을 확장해 나갔습니다.

2000년대에 들어서면서 대부분의 가정에 인터넷이 보급되고 영화를 인터넷으로 감상할 수 있게 되자 DVD 대여 사업은 사양길로 접어듭니다. 이에 넷플릭스는 인터넷으로 영화를 제공하는 업체로 변신합니다.

넷플릭스는 디즈니사 같은 영화 제작사와 손잡고 인터넷 스트리밍*을 통해 소비자에게 영화를 제공하며 성장했습니다. 넷플릭스보다 먼저 DVD 대여 시장에서 자리 잡고 있던 기존 업체들은 시대적 변화에 적응하지 못해 문을 닫았습니다. 그렇지만 변신에 성공한 넷

---

* 인터넷에서 음성이나 동영상 등을 실시간으로 재생하는 기법.

언제 어디서나 인터넷만
연결되면 즐길 수 있는
넷플릭스의 콘텐츠

플릭스는 하루가 다르게 성장했습니다.

오래전부터 미국에는 대형 케이블 TV 업체들이 치열한 경쟁을 하며 영화, 드라마 등 다양한 콘텐츠를 공급했습니다. 하지만 케이블 TV를 보려면 30~50달러에 이르는 월정액을 지불해야 했습니다. 또한 케이블 TV를 시청하기 위해서는 셋톱 박스set-top box*라는 전용 장비를 구입해야 했습니다.

하지만 넷플릭스는 인터넷 스트리밍 업체이기 때문에 컴퓨터만 있으면 어떤 보조 장비도 구입할 필요가 없습니다. 또한 10달러 안팎의 월정액만 내면 넷플릭스가 공급하는 수많은 콘텐츠를 무제한으로 감상할 수 있습니다.

시간이 흐를수록 넷플릭스의 가입자가 폭발적으로 늘어나 2019년 북한이나 중국 같은 일부 사회주의 국가를 제외한 190여 개국에서

---

* 텔레비전 위에 설치한 상자라는 뜻으로 이름 붙여진 '셋톱 박스'는 디지털 위성 방송용 송수신 장치다.

1억 4,000만 명에 이르는 회원을 확보하게 되었습니다. 2018년 5월 넷플릭스는 디즈니사의 시가 총액을 넘어서며 세계 최대의 엔터테인먼트 기업으로 등극했습니다.

디즈니사, 넷플릭스에 도전장을 내밀다

넷플릭스는 인터넷 스트리밍으로 대성공을 거두자 더 큰 도약을 준비했습니다. 2013년부터 드라마나 영화 등 각종 콘텐츠를 자체 제작하며 단순한 인터넷 스트리밍 업체에서 벗어나려고 했습니다. 넷플릭스는 콘텐츠를 제작하면서 감독이나 시나리오 작가 등 창작에 관련된 모든 사람을 최대한 존중해 주었습니다.

창작자에게 다른 제작사보다 많은 보수를 주었고, 콘텐츠 제작에도 자유를 최대한 보장해 주었습니다. 넷플릭스가 창작을 위한 최적의 환경을 제공하자 '시청률 제조기'라고 불리는 뛰어난 능력을 지닌 창작자들이 넷플릭스로 몰려들면서 좋은 콘텐츠가 끊임없이 생산되었습니다.

넷플릭스가 콘텐츠 영역까지 진출하자 그동안 세계 최대의 콘텐츠 왕국이라는 지위를 누려 왔던 디즈니사는 가만히 있을 수 없었습니다. 디즈니사는 넷플릭스를 견제하기 위해 2019년부터 넷플릭스에 대한 콘텐츠 공급을 일방적으로 중단했습니다. 또한 자체 인터넷 스트리밍 서비스인 〈디즈니+〉를 만들어 넷플릭스가 장악한 시장에 도전장을 내밀었습니다.

미국인의 절대적인 사랑을 받는 영화 〈스타워즈〉

디즈니사가 판권을 보유한 〈마블 시리즈〉, 〈스타워즈 시리즈〉, 〈픽사 애니메이션〉 등 수많은 양질의 콘텐츠가 오로지 〈디즈니+〉만을 통해 공급되자 넷플릭스는 적지 않은 타격을 받게 됩니다. 게다가 디즈니사는 미국 메이저 영화 제작사인 20세기 폭스까지 인수하며 콘텐츠 분야의 절대 강자가 되었습니다.

1928년 미키 마우스에서 시작된 디즈니사는 월트 디즈니가 세상을 떠난 뒤에도 끊임없는 성장을 거듭하며 21세기 세계 최대의 콘텐츠 공룡 기업*이 되었습니다.

---

* 규모가 매우 큰 기업을 비유적으로 이르는 말.

★

디즈니사에 영감을 준 일본 콘텐츠

할리우드로 대표되는 미국의 문화 산업은 제2차 세계대전 이후 전 세계를 주름잡으며 많은 사람의 사랑을 받았다. 그러나 할리우드에 창의성이 넘치는 인재가 아무리 많다 하더라도 새로운 창작물을 만들어 내기란 쉬운 일이 아니다. 2000년대 이후 소재 고갈에 시달리던 할리우드의 관심을 사로잡은 곳이 바로 일본이다. 일본산 콘텐츠는 독특하고 기발한 내용이 많아 오래전부터 세계인의 사랑을 받아 왔다. 유난히 로봇에 관심이 많은 일본인들은 로봇을 주제로 한 콘텐츠를 많이 만들었다. 대표적인 것이 〈기동 전사 건담〉이다.

1979년 TV 애니메이션으로 선보인 〈기동 전사 건담〉은 시대를 한참 앞선 멋진 로봇을 등장시켜 많은 사람의 사랑을 받았다. 1980년 일본의 유명한 장난감 회사인 타카라가 선보인 장난감 다이아클론은 전 세계에 더 큰 영향을 미쳤다. 타카라는 건담에 대적하기 위해 변신 로봇인 '다이아클론'을 만들었다. 이는 미국에도 수출되어 어린이의 사랑을 독차지했다. 엔터테인먼트 회사 마블이 다이아클론을 주인공으로 삼아 다양한 만화와 애니메이션을 만들면서 유명세를 더했다.

1990년대 이후 미국 가정에 케이블 TV가 널리 보급되면서 덩달아 일본산 콘텐츠를 접하는 미국인이 크게 늘어났다. 2007년 할리우드는 다이아클론을 주인공으로 삼아 〈트랜스포머〉라는 로봇 영화를 선보였다. 〈트랜스포머〉는 미국을 넘어 전 세계에서 큰 인기를 얻었다. 관객 대부분은 〈트랜스포머〉가 일본 장난감에서 비롯된 것이라는 사실조차 모르지만, 일본 콘텐츠는 할리우드에 오래전부터 깊숙이 그리고 광범위하게 퍼져 있다.

1994년 디즈니사는 부모를 잃은 아기 사자가 역경을 이겨내고 동물세계의 지배자로 성장하는 〈라이온 킹〉이라는 애니메이션을 발표해 세계적인 흥행을 거둔다. 〈라이온 킹〉 역시 일본에서 큰 인기를 얻은 〈정글 대제 레오〉에서 영감을 얻어 만든 작품이다. 〈정글 대제 레오〉의 주인공인 하얀 사자 '킴바'는 〈라이온 킹〉에서는 '심바'로 이름이 바뀌어 등장한다.

일본 만화의 아버지로 불리는 데츠카 오사무는 우리에게도 유명한 〈아톰〉을 비롯해 〈정글 대제 레오〉를 만든 원작자다. 그의 작품은 일본 문화를 전 세계에 알리는 데 중요한 역할을 했다. '피카추'나 '슈퍼 마리오' 같은 일본산 인기 게임 캐릭터 역시 할리우드에서 영화로 재탄생하고 있다. 이들 게임 캐릭터를 만든 일본 게임 회사 닌텐도는 할리우드 영화를 통해 게임 캐릭터가 더 많은 사람에게 알려질 경우 게임 판매에 유리하기 때문에 영화 제작 비용을 지원하기도 했다.

한 가지 재미있는 점은 일본의 캐릭터 전문 기업 산리오가 1974년대에 상품화한 '헬로 키티Hello Kitty'까지 할리우드에 진출한 것이다. '헬로 키티'는 건담이나 슈퍼 마리오와 달리 만화, 애니메이션, 게임 등 어떤 원작도 갖지 못한 캐릭터다. 사람들은 두 발로 서 있는 입 없는 고양이인 '헬로 키티'의 귀여움에 매료되었는데 무려 5만여 종의 상품에 '헬로 키티' 캐릭터가 사용되었다.

디즈니사의 최고 인기 캐릭터인 '미키 마우스'가 1만 6,000여 종의 제품에 사용된 것에 비추어 보면 '헬로 키티'의 인기를 알 수 있다. 젊은 시절부터 '헬로 키티' 마니아였던 마이크로소프트의 빌 게이츠는 2000년대 초반 6,000억 엔, 우리 돈으로 약 6조 원에 달하는 거액을 산리오에 제시하면서 '헬로 키티'의 소유권을 넘길 것을 제안했다. 그러나 '헬로 키티'의 자산 가치를 1조 5,000억 엔 이상으로 판단한 산리오는 빌 게이츠의 제안을 거절했다.

'헬로 키티'가 할리우드에서 영화로 제작되자 수많은 골수팬이 우려의 목소리를 냈다. '헬로 키티'가 영화에 등장할 경우 대사를 하기 위해서는 입이 필요한데 이 경우 입 없는 고양이라는 '헬로 키티'만의 특색을 잃기 때문이다.

이와 같이 일본산 콘텐츠가 미국 시장에 꾸준히 진출하면서 일본 문화의 우수성을 알리고 있지만, 이를 반대로 생각하면 미국이라는 나라가 포용적인 문화를 가졌음을 알 수 있다. 할리우드는 작품성이나 상품성을 갖추었다면 국적에 상관없이 콘텐츠를 적극적으로 수용하고 이를 통해 다양성을 무기 삼아 지속적으로 영향력을 행사하고 있다.

05

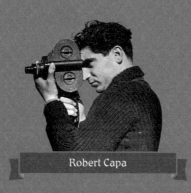

Robert Capa

한 장의 사진에 시대를 담은 사진작가

로버트 카파

헝가리 태생의 사진작가 (1913~1954)
스페인 내전, 제2차 세계대전 등 다섯 전쟁에서 활약한 종군 기자이자
사진작가다. 대표작으로 '왕당파 병사의 죽음', '노르망디 오마하 해변에
상륙하는 미군 부대' 등이 있다.

혼란의 시대

1913년 로버트 카파는 헝가리의 유대인 가정에서 태어났습니다. 아버지가 노름에 빠져 생업을 멀리하는 바람에 카파는 궁핍한 어린 시절을 보내야 했습니다. 아버지 대신 어머니가 옷을 수선하는 일을 하며 가장 역할을 했는데, 온종일 재봉틀에 앉아 쉴 새 없이 일했지만 입에 풀칠하기도 쉽지 않았습니다.

어린 시절, 카파의 가정 환경만큼이나 나라 사정도 좋지 않았습니다. 1914년 제1차 세계대전이 일어나자 헝가리는 독일 편에 서서 영국과 프랑스에 맞섰지만, 미국의 참전으로 참패하게 되었습니다. 패전으로 인해 헝가리의 경제는 파탄 직전에 이르렀고, 영토도 크게 줄어들면서 온 국민은 절망감에 사로잡혔습니다. 게다가 1917년 러시아에서 일어난 사회주의 혁명은 주변 국가에도 큰 영향을 미쳤고, 헝가리 역시 사회주의 물결에 휩싸여 더욱 혼란해졌습니다.

1920년 해군 제독 출신인 미클로스 호르티Miklós Horthy는 이런 혼란을 틈타 군대를 등에 업고 권력을 장악했습니다. 이후 호르티는 부강한 헝가리를 만들겠다는 대의명분을 내세우며 독재 정치를 시작했습

니다. 이 과정에서 유대인들은 큰 고통을 당했습니다. 호르티가 유대인을 억압한 이유는 그들을 사회주의를 퍼뜨리는 원흉으로 보았기 때문입니다.

러시아에서 일어난 최초의 사회주의 혁명의 이론적 근거를 마련한 카를 마르크스Karl Heinrich Marx가 유대인이었고, 당시 많은 유대인이 사회주의 사상에 호감을 갖고 있었습

헝가리의 독재자 미클로스 호르티

니다. 유대인은 오래전부터 헝가리에서 뿌리를 내리고 살았지만, 호르티의 눈에는 사라져야 할 사회주의자에 지나지 않았습니다. 헝가리에서 정부 차원의 유대인 탄압이 계속되자 카파의 가족도 온갖 차별에 시달려야 했습니다.

카파, 사진작가라는 꿈을 꾸다

카파는 학창 시절 내내 유대인이라는 이유만으로 심한 차별을 받는 동시에 사회주의자로 몰려 힘든 나날을 보냈습니다. 1931년 열여덟 살이 된 카파는 호르티의 압제 아래 차별당하고 살기보다는 차라리 외국으로 떠나는 것이 낫다고 생각해 홀로 베를린으로 떠났습니다. 그가 베를린을 선택한 이유는 당시까지만 하더라도 독일이 유럽

에서 인권이 가장 잘 보장되는 나라 중 하나였기 때문입니다. 독일 내에서도 베를린은 모든 민족이 평화롭게 공존하는 곳이었습니다.

카파는 베를린에서 자유는 누릴 수 있었지만 가난을 면치 못했습니다. 그는 살아남기 위해 유대인 공동체에 손을 벌렸습니다. 경제적 여유가 있는 유대인들은 혈혈단신으로 객지에서 고생하는 카파에게 많은 도움을 주었습니다. 카파는 그들의 도움으로 대학에도 진학할 수 있었습니다.

1932년 사진 기자가 되고 싶었던 카파는 대학을 중퇴하고 데포트 Dephot 라는 회사에 취업해 사진을 인화하는 현상실에서 조수로 일을 시작했습니다. 데포트는 신문사나 잡지사에 사진을 제공하는 회사로서 독일 내에서 상당한 영향력이 있었습니다. 카파는 현상실 조수로 일하면서 사진의 힘을 알았습니다. 제대로 찍은 사진 한 장은 어떤

사진작가가 된
로버트 카파

매체보다 현실을 잘 보여 주고 큰 울림을 줄 수 있다는 사실을 깨달은 것입니다.

1932년 11월 카파는 사진작가로 데뷔할 수 있는 중요한 기회를 맞이합니다. 회사 측은 카파에게 당시 덴마크의 코펜하겐Copenhagen에 머물던 레온 트로츠키Leon Trotsky의 사진을 찍어 오도록 했습니다. 트로츠키는 스탈린Iosif Stalin과 함께 러시아를 사회주의 국가로 만든 사회주의 이론가입니다. 하지만 트로츠키는 혁명 동지인 스탈린과의 권력 투쟁에서 밀려 해외를 전전하는 처지가 되고 말았습니다. 트로츠키는 유럽의 여러 나라에 망명을 신청했지만 사회주의의 확산을 우려해 그의 망명을 모두 거절했습니다.

역사상 최악의 독재자 중 한 명으로 손꼽히는 스탈린은 트로츠키를 제거하기 위해 끊임없이 암살자를 보냈습니다. 트로츠키는 신변의 안전을 우려해 모르는 사람과의 접촉을 극히 꺼렸습니다. 좀처럼 얼굴을 드러내지 않던 트로츠키가 코펜하겐에서 지지자를 상대로 연설을 한다는 소식에 수많은 언론사가 기자를 보내 취재하고자 했습니다.

스탈린과의 권력 투쟁에서 밀려난 레온 트로츠키

하지만 트로츠키가 안전상의 이유로 사전에 모든 언론인의 출입을 금지하는 바람에 취재할 방법이 없었습니다. 카파는 현장 일꾼인 것처럼 가장해 옷 속에 소형 카메라를 숨기고 연설장에 잠입해 가까운 거리에서 트로츠키의 모습을 몰래 찍었습니다. 카파가 찍은 사진은 트로츠키가 처한 처지를 너무나도 잘 보여 주었습니다.

사진 속 트로츠키는 청중을 상대로 열정적인 연설을 하고 있었지만, 얼굴에는 미래에 대한 불안감이 가득했습니다. 흉포한 스탈린에 의해 언제 죽을지 모른다는 두려움을 제대로 담아낸 카파의 사진은 주목을 끌기에 충분했습니다. 이를 통해 카파는 회사로부터 사진 기자로서의 자질을 인정받았습니다.

히틀러의 집권으로 찾아온 위기

사진 기자가 된 카파는 처음으로 안도감 속에 살 수 있었지만, 평온한 삶은 오래가지 않았습니다. 1929년 미국에서 시작된 경제 대공황은 곧 유럽 대륙에 상륙했고, 각국은 극심한 경제 침체를 겪었습니다. 영국이나 프랑스처럼 해외에 방대한 식민지를 가지고 있던 나라들은 경제 불황을 겨우 헤쳐 나갈 수 있었습니다. 이들 국가는 식민지와의 교역을 통해 필요한 물자를 공급받고 생산한 제품을 팔 수 있었지만, 식민지가 없던 독일은 경제 불황을 극복할 방법이 없었습니다.

경기 침체로 실업자가 늘고 갈수록 굶주리는 사람이 많아지자 독일 사람의 마음도 각박해졌습니다. 게다가 제1차 세계대전 패전국인 독일은 해마다 막대한 금액의 전쟁 배상금을 영국과 프랑스에 지불

유대인 상점 불매 운동을 벌이는
나치

해야 했기 때문에, 독일인의 불만은 폭발 직전에 이르렀습니다. 이때
혜성같이 등장한 인물이 아돌프 히틀러입니다. 독일의 사정을 누구
보다 잘 알고 있던 히틀러는 독일인의 분노를 한껏 활용해 자신의 권
력욕을 충족해 나갔습니다.

히틀러의 나치는 나날이 세력을 확장해 1932년 독일에서 최대 의
석수를 지닌 정당으로 성장했습니다. 이듬해인 1933년 나치의 지도
자인 히틀러가 권력을 잡으면서 사진 기자로서의 삶을 시작하던 카
파의 희망은 좌절되고 말았습니다. 히틀러는 자신의 권력 기반을 강
화하기 위해 반유대주의를 이용했습니다. 당시 독일 내 유대인은 경
제계, 학계, 예술계 등 다방면에서 탁월한 업적을 발휘했는데, 독일
사람은 이를 시기했습니다.

히틀러는 독일인의 분노를 쏟아 낼 대상으로 유대인을 지정하고
모진 탄압을 가했습니다. 평소 유대인을 외부에서 유입된 이방인에
불과하다고 생각한 다수의 독일인은 유대인 박해에 동조했습니다.

일부 고약한 독일인은 이유도 없이 유대인을 때리고 얼굴에 침을 뱉기도 했지만, 유대인은 어떠한 법적인 보호도 받지 못했습니다. 학교에서도 교사들은 '유대인은 몸에서 특유의 악취가 나고 거짓말을 잘하는 사악한 민족'이라고 가르쳤습니다. 유대인은 잘못도 없이 공직에서 쫓겨났고, 민간 분야에서도 활동이 극히 제한되었습니다.

헝가리에서보다 더 극심한 유대인 탄압이 만연하자 카파는 독일에 더는 머물 수가 없었습니다. 게다가 그는 작은 키에 짙은 눈썹을 지닌 전형적인 유대인의 외모를 지녀 언제라도 해코지를 당할 수 있는 상황이었습니다. 결국 카파는 또다시 자유를 찾아 프랑스 파리로 떠납니다.

프랑스에서 종군 기자의 길을 시작하다

파리에 도착한 카파는 자유를 얻는 대신 굶주림에 시달렸습니다. 프랑스어를 할 수 없었던 카파는 일자리를 찾기 위해 전전하면서, 결혼사진을 찍어 주고 겨우 먹고살았습니다. 주머니에 돈이 떨어진 날은 파리를 가로지르는 센강에 들어가 물고기를 잡았습니다. 분신이나 다름없던 카메라를 전당포에 맡기고 끼니를 해결하기도 했습니다.

카파는 파리에서 첫 연인인 게르다 타로Gerda Taro를 만났습니다. 타로 역시 독일 출신 유대인으로 나치 독일의 박해를 피해 파리로 도망친 신세였습니다. 사회주의자인 그녀는 독일에서 적극적으로 사회주의 운동을 펼쳐 나치의 감시 대상이 되었습니다.

로버트 카파의 연인이자 동지였던
게르다 타로

독일 민족의 우월성을 신봉하던 히틀러는 평등한 세상을 추구하던 사회주의 사상을 독일의 적이라고 간주해 탄압에 나섰습니다. 유대인과 사회주의자는 결코 독일 땅에서 살 수 없다고 생각한 히틀러는 철저한 색출에 나섰습니다. 경찰은 숙소를 급습해 그녀가 사회주의 활동에 가담했다는 증거를 찾아냈습니다.

타로는 살아남기 위해 체포되자마자 바보인 척 연기했습니다. 그녀의 연기가 너무 진짜 같아 경찰은 그녀를 풀어 주었습니다. 위험에서 빠져나온 타로는 더 독일에 있다가는 큰일을 당할지도 모른다는 두려움 때문에 파리로 이주했습니다.

파리에서 우연히 만난 카파와 타로는 처지가 같다는 사실을 알고 급속도로 가까워졌습니다. 카파는 타로에게 사진을 가르쳐 주었고, 그녀는 카파에게 사회주의를 가르쳐 주었습니다. 두 사람은 결혼식은 올리지는 않았지만 함께 살면서 부부처럼 지냈습니다. 카파의 영향으로 타로도 사진작가가 되어 두 사람은 같은 길을 걷게 되었습니다.

전쟁의 참상을 담은 한 장의 사진: 카파의 이름을 알리다

스페인은 기후가 온화하고 땅이 비옥해 다른 유럽 국가들의 부러움을 샀습니다. 영토도 꽤 넓어 강대국으로 성장하기 위한 모든 조건을 갖추고 있었습니다. 실제로 15~16세기 스페인은 아메리카 대륙에 엄청난 규모의 식민지를 개척하면서, 유럽의 최강국으로 우뚝 서기도 했습니다.

하지만 스페인은 국민 간의 반목으로 바람 잘 날이 없는 나라였습니다. 보수적인 가톨릭의 영향을 받은 사람들은 세상이 바뀌지 않기를 원했고, 진보적인 사람들은 영국이나 프랑스처럼 개방적이고 자유로운 나라가 되기를 원했습니다. 양쪽의 갈등은 시간이 갈수록 격화되었습니다. 19세기 중반 이후에는 보수 집단을 대표하는 군부가 수시로 쿠데타*를 일으키며 사회를 혼란에 빠뜨렸습니다.

1936년 2월에 치러진 총선에서 진보 세력이 주도권을 잡자 보수파인 프란시스코 프랑코Francisco Franco 장군은 반란을 일으켰고, 스페인은 내

스페인의 독재자 프란시스코 프랑코

---

* 군사적인 힘을 동원하여 정권을 빼앗으려고 갑자기 벌이는 행동.

전 상태로 빠져들었습니다. 시간이 흐를수록 스페인 내전은 격렬해져 수많은 희생자가 생겨났습니다. 프랑코 장군은 진보 진영의 사람들을 고문하고 살해했는데, 피해자만 수십만 명에 이르렀습니다. 그는 내전을 승리로 이끌기 위해 히틀러에게 지원을 요청합니다. 히틀러는 스페인 내전을 나치 독일의 신무기 성능 실험장으로 활용하기로 했습니다. 그리고 나치 독일의 전폭기들은 신형 폭탄을 가득 싣고 스페인으로 날아가 무차별적으로 폭탄을 쏟아부었습니다.

1936년 카파는 스페인에서 벌어진 참극을 기록에 남기기 위해 타로와 함께 스페인으로 건너갔습니다. 같은 해 9월 카파는 양 진영 간의 치열한 격전지 중 한 곳이었던 코르도바로 취재를 가게 됩니다. 그는 좀 더 생생한 사진을 얻기 위해 진보 진영의 병사와 함께 최전선 참호에 머물면서 전투를 지켜보았습니다. 끝없는 대치 상태가 지속되자 진보 진영의 병사 한 명이 돌파구를 마련하기 위해 용기를 내어 참호를 박차고 나가는 순간, 총성 한 발이 지축을 울렸습니다. 발사된 총알은 젊은 병사의 머리를 관통했고 총격을 받은 병사는 두 팔을 하늘로 펼친 상태로 쓰러졌습니다.

카파를 유명 사진작가 반열에 올린 〈라이프〉지 로고

카파는 한 인간의 삶과 죽음이 갈리는 순간을 고스란히 카메라에 담았습니다. 〈쓰러지는 병사〉라고 불린 카파의 사진은 미국의 시사 사진 잡지인 〈라이프Life〉에 실려 전 세계로 퍼져 나갔습니다. 사진을 본 사람들의 반응은 한마디로 충격 그 자체였습니다. 카파 역시 순식간에 카메라의 셔터를 눌렀지만 충격을 받기는 마찬가지였습니다. 얼마 전까지만 하더라도 참호 속에서 이야기를 나누던 젊은 병사가 순식간에 싸늘한 주검으로 변한 모습을 받아들이기가 쉽지 않았기 때문입니다.

사람들은 사진을 통해 활기 넘치던 인간을 순식간에 죽음으로 몰아가는 전쟁의 참상을 알게 되었습니다. 카파는 〈쓰러지는 병사〉로 큰 명성을 얻었습니다. 그는 전쟁이 인간을 얼마나 잔인하게 만드는지 가감 없이 보여 주었고, 사진을 보는 사람에게 큰 깨달음을 주었습니다.

이것이 전쟁이로구나: 사랑하는 여인의 죽음

카파는 스페인 내전으로 명성을 얻지만, 이 전쟁에서 사랑하는 여인을 잃는 슬픔을 겪습니다. 1937년 스페인 내전을 취재하던 중 카파는 일 때문에 잠시 파리로 가야 했습니다. 카파는 전선에 홀로 남는 타로가 걱정되어 함께 파리로 가자고 제안했지만 타로는 갈수록 치열해지는 전쟁터를 두고 떠날 수 없어 남기로 했습니다. 카파는 타로에게 전투 현장에 지나치게 가까이 가지 말 것을 부탁했습니다.

카파의 우려는 현실이 되었습니다. 타로는 전투 현장 한복판에서 취재하다가 탱크에 치이는 사고를 당했습니다. 육중한 탱크에 깔린

타로의 하반신은 크게 손상되었습니다. 삶의 마지막 불꽃이 타 들어 가는 와중에서도 타로는 카메라가 괜찮은지 주변 사람에게 물었을 정도로 열정적인 사진작가였습니다. 급히 병원으로 이송되었지만 그 녀는 결국 세상을 떠나고 말았습니다.

1937년 7월, 타로의 시신을 담은 관이 파리에 도착했습니다. 그녀의 시신을 마주한 카파는 "이것이 전쟁이로구나."라고 혼잣말을 하면서 흐느꼈습니다. 카파는 연인이자 동지였던 타로의 죽음에 감당할 수 없을 만큼 큰 충격을 받습니다. 2주 동안 거의 먹지도 못하고 고통 속에 사로잡혀 있었습니다. 그녀를 홀로 전쟁터에 남겨 두지 않았더라면 죽는 일은 없었을 것이라는 자책감에 시달렸습니다.

이후에도 한동안 카파는 술과 눈물로 세월을 보냈습니다. 영혼의 반쪽을 잃은 그의 얼굴에서는 웃음을 찾아볼 수 없었습니다. 이듬해인 1938년 카파는 고통을 이겨 내기 위해 중일전쟁이 한창이던 중국으로 취재를 나섰습니다. 카파는 일본군의 무자비한 침략에 맞서는 중국인의 모습을 카메라에 담았습니다. 그렇지만 유럽 대륙에 거대한 전쟁의 기운이 감돌아 중국에 계속 머무를 수 없었습니다.

카파, 전쟁터로 복귀하다

1939년 9월 나치 독일의 히틀러가 대군을 동원해 이웃 나라 폴란드를 침공하면서 제2차 세계대전의 막이 올랐습니다. 히틀러는 독일

독일군의 폴란드 침공을 지켜보는 아돌프 히틀러

에 몰아친 심각한 경제 위기를 극복하고 자신의 마음속에 오래전부터 간직해 온 영토 확장의 야욕을 실현하기 위해 전쟁을 일으켰습니다. 히틀러는 권좌에 오른 직후부터 국력을 총동원해 침략 전쟁을 준비했습니다. 나치 독일은 유럽 최고 수준의 과학 기술을 활용해 수많은 첨단 무기를 개발하고, 어느 정도 전쟁 준비가 되자 약소국인 폴란드를 침략했습니다.

1940년 히틀러가 프랑스를 점령하자 더는 파리에 머무를 수 없던 카파는 미국으로 건너갔습니다. 그러나 미국 정부는 나치 독일의 협력 국가이던 헝가리 출신의 카파를 반기지 않았습니다. 미국은 히틀러의 압제를 피해서 온 카파에게 미국 시민권을 준 것이 아니라 난민 지위만을 인정해 주었습니다. 그리고 이미 유명 사진작가의 반열에 오른 카파에게 카메라를 들고 다니는 것조차 허용하지 않았습니다. 적대국 출신의 카파가 미국의 정보를 나치 독일에 넘길 것을 우려했기 때문입니다.

사진 찍는 것이 생업이던 카파에게 사진 촬영이 금지되자 그는 미국에서 무료한 생활을 해야 했습니다. 카파는 자신을 반겨 주지 않는 미국에 호감이 없었지만, 살아남기 위해 미국 여성과 위장 결혼을 해 미국 시민권을 얻게 됩니다.

제2차 세계대전 초기에 미국은 유럽에서 벌어진 전쟁에 개입하지 않으려고 했습니다. 하지만 1941년 12월 일본이 진주만을 공습하면서 분위기가 순식간에 바뀌었습니다. 미국이 제2차 세계대전에 참전하면서 카파는 생생한 사진을 얻기 위해 유럽으로 건너가 미군이 가는 곳이라면 어디라도 따라갔습니다.

카파는 취재를 위해서는 목숨을 아끼지 않았습니다. 공수 부대와 함께 낙하산을 등에 지고 창공에서 뛰어내리는 일도 서슴지 않았습니다. 공수 부대는 적진 깊숙이 침투해 위험천만한 작전을 펼치기 때문에 살아남을 확률이 희박합니다. 종군 기자라 하더라도 공수 부대를 따라가는 일은 드물지만, 카파는 생생한 전쟁 사진을 카메라에 담으려면 최전선에 가는 것이 마땅하다고 생각했습니다.

그때 카파의 손은 떨리고 있었다

제2차 세계대전 초기 나치 독일은 파죽지세로 전 유럽을 초토화했습니다. 잘 훈련된 독일군은 첨단 무기를 앞세워 남유럽부터 북유럽까지 차지하며 기세를 드높였습니다. 하지만 세계 최대의 영토를 보유한 사회주의 종주국 소련을 공격하면서 전세가 역전되기 시작했습니다. 독일도 유럽 내에서 제법 큰 나라이지만 유럽에서 아시아까지 걸친 소련에 비할 바는 아닙니다.

1941년 6월 히틀러는 대군을 동원해 소련을 침공합니다. 천하무적인 독일군이 3개월이면 소련을 정복하리라는 낙관적인 계획 아래 공격을 시작한 것입니다. 소련 침공 초기 독일군은 소련군과의 전투에서 연전연승을 거두며 승승장구했지만 성공은 오래가지 못했습니다.

소련 침공 뒤 추위에
전투력을 상실한 독일군

노르망디 상륙을 앞둔 병사들

히틀러는 겨울이 되기 전에 전쟁에서 승리할 것이라고 생각했지만 이는 오산이었습니다.

유럽 대륙 최북단에 위치한 소련은 겨울 날씨가 매섭기로 악명이 높습니다. 당시 소련의 지도자였던 스탈린은 독일군과의 전쟁에서 밀리자 매서운 겨울 날씨를 무기로 삼기 위해 시간을 끌었습니다. 소련군이 계속해서 후퇴하자 독일군은 소련군을 섬멸하기 위해 내륙 깊숙한 곳으로 들어가야 했습니다. 독일군이 소련군을 추격하는 사이 겨울이 찾아왔습니다. 그해 겨울은 역사상 보기 드물 정도로 추워 겨울 준비를 제대로 하지 못한 독일군은 치명상을 입었습니다.

영하 20℃ 되는 추운 날씨에서 노숙을 하던 독일 병사들은 얼어 죽거나 동상을 입어 소련군과 제대로 싸울 수 없었습니다. 전세가 불리해졌을 때 독일과 동맹 관계에 있던 일본이 진주만을 공격하자 히틀

노르망디 상륙 작전에 투입되는 병사들을 격려하는 연합군 사령관 드와이트 아이젠하워

러는 미국까지 상대해야 했습니다. 그는 제2차 세계대전을 일으키면서 미국을 자극하지 않기 위해 노력했지만, 일본 때문에 잠자는 호랑이를 깨우고 말았습니다.

미국은 참전을 선언한 뒤 혈맹 관계에 있던 영국으로 대군을 보내 독일과의 전쟁을 치렀습니다. 하지만 독일이 장악하고 있던 유럽 대륙에 발을 들이지 못해 승기를 잡지 못하고 있었습니다. 미국은 전세를 단번에 역전하기 위해 프랑스 해안에 미군을 포함한 연합군을 상륙시키는 '노르망디 상륙 작전'을 추진했습니다. 연합군의 상륙 작전을 미리 알고 있던 히틀러는 연합군이 상륙할 만한 곳에 군대를 배치해 일전을 준비했습니다.

1944년 6월 6일 드디어 연합군의 상륙 작전이 시작되었고, 종군 기자인 카파도 참여했습니다. 카파의 주변 사람들은 이번 작전이 너무 위험하기 때문에 참여하지 말 것을 당부했지만 카파는 역사에 길이 남을 노르망디 상륙 작전을 사진에 담기 위해 뜻을 굽히지 않았습니다. 15만 명이 넘는 연합군은 6,000여 척의 배에 나눠 타고 프랑스로 향했습니다. 카파는 가장 먼저 해안에 상륙하는 군함에 몸을 실었습니다.

당일 아침 드와이트 아이젠하워Dwight Eisenhower 연합군 사령관은 사기를 북돋우기 위해 참전 군인들에게 최고의 식사를 제공했습니다. 하지만 대부분의 군인들은 인생에서 마지막 식사가 될 수 있다는 두려움 때문에 음식을 입에 대지도 못했습니다. 연합군을 태운 상륙함이 해안에 근접하자 독일군의 막강한 대포가 불을 뿜기 시작했습니다. 상당수의 군인들은 해안가에 다다르기도 전에 배 안에서 생을 마감했습니다. 운 좋게 포격을 피해 상륙한 군인들도 끔찍하기는 마찬가지였습니다.

독일군은 배에서 내리는 연합군 병사들을 향해 조준 사격을 했고, 기관총 세례를 맞은 미군들은 속절없이 쓰러졌습니다. 카파는 이 장면을 카메라에 고스란히 담았습니다. 독일군의 총알은 사진작가나 군인을 가리지 않았기 때문에 카메라를 들고 있는 카파도 극도의 공포심에 셔터를 제대로 누를 수 없었습니다.

노르망디 해안은 연합군의 피로 붉게 물들었고 공포에 질린 병사들은 어쩔 줄 몰라 우왕좌왕했습니다. 전쟁 영화에는 죽음을 두려워하지 않는 군인들이 적군을 섬멸하는 장면이 넘쳐 나지만, 카파가 직접 몸으로 체험한 전쟁터는 달랐습니다. 일부 용감한 군인을 제외하

노르망디 상륙 작전에 투입된
미군 최정예 공수 부대원

고는 대부분 총에 맞지 않기 위해 이리저리 뛰어다니기 바빴습니다. 전투 현장은 머리가 날아가거나 사지가 절단된 시신으로 넘쳐났습니다. 총을 맞고 절규하는 군인들의 괴성이 천지를 울렸습니다.

카파는 목숨을 걸고 찍은 106장의 사진을 〈라이프〉에 보냈습니다. 그런데 사진을 현상하는 과정에서 담당자가 실수하는 바람에 불과 여섯 장의 사진만 건질 수 있었습니다. 카파는 사진을 찍으면서 두려움에 손을 떨었기 때문에 인화된 사진의 화질은 좋지 않았습니다. 그렇지만 노르망디 상륙 작전 당시를 그대로 담은 유일한 사진으로서 역사에 남게 되었습니다. 〈라이프〉는 카파의 사진을 잡지에 실으면서 '그때 카파의 손은 떨리고 있었다.'라는 설명을 붙였습니다. 여섯 장의 사진 속에는 그날의 참혹함이 오늘날까지 고스란히 남아 있습니다.

독일군과 사랑에 빠진 프랑스 여인들

1939년 히틀러가 전쟁을 일으키자 이웃 국가인 프랑스도 곧바로 전쟁 준비에 나섰습니다. 프랑스는 독일과 함께 유럽 대륙의 전통 강호로서 두 나라는 끊임없이 전쟁을 치렀습니다. 제1차 세계대전 당시 프랑스는 독일을 누르고 승전국이 되었습니다. 프랑스가 패전국 독일을 대상으로 해마다 막대한 금액의 배상금을 받아 냈기 때문에 프랑스에 대한 독일인들의 감정은 좋지 않았습니다.

1940년 5월 히틀러는 프랑스 침공을 감행했고, 프랑스군은 예상 외로 몹시 허약했습니다. 프랑스에도 독일 못지않은 성능을 가진 무기가 많았지만 군대의 사기가 형편없어서 저항 한 번 제대로 하지 못했습니다. 독일군이 폭격기와 탱크를 앞세워 진격하자 프랑스군은 제대로 대항하지도 못하고 도망치거나 항복해 버렸습니다.

독일군이 파리로 밀물처럼 몰려오자 프랑스는 끝까지 싸우자는 항전파와 협상을 통해 위기를 극복하자는 협상파로 나뉘었습니다. 협상파가 힘을 얻자 항전파의 수장이던 샤를 드골Charles De Gaulle 장군은 동지들과 함께 영국으로 건너가 독일과의 투쟁에 나섰습니다. 협상파의 수장은 제1차 세계대전 당시 독일군을 격파하는 데 혁혁한 공을 세운 앙리 페탱Henri Pétain 장군이었습니다.

당시 페탱은 여든네 살의 고령이었지만 독일군이 침공하자 나라를 지키기 위해 나섰습니다. 제1차 세계대전까지만 하더라도 페탱은 죽음을 두려워하지 않는 용맹한 군인이었지만, 나이가 들자 다른 사람

처럼 변했습니다. 그는 프랑스를
전쟁의 파괴로부터 지킨다는 대의
명분을 내세우며 독일과의 협상에
나섰습니다.

프랑스가 예상 밖으로 순순히
항복 협상에 임하자 히틀러는 자
신이 관대한 사람이라는 것을 보
여 주고자 했습니다. 히틀러는 프
랑스 북부 지방을 중심으로 프랑

나치 독일의 앞잡이가 된 앙리 페탱

스 영토의 3분의 2를 차지하는 대신, 페탱에게 남부 지방의 영토 일
부를 다스리도록 했습니다. 페탱은 프랑스 남부의 휴양 도시 비시Vichy
를 중심으로 나치 독일에 협력하는 정부를 구성했습니다. 독일이 막
강한 군사력을 앞세워 프랑스 영토를 짓밟았지만, 프랑스인 상당수
가 나치 독일의 협력자가 되었습니다.

정치인들은 독일의 지시 사항을 수행하는 데 앞장섰습니다. 이들에
의해 60만 명이 넘는 젊은 프랑스 남성이 독일로 끌려가 군수 공장이
나 광산에서 독일을 위해 일해야 했습니다. 기업인들은 독일군을 위
해 무기를 비롯한 여러 제품을 생산했습니다. 언론인과 예술가 역시
히틀러를 칭송하며 나치 독일의 협력자로서 한몫을 담당했습니다.

이처럼 사회 지도층이 변절해 나치 독일에 협력하는 동안 시민
상당수는 총을 들고 목숨 바쳐 나치 독일에 저항하는 레지스탕스

독일군에 맞서 싸운 레지스탕스

Resistance[*]가 되었습니다. 나치 독일이 전쟁 물자를 프랑스로부터 약탈했기 때문에 프랑스인의 삶은 궁핍해졌습니다.

1944년 6월 노르망디 상륙 작전의 성공으로 프랑스가 나치 독일로부터 해방되자 나치 협력자들에 대한 심판이 시작되었습니다. 영국에서 망명 정부를 이끌던 드골 장군은 프랑스로 돌아와 나치 협력자들의 처단에 앞장섰습니다. 그런데 페탱을 처리하는 것은 큰 난관이었습니다. 페탱은 제1차 세계대전 당시 드골의 직속상관이었으며 드골은 오래전부터 그를 존경했습니다. 페탱을 자신의 손으로 처단하고 싶지 않았던 드골은 페탱에게 스위스로 떠날 것을 요청했지만 페탱은 거절했습니다. 결국 페탱은 사형 선고를 받았지만 드골의 도움으로 무기 징역으로 감형되었고, 고령인 페탱은 수감된 지 6년 만에 옥사하고 말았습니다.

페탱을 비롯해 나치 독일 치하에서 프랑스를 이끌던 수많은 정치인과 기업인이 처벌을 받았습니다. 나치 협력자에 대한 처벌 광풍은 일반인에게도 휘몰아쳤습니다. 카파는 이를 사진에 담기 위해 노력했습니다. 이때 카파가 주목한 대상은 독일군과 사귀었던 젊은 프랑

---

* 제2차 세계대전 당시 나치 독일의 점령에 저항하여 유럽, 특히 프랑스에서 일어난 지하 운동 및 단체.

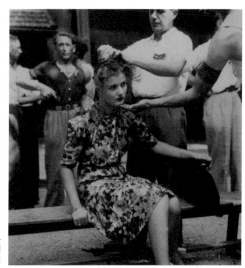

독일군과 사귀었다는 이유로
종전 뒤 주위 사람에게
모욕당하는 프랑스 여성

스 여성들이었습니다. 프랑스 여성 중 일부는 주둔 중인 독일군과 사랑에 빠졌습니다. 해방이 되자 이들은 프랑스인의 명예를 실추시켰다는 이유로 민중의 심판을 받았습니다.

프랑스 사람들은 독일군과 사귄 여성들을 잡아 모두 삭발했습니다. 당시 삭발은 여성에게 줄 수 있는 최대의 치욕이었습니다. 삭발당한 여성들은 길거리로 끌려 나와 사람들에게 욕이나 손찌검 등 온갖 모욕을 당했습니다. 카파는 공포에 사로잡힌 여성들의 모습과 비난을 가하는 사람들의 모습을 카메라에 담았습니다.[*] 나치 독일 치하에서는 저항 한 번 제대로 못하고 숨죽이며 살던 사람들이 독일군이 떠나자 그동안 쌓인 분노를 독일군과 사귀었던 여성들에게 쏟아 냈

* 이 사진은 '전쟁과 여인'이라는 제목으로 발표되었다.

습니다. 카파의 사진에 담긴 나치 협력자에 대한 잔혹한 처형은 전쟁이 낳은 또 하나의 광기였습니다.

카파의 마지막 취재

제2차 세계대전이 끝나고 5년 뒤 한국 전쟁이 일어났습니다. 전쟁 사진이 필요했던 잡지사들은 한국 전쟁을 취재해 줄 것을 카파에게 요청했지만 그는 거절했습니다. 스페인 내전을 시작으로 전쟁터를 다니면서 사진을 찍어 왔던 카파는 인간이 만든 지옥에 가는 것을 더는 원하지 않았습니다. 카파는 매그넘Magnum이라는 회사를 차린 뒤 자신이 소장하고 있던 사진을 판매했습니다. 카파는 전쟁 기간에 찍은 사진으로 적지 않은 돈을 벌었지만 평소 노름에 빠져 항상 돈이 부족했습니다.

베트남의 독립 영웅 호치민

1954년 4월 〈라이프〉가 베트남전을 취재하는 조건으로 상당한 금액을 제시하자 카파는 다시 전쟁터로 떠나기로 결심합니다. 그가 베트남으로 떠나기로 결정하자 동생이 앞길을 막아섭니다. 이유 모를 불길함을 느낀 동생은 이번만은 가지 말라고 부탁했지만 카파는 동생의 말을 듣지 않았습니다.

호치민 때문에 고전을 면치 못한 프랑스군

　당시 베트남은 프랑스의 식민지였는데 제2차 세계대전이 끝나자 베트남 사람들은 힘이 약해진 프랑스를 상대로 독립운동을 펼쳤습니다. 사회주의자인 호치민Hô Chi Minh을 중심으로 베트남 사람들이 강하게 저항하자 프랑스는 식민지를 잃지 않기 위해 대군을 보내 진압에 나섰습니다. 호치민은 최신 무기로 무장한 프랑스 군대와의 정면 대결을 피하고, 치고 빠지는 게릴라전을 펼치며 전쟁을 유리한 방향으로 이끌었습니다. 약이 오른 프랑스군은 호치민의 군대를 토벌하려고 애썼지만, 시간이 흐를수록 희생자만 늘어날 뿐이었습니다.

　1954년 5월 25일 카파는 프랑스군과 함께 타이빈Thai Binh이라는 곳을 향해 걸었습니다. 그들이 걷던 초원은 평화롭고 한적했기 때문에 카파는 별다른 생각 없이 발걸음을 옮겼습니다. 그런데 갑자기 커다란 폭발음과 함께 카파의 몸이 공중으로 떠올랐습니다. 지뢰를 밟은 것입니다. 강력한 폭발력으로 다리가 몸에서 떨어져 나갔으며, 프랑스 군인들이 현장으로 달려왔을 때 카파는 상체만 남은 채 왼손에는 카메라를 움켜쥐고 있었습니다. 프랑스 군인들은 카파를 살리기 위해 최선을 다했지만, 그는 결국 눈을 감았습니다.

카파는 베트남으로 떠나기 전 동료들에게 이번에는 '아름다운 이야기'를 사진 속에 담아 올 것이라고 말했지만 싸늘한 주검이 되어 돌아왔습니다. 카파가 어머니에게 남긴 유품은 카메라와 타로 사진이 들어 있는 지갑밖에 없었습니다.

미국 정부는 카파의 업적을 높이 평가해 그의 가족에게 참전 용사들만 묻힐 수 있는 알링턴Arlington 국립묘지에 카파의 시신을 안치하겠다고 제안했습니다. 하지만 카파의 어머니는 아들이 '반전 평화주의자'였다고 말하며 군인들의 무덤에 묻히는 것을 원치 않았습니다.

카파가 남긴 것들

카파는 마흔한 살이라는 짧은 인생을 살았지만, 죽기 전까지 무려 70만 장의 사진을 찍었습니다. "당신의 사진이 마음에 들지 않는다면 그것은 충분히 다가가지 않았기 때문입니다."라는 말을 남긴 그는 실제로 총알이 날아다니는 최전선에서 사진을 찍었습니다.

카파는 취재 기간 내내 죽음에 대한 공포에 시달렸습니다. 그럼에도 진실을 담기 위해 용기를 내어 카메라 셔터를 눌렀습니다. 카파는 도박에 집착했는데, 이는 공포심을 없애는 수단이었습니다. 준수한 용모에 재치 있는 농담도 잘하던 카파는 주변인에게 유쾌한 사람으로 평가받았지만, 항상 고독과 외로움에 시달렸습니다.

카파는 시간이 지나면 희미해지는 인간의 기억력을 보완하기 위해 변치 않는 사진을 선택했습니다. 반전 평화주의자였던 그는 인간이 만든 지옥인 전쟁을 사진으로 적나라하게 보여 줌으로써 전쟁이 일어나는 것을 막고자 했습니다. 카파는 전쟁터에서 처참하게 죽은 군인이나 다친 병사의 모습을 그대로 보여 주었고, 이는 보는 사람에게 큰 반향을 불러일으켰습니다. 카파는 사용하는 언어가 다르더라도 누구나 사진 한 장으로 직관적으로 이해할 수 있는 사진을 활용했는

목숨을 걸고 전쟁터를 누비는
종군 기자

데, 이를 포토저널리즘Photojournalism이라고 합니다.

목숨을 걸고 진실에 다가가려는 카파의 자세는 카파이즘Capaism이라는 신조어를 만들어 냈고, 이는 후세 사진가나 기자들이 따라야 할 본보기가 되었습니다. 하지만 미국 정부 입장에서는 카파와 같은 사진기자는 상당히 부담스러운 존재였습니다. 사진 기자들이 전쟁터에서 피를 흘리며 죽어가는 미군의 모습을 그대로 전하면 국민들 사이에서 반전 여론이 일어날 수 있기 때문입니다. 미국 정부는 제2차 세계대전까지는 자유로운 취재를 보장해 주었지만 베트남 전쟁부터는 안전을 이유로 취재를 통제하였습니다. 사진 기자도 목숨을 내놓아야 하는 위험한 취재를 꺼리면서 카파와 같은 인물은 더는 볼 수 없게 되었습니다.

★

맥아더 장군을
영웅으로 만든 사진

인천 상륙 작전으로 우리에게도 잘 알려진 더글라스 맥아더 장군은 미국을 빛낸 위대한 군인 중 한 명으로 손꼽히고 있다. 맥아더 장군이 미국인에게 많은 사랑을 받게 된 것은 군인으로서 뛰어난 작전 능력과 함께 탁월한 홍보 능력이 더해진 결과이다. 일찍부터 사진의 힘을 알아본 맥아더는 사관생도 시절부터 기념사진 한 장을 찍더라도 좀 더 멋진 모습을 보여 주려고 했다.

1941년 12월 일본군의 진주만 공습으로 미국은 본의 아니게 제2차 세계대전에 발을 담가야 했지만 전쟁을 치를 준비가 되어 있지 않았다. 당시 맥아더는 미국 자치령이던 필리핀의 방위를 책임지고 있었는데 엄청난 수의 일본군이 필리핀으로 들이닥치자 궁지에 몰렸다. 당시 미국 대통령 프랭클린 루스벨트는 맥아더에게 필리핀에서 떠날 것을 명령했다. 그동안 불패의 신화를 써 오던 맥아더 입장에서 필리핀 탈출은 더할 나위 없는 치욕으로서, 그는 '나는 반드시 돌아올 것이다.'라는 말을 남겼다.

1944년 10월 맥아더의 지휘 아래 미군은 필리핀 바다에서 일본과의 승패를 결정할 격전을 치렀다. 일본군 수십만 명이 몰살될 정도로 미군이 대승을 거두면서 마침내 맥아더는 필리핀 탈환에 성공했다. 1944년 10월 20일 해전을 끝낸 맥아더는 레이테 섬에 상륙하기 위해 해안가에 근

〈라이프〉 사진 기자의 요청대로 레이테 섬에 상륙하는 더글라스 맥아더

접한 배에서 내려 부하 세 명과 함께 걸었는데 이때 바닷물이 발목까지 잠겨 옷을 적셨다. 이 모습을 종군 기자들이 카메라에 담았다.

그런데 미국의 유명 사진 잡지사 〈라이프〉의 사진 기자 칼 마이댄스는 간발의 차이로 역사적인 순간을 놓치고 말았다. 마이댄스 기자는 맥아더에게 다시 한번 배에서 내려 걷는 장면을 연출해 달라고 졸랐다. 그로부터 한 달 뒤에 맥아더는 마이댄스의 제안을 받아들였다. 배에서 내려서 걷는 장면이 마음에 들지 않았기 때문이다.

마이댄스 기자는 이왕이면 극적인 모습을 연출하는 것이 낫다고 여겨 맥아더에게 배를 해안가에서 멀리 세운 뒤 여섯 명의 부하를 이끌고 무릎 깊이의 바닷물에서 힘차게 걸어 나오도록 요청했다. 이에 맥아더는 비장한 표정으로 바닷물을 헤치고 걸어 나왔는데, 이 장면이 미국 전역에 소개되면서 엄청난 반향을 불러일으켰다. 잘생긴 맥아더의 위풍당당한 모습에 매료된 미국인들은 맥아더를 미국 최고의 장군으로 여겼다.

　사진 한 장 덕분에 국민적 영웅이 된 맥아더는 이후로도 상륙 작전에 성공할 때마다 일부러 부두에서 내리지 않고 무릎 깊이의 바다에 내려서 걸었다. 인천 상륙 작전에서도 맥아더는 바다에 내려 참모들과 함께 걸었다. 이를 두고 '맥아더는 너무 사진을 의식해서 행동한다.'라고 말하는 비판의 목소리도 있지만, 맥아더는 '미국 역사에 길이 남을 위대한 군인'이라는 칭찬의 목소리가 훨씬 많다.

PART

2.

정치가

루돌프 줄리아니

존 에드거 후버

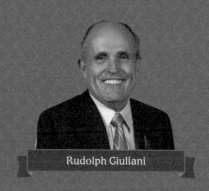

01

Rudolph Giuliani

뉴욕을 안전한 도시로 바꾼 리더십

루돌프
줄리아니

전 미국 뉴욕시장 (1944~) ●————————————————
1983년 뉴욕 검사로 재직하며 마약 조직 범죄 같은 강력 범죄를 집중
단속해 명성을 얻었다. 1993년 뉴욕 시장에 당선된 뒤 악명 높던 뉴욕시
의 범죄율을 낮추고 경제적 번영을 이루었다.

뉴욕의 탄생

 1524년 이탈리아 탐험가 조반니 다 베라차노Giovanni da Verrazzano가 뉴욕 해안가에 다다르면서 뉴욕이 처음으로 유럽인에게 모습을 드러냈습니다. 1609년 네덜란드 동인도회사*의 요청으로 항로 개척에 나선 영국의 탐험 항해가 헨리 허드슨Henry Hudson은 뉴욕의 맨해튼 섬을 정밀하게 탐사했습니다. 그리고 사람이 거주할 수 있음을 세상에 알리자 네덜란드 사람들이 맨해튼 남쪽에 정착하기 시작했습니다.

 이후 이주민이 계속해서 늘어나자, 1626년 맨해튼 남쪽을 다스리던 네덜란드 총독 페터 미누이트Peter Minuit가 인디언

뉴욕을 처음으로 발견한
조반니 다 베라차노

---

* 1602년 네덜란드가 인도 및 동남아시아 각지에서의 무역 독점과 권익 보호를 목적으로 설립한 최초의 주식회사다.

약간의 돈으로 맨해튼 북부를 차지한
네덜란드 총독 페터 미누이트

카나시_{Kanasi}족에게 24달러어치의 옷
감, 구슬, 손도끼 등을 주고 맨해튼 북
부 지역을 구입해 섬 전체를 차지하
게 되었습니다.

뒷날 사람들은 세계 금융 중심지가
된 맨해튼을 24달러라는 헐값에 팔아
치운 카나시족을 두고 어리석은 민족
이라고 비웃었지만 실상은 다릅니다.
당시 카나시족은 맨해튼에 살던 원주
민이 아니라, 맨해튼을 지나가던 부족이었습니다. 네덜란드 총독은
싼값에 땅을 매입한 것이 아니라, 맨해튼과 상관도 없는 인디언 부족
에게 돈을 준 것입니다.

맨해튼 섬 전체를 차지한 네덜란드 사람들은 그곳을 뉴암스테르담
New Amsterdam으로 부르면서 북미 대륙 개척을 위한 중심지로 삼습니다.
뉴암스테르담에는 바다삵이라 불리는 비버가 많이 살고 있었는데 네
덜란드 정착민들은 비버 모피 수출로 부를 축적해 나갔습니다.

뉴암스테르담이 번영을 거듭하자 이를 시기하던 영국은 1664년 9
월 함대를 보내 맨해튼 섬을 강제로 점령합니다. 그리고 지명을 국왕
의 남동생이었던 요크York 공의 이름을 따서 뉴욕New York이라 부르며,
영국령임을 만방에 선포하고 영국 식민지로 삼았습니다.

1776년 미국의 독립 전쟁이 시작되면서 뉴욕은 격전지가 되어 엄

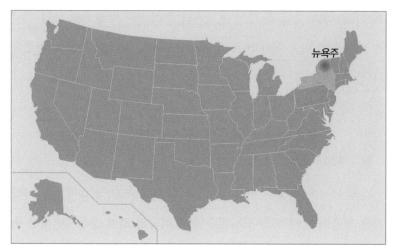

뉴욕의 위치

청난 피해를 입습니다. 영국군과 독립군이 뉴욕에서 한 치의 양보도 없는 혈전을 치르면서 이곳은 포연이 자욱하고 시신이 나뒹구는, 지옥이나 다를 바 없는 곳이 되었습니다.

1783년 독립 전쟁이 미국의 승리로 끝나면서 전쟁의 상처를 딛고 뉴욕은 다시 성장하기 시작했습니다. 1789년 뉴욕은 미국의 임시 수도가 되었고, 초대 대통령인 조지 워싱턴이 그곳에서 취임식을 하게 됩니다. 이후 뉴욕은 맨해튼 섬을 중심으로 인근의 브루클린Brooklyn, 브롱크스Bronx, 퀸스Queens, 스태튼 아일랜드Staten Island를 합쳐 거대한 대도시로 거듭납니다.

뉴욕은 아메리칸드림을 꿈꾸고 미국 땅으로 이주해 오는 사람들이 가장 먼저 거치는 관문이었습니다. 뉴욕항 입구에 있는 작은 섬 리버티Liberty에 우뚝 솟은 자유의 여신상은 가난과 압제로부터의 해방을

상징했습니다. 뉴욕은 개척 초기부터 뿌리내린 자유로운 상업 정신
을 바탕으로 미국 최대의 무역항이자 세계 금융 중심지로 발전했습
니다.

최악의 범죄 도시, 악당들의 천국 뉴욕

과거 뉴욕은 인종 전시장이라고 불릴 정도로 미국 내에서도 가장
많은 인종이 모여 사는 도시였습니다. 미국의 경제 중심지였지만 뚜
렷한 구심점 없이 각자의 이익만을 추구하는 도시였습니다. 정상적
인 생활이 불가능할 정도로 도시 곳곳에서 범죄가 만연했습니다. 운
전하던 중 신호에 걸려 차를 멈출 경우, 숨어 있던 강도가 권총을 들

뉴욕을 범죄 천국으로 만든 갱단

고 나타나 협박하는 일이 많았습니다. 그래서 운전자들은 신호등이 빨간색으로 바뀌었을 때 두려움에 떨어야 했습니다. 밤이 되면 시민들은 강도를 만날까 봐 외출할 수도 없었습니다. 뉴욕은 연간 60만 건 이상의 중범죄가 발생하는 세계 최악의 범죄 도시이자 악당들의 천국이었습니다.

뉴욕이 얼마나 살벌한 도시였는지는 1977년 7월 13일 밤 9시 30분경에 일어난 정전 사건을 통해 잘 알 수 있습니다. 그날 뉴욕에 전기를 공급하는 허드슨 변전소에 벼락이 내리치면서 뉴욕 전역이 정전되었습니다. 대도시에 전기가 끊어지자 병원에서 수술하던 환자와 인공호흡기로 연명하던 환자가 끔찍한 죽음을 맞이했습니다.

지하철과 엘리베이터가 멈추면서 그 안에 있던 사람들이 어둠 속에서 큰 고통을 겪어야 했습니다. 거리를 밝게 비추던 가로등이 꺼지고 칠흑 같은 어둠이 도시를 감싸자 곳곳에서 집단적인 광기가 터져 나왔습니다. 십 대부터 육십 대 노인까지 거리로 쏟아져 나와 마치 야만인처럼 상점을 약탈하고 방화하는 데 열을 올렸습니다. 1,600곳 이상의 상점이 약탈당하고 1,000여 채가 넘는 주택이 방화로 인해 순식간에 잿더미로 변했습니다.

전기가 다시 들어온 다음 날 밤 10시까지 약탈과 방화로 체포된 사람이 4,000명에 이르고, 이들을 구금하기 위해 뉴욕시는 오래전에 폐쇄한 교도소의 문을 다시 열어야 했습니다. 단 하루 동안의 정전 사고였지만 뉴욕 증권 거래소가 개장하지 못하면서 주식 투자자들은 피해를 입었고, 경찰과 공무원은 질서를 잡기 위해 퇴근도 못하고 고된 업무에 시달려야 했습니다. 다른 나라에서도 정전 사태는 심심치 않게 있어 왔지만 뉴욕의 정전 사태처럼 야만적인 일이 벌어진 경우는 거의 없습니다.

루돌프 줄리아니 시장, 범죄와의 전쟁을 선포하다

1944년 5월, 루돌프 줄리아니는 뉴욕 브루클린의 평범한 이탈리아계 집안에서 태어났습니다. 그는 뉴욕 대학교 로스쿨을 졸업한 뒤 뉴욕주 검사로 일하면서 조직 범죄, 마약 범죄 등 강력 범죄를 집중적으로 단속해 명성을 떨쳤습니다. 이를 기반으로 1993년 뉴욕 시장 선거에 나선 줄리아니는 공화당 소속으로는 이례적으로 민주당 후보를 누르고 시장이 되었습니다. 백인의 비중이 낮고 유색 인종의 비율이 높은 뉴욕은 전통적으로 민주당 초강세 지역으로, 공화당 후보가 시장에 당선되는 일은 거의 없었습니다.

뉴욕 시장으로 선출된 루돌프 줄리아니

1990년대 초반까지 인구 900만 명의 대도시 뉴욕은 세계 최악의 범죄 도시였습니다. 1994년 1월 루돌프 줄리아니가 뉴욕 시장

낡고 보수가 제대로 안 된 뉴욕 지하철 입구

에 취임하자마자 '범죄와의 전쟁'을 선포하고, 본격적으로 범죄 소탕에 나섰습니다. 하지만 기대와는 달리 강력 범죄는 오히려 늘어났습니다.

뉴욕의 일상화된 범죄 중에서 유달리 시민을 공포에 떨게 만든 것은 지하철 범죄였습니다. 1904년 10월 첫 운행을 개시한, 역사가 깊은 뉴욕 지하철은 연간 16억 명, 평일 평균 500만 명의 사람이 이용하는 북미 전역에서 가장 큰 대중교통입니다. 1990년대 초까지 뉴욕 지하철은 미국에서 발생하는 강력 범죄의 90% 이상을 차지하는 범죄의 온상이었습니다.

지하철에서 너무 많은 범죄가 발생하다 보니, 뉴욕을 방문한 관광객에게 지하철은 절대로 타면 안 되는 위험 지역으로 악명을 떨쳤습니다. 대낮에도 마약에 취한 상태로 전동차 안에서 총기를 난사하는 마약 중독자, 지하철 역사 아무 데서나 용변을 보는 알코올 중독자, 승객이 많은 출퇴근 시간대를 노려 활동하는 소매치기 등 뉴욕의 지하철은 세상의 모든 악을 모아 둔 곳이나 다름없었습니다.

줄리아니 시장은 뉴욕의 범죄율을 낮추기 위해 경찰을 대폭 증원하고, 각종 무기로 중무장시켜 범죄 조직 소탕 작전을 펼쳤습니다. 무려 4만 명의 경찰을 동원해 범죄 소탕 작전에 나섰지만 넘쳐 나는 범죄를 막기에는 역부족이었습니다. 경찰을 대폭 늘려도 범죄가 줄어들지 않자 뉴욕 구석구석까지 폐쇄 회로CCTV를 설치해 범죄 문제를 해결하려고 했습니다. 하지만 이 역시 실패로 끝났습니다. 당시 폐쇄회로 기기의 성능은 현재에 비해 형편없어 화면에 찍힌 범인의 얼굴을 제대로 식별할 수 없었습니다. 더구나 대부분의 범죄는 어두운 밤에 일어났기 때문에 범인 판별이 더욱 어려웠습니다.

마약 중독자가 만연한 뉴욕

사소하지만 치명적인 약점을 잡아라: '깨진 유리창의 법칙'

줄리아니 시장이 '범죄와의 전쟁'에서 연패하자 성난 시민들은 시청 앞에서 연일 시장의 퇴진을 요구하는 시위를 벌였습니다. 궁지에 몰린 줄리아니는 대책을 고심하던 중 '깨진 유리창의 법칙'을 범죄 소탕에 적용하기로 했습니다. 이 법칙은 유명한 범죄학자인 제임스 윌슨James Wilson과 조지 켈링George Kelling이 주장한 것으로 깨진 유리창처럼 사소한 것을 방치하면, 나중에는 반드시 더 큰 범죄로 이어진다는 이론입니다.

'깨진 유리창의 법칙'은 건물 주인이 깨진 유리창 하나를 그냥 방치하면, 지나가던 사람이 그 건물에 대한 관리를 포기한 것으로 인식하고 아무런 거리낌 없이 돌을 던져 나머지 유리창까지 깨뜨린다는 내용입니다. 더 나아가 폐허나 다름없이 변한 이 건물로 범죄자나 부

루돌프 줄리아니가 범죄 소탕에 적용한 깨진 유리창의 법칙

낙서투성이인 뉴욕

랑자가 유입되어 강력 범죄가 일어날 확률이 높아진다는 이론입니다. 따라서 강력 범죄를 막기 위해서는 깨진 유리창을 수리하는 것과 같은 사소한 변화부터 시작해야 한다고 이 법칙은 주장합니다.

세상을 바꾸는 변화는 대단한 일이 아니라 지극히 사소한 일부터 시작해야 한다는 '깨진 유리창의 법칙'을 알게 된 줄리아니 시장은 최대의 범죄 도시 뉴욕을 탈바꿈하기 위해 지하철 청소부터 시작했습니다. 당시 뉴욕 지하철의 위생 상태는 엉망이어서 아무 데나 쓰레기를 버리더라도 누구 하나 제지하는 사람이 없었습니다. 또한 자칭 '예술가'라 주장하는 수많은 사람이 전동차 외부와 내부를 가릴 것 없이 닥치는 대로 낙서를 해 놓아 어지럽기 그지없었습니다. 수많은 공무원이 동원되어 낙서를 지우고 쓰레기를 치웠지만, 시민들은 변

부랑자의 차지가 된 뉴욕 지하철역 주변

함없이 쓰레기를 버리고 낙서를 계속했습니다.

뉴욕 시장이 강력한 범죄 대책을 제시하기는커녕 지하철 청소에 열중하는 모습에 언론들은 일제히 시장을 비난했습니다. 언론에서 '강력 범죄를 막을 자신 없으니 한가로이 지하철 청소만 하고 있다.'라는 비난의 글을 마구 쏟아 내자 시장의 인기는 바닥을 모르고 떨어졌습니다. 하지만 그는 언론의 혹독한 비난에도 눈 하나 깜짝하지 않고 계속 청소를 진행했고, 무장 경찰을 대거 배치해 알코올 중독자와 마약 중독자의 출입을 금지하고, 무임승차 승객과 쓰레기를 함부로 버리는 사람을 색출해 엄하게 처벌했습니다.

시간이 흐르면서 변화가 일어나기 시작했습니다. 뉴욕 지하철이 깨끗해지고 낙서가 사라지면서 승객들도 더는 함부로 쓰레기를 버리

깨끗해진 뉴욕 지하철

지 않았습니다. 끊임없는 청소로 깔끔하고 상쾌해진 뉴욕 지하철은 더는 우범 지대가 아니었습니다. 경찰이 지하철역 입구부터 문제가 있어 보이는 사람의 출입을 철저히 막았기 때문에 범죄율이 급격히 낮아져 지하철을 이용하는 승객이 늘어났습니다.

범죄와 폭력이 만연했던 할렘

지하철 범죄율을 극적으로 낮춘 줄리아니 시장은 뉴욕시 전체를 정화하는 작업에 나섰습니다. 그는 흑인 집단 거주 지역으로 미국 최대의 우범 지역이자 지저분하기로 악명 높은 할렘Harlem을 정비하기 시작했습니다. 할렘은 대낮에도 수시로 총격전이 벌어지는 위험 지역으

경범죄 단속에 나선 뉴욕 경찰

로 백인들은 접근조차 꺼리는 곳이었습니다. 줄리아니는 대규모 무장 경찰을 할렘에 파견해 치안을 확보하고 거리 청소에 나섰습니다. 스프레이로 칠해진 온갖 낙서로 할렘의 담벼락은 흉물스러웠는데, 공무원들이 나서서 하얀 페인트로 깨끗이 낙서를 지워 나갔습니다.

하지만 할렘 사람들은 거리가 깨끗해지는 것을 그냥 두지 않았습니다. 낮에는 경찰 때문에 무서워서 집에 있다가 밤이 되면 밖으로 나와 보란 듯이 또다시 낙서를 해 놓았습니다. 하지만 줄리아니 시장은 포기하지 않고 계속 낙서를 지우며, 밤에도 경찰을 배치하여 낙서하는 사람을 체포해 예외 없이 처벌했습니다.

낙서나 쓰레기 불법 투기 같은 경범죄와의 싸움에서 승기를 잡아가면서 살인, 강도, 성폭행 같은 강력 범죄도 줄어들기 시작했습니다. 실제로 줄리아니가 뉴욕 시장으로 재임한 8년 동안 뉴욕시의 범죄율

깨끗하게 정비된 할렘가

이 무려 75%나 낮아지는 기적이 일어났습니다. 연간 2,200여 건에 이르던 살인 사건도 700건 이하로 줄어들면서 뉴욕은 안전한 도시라는 인식이 퍼졌습니다.

줄리아니 시장이 범죄와의 전쟁에서 성공하면서 할렘 지역의 흑인들이 큰 혜택을 입었습니다. 그동안 강력 범죄로 수많은 선량한 사람이 억울한 죽임을 당했습니다. 그러나 치안이 확립되면서 별다른 걱정 없이 거리를 활보할 수 있게 되었습니다. 더구나 할렘을 관광지로 개발해 국내외로부터 안전해진 이 지역을 보기 위해 관광객이 몰려왔습니다. 그 덕분에 흑인들의 일자리와 소득이 늘어났습니다.

뉴욕을 변화시킨 강력한 리더십

2001년 9월 11일 뉴욕의 명물이자 미국 자본주의의 상징인 월드 트레이드센터World Trade Center가 비행기 테러 공격을 받았습니다. 이슬람 테러리스트들은 민간 여객기를 공중 납치해 쌍둥이 빌딩으로 불리던 월드트레이드센터에 자살 폭탄 테러 공격을 가해 3,000명에 이르는 사람이 희생되었습니다.

미국이 전대미문의 공격을 받았을 때, 사건에 대처하는 지도자들의 태도는 사뭇 달랐습니다. 당시 플로리다주의 한 초등학교에서 열린 행사에 참여한 조지 W. 부시 대통령은 테러 소식을 듣고 부랴부랴 전용기로 돌아가 사건의 진상이 파악될 때까지 하늘에 머물러 있었습니다. 부시 대통령은 국가 원수 보호 규정상 어쩔 수 없는 일이라고 항변했지만, 가장 중요한 시간에 대통령은 땅 위에 없었습니다.

또한 딕 체니Dick Cheney 부통령은 백악관에 마련된 지하 벙커로 내려가 사태가 수습되고 안전해질 때까지 지상으로 올라오지 않았습니다. 즉 사건 당일 백악관은 공격받지도 않았지만 대통령은 하늘에 떠있었고, 부통령은 땅속에 머물러 있었습니다.

뉴욕은 테러범들의 직접적인 공격 대상이 되어 가장 위험했지만, 줄리아니 시장은 비행기가 쌍둥이 빌딩을 들이받자마자 현장으로 달려갔습니다. 당시 줄리아니는 사고 현장 부근에 있는 건물에서 회의에 참석 중이었는데, 지축을 울리는 굉음을 듣고서 주변 사람들의 강력한 만류에도 불구하고 현장으로 갔습니다.

9·11 테러 현장에 출동한
루돌프 줄리아니(오른쪽)

줄리아니 시장이 도착했을 때 현장 상황은 무척 끔찍했습니다. 인화성이 강한 항공유를 가득 실은 비행기가 쌍둥이 빌딩 상단을 강타해 100층이 넘는 빌딩이 언제 붕괴할지 모를 위험천만한 상황이었습니다. 인근에 있던 사람이 모두 대피할 동안 줄리아니는 현장으로 더 가까이 다가가 사태를 정확히 파악하고자 했습니다. 줄리아니의 행동은 보통 사람이 보기에 무모해 보였습니다. 당시 뉴욕은 테러리스트의 공격이 어디까지 확산될지 모르는 상황이었고, 공격받은 쌍둥이 빌딩은 언제라도 무너질 수 있는 상태였기 때문입니다.

쌍둥이 빌딩의 붕괴 위험을 직감한 줄리아니는 현장 취재 중이던 방송국 카메라를 불러 인터뷰를 요청했습니다. 카메라 앞에 선 그는 다급한 목소리로 "쌍둥이 빌딩 안에 있는 사람과 인근 사람 모두 즉각 현장을 떠나십시오."라고 외쳤습니다. 계속해서 대피하라고 소리치는 방송을 보고 사람들은 앞다투어 현장을 떠났습니다. 방송을 시작한 지 불과 30분 만에 하늘 높이 솟아 있던 쌍둥이 빌딩은 마치 모래성처럼 무너져 내렸습니다. 고막을 찢는 듯한 괴성과 함께 엄청난 양의 파편과 먼지를 쏟아 내는 가운데서도 줄리아니는 끝까지 현장을 지키며 혼란을 수습하는 강력한 리더십을 보였습니다. 그의 이런 행동은 뉴욕 시민뿐 아니라 전 세계 사람으로부터 찬사를 받았습니다.

줄리아니가 위험한 상황에서 놀라운 집중력을 발휘할 수 있었던 것은 그의 아버지의 영향이 컸습니다. 무명 권투 선수였던 그의 아버지는 어린 아들에게 "사람은 얻어맞을수록 정신을 똑바로 차려야 한다."라고 말하며 극한 상황에서 당황하지 말도록 가르쳤습니다.

온몸에 먼지를 뒤집어쓰고 현장을 진두지휘하는 줄리아니의 모습은 뉴욕 시민뿐 아니라 모든 미국인에게 깊은 인상을 주었습니다. 사실 웬만한 지도자들은 상황이 정리되기 전까지 언론 앞에 잘 나서지 않고 책임을 회피하기 위해 부하를 희생양으로 삼는 경우가 많지만, 줄리아니는 몸소 위기에 대처했습니다.

줄리아니는 위기 때만 강한 지도자가 아니라 평소에도 뛰어난 능

정비에 나선 뉴욕

력을 발휘했습니다. 뉴욕 시장이 된 이후 끊임없는 행정 개혁을 통해 뉴욕을 살기 좋은 도시로 만들었습니다. 예산을 효율적으로 사용한 것이 대표적인 업적이지요. 뉴욕은 오래된 도시이기 때문에 전반적으로 수도, 전기, 도로 등의 생활 인프라가 낡아 제구실을 못하고 있었습니다. 이전 시장들은 생활에 꼭 필요한 인프라를 개선해 시민에게 편익을 제공하기보다는 자신의 업적을 과시할 수 있는 건축물을 만드는 데 열을 올렸습니다.

하지만 줄리아니는 시장 직속의 건설부를 따로 만들어 한정된 예산이 시민의 생활 환경 개선과 편익 증진에 투입되도록 세심하게 신경을 썼습니다. 또한 이전 시장들과는 달리 건축업자와 결탁해 편의를 봐주거나 뇌물을 받는 등의 부정행위를 저지르지 않았습니다. 그는 뉴욕시가 시행하는 모든 공사를 공개 입찰을 통해 투명하게 관리했습니다. 그리고 건설 회사가 공사 기간을 단축할 경우 그에 따른 인센티브incentive*를 지급해 주민에게 하루라도 빨리 혜택이 돌아갈 수 있도록 했습니다.

뉴욕시가 시행하는 공공사업이 신속하고 투명하게 진행되면서 시민은 물론 건설 회사도 만족했습니다. 기술력과 신용이 있는 건설 회사라면 뉴욕의 고위 공무원과 연줄이나 인맥이 없더라도 얼마든지 공사를 수주할 수 있었기 때문입니다. 이로 인해 뉴욕뿐 아니라 미국 전역에 산재해 있던 우수한 건설 회사가 뉴욕에서 기회를 얻어 성공의 발판을 마련할 수 있었습니다.

평소 줄리아니는 세금을 많이 거두는 것보다 거두어들인 세금을 어떻게 쓰는지가 중요하다고 말했습니다. 그는 세금을 낭비하는 대표적인 분야인 공공 건설 분야에 특별 감사를 실시하고 낭비성 예산 집행 방지에 주력했습니다. 그로 인해 불필요한 곳으로 세금이 빠져나가는 것을 막아 내는 큰 업적을 이루었습니다.

줄리아니가 여느 정치인보다 탁월한 이유 중 하나는 권위주의적이지 않다는 점입니다. 뉴욕시 맨해튼에 있는 도시 공원 센트럴파크 Central Park는 자유의 여신상과 더불어 뉴욕을 대표하는 명소입니다. 세계적으로 땅값이 비싸기로 유명한 뉴욕 한복판에 동서로 약 800m, 남북으로 4km에 이르는 직사각형 모양의 큰 공원은 눈코 뜰 새 없이

---

* 기업이나 조직이 목표 달성을 위해 어떤 행동을 하도록 동기 부여 차원에서 제공하는 보수 등 경제적 이익.

안전하고 깨끗해지자 관광객으로 넘쳐 나는 뉴욕

바쁜 뉴욕 시민의 지친 삶을 위로해 주는 역할을 합니다.

연간 4,000만 명 이상이 방문하는 센트럴파크 역시 줄리아니가 시장으로 취임하기 이전에는 제대로 관리되지 않아 범죄의 온상이 되었습니다. 게다가 전임 시장들은 하나같이 예산 부족을 이유로 센트럴파크 관리에 관심조차 두지 않았습니다. 이곳을 담당한 공무원들은 무사안일주의와 권위주의에 빠져 시간만 때우다가 퇴근하곤 했습니다. 이처럼 뉴욕시 당국의 무관심 속에 뉴욕의 명소이자 휴식처이던 센트럴파크가 황폐화해지자, 뜻있는 시민들이 나서기 시작했습니다.

시민들은 개인 주머니의 돈을 들여 가며 자발적으로 비영리 단체인 센트럴파크 보존 위원회를 조직해 공원을 지키려고 노력했습니다. 이 사실을 알게 된 줄리아니 시장은 센트럴파크 관리에 대한 모든 권한을 민간 단체인 센트럴파크 보존 위원회에 넘겨주었습니다. 자신의 철밥통이 깨질 것을 우려한 담당 공무원들이 거세게 저항했지만, 줄리아니는 "센트럴파크를 가장 잘 관리

시민을 위해 센트럴파크를 살린 루돌프 줄리아니

할 수 있는 사람들이 그 일을 맡는 것은 당연하다."라고 말하며 공원 관리 예산도 대폭 증액했습니다.

센트럴파크를 사랑하는 사람들이 전권을 위임받아 공원을 제대로 관리하자, 각계에서 기부금이 쏟아져 들어오고 자원봉사자도 크게 늘어났습니다. 뉴욕을 상징하는 명소로 다시 각광받기 시작한 센트럴파크는 연중 개방되는 곳으로 시민의 휴식처가 되고 있습니다.

사회 일각에서는 센트럴파크를 살린 줄리아니의 업적을 대수롭지 않게 말하기도 하지만 실제로는 배울 점이 많습니다. 누구든지 고위 공직자가 되면 부하를 많이 두고, 여러 분야에 영향력을 행사하려고 합니다. 다시 말해, 대부분의 사람은 권력에 집착하면서 이에 비례해 권위주의적으로 변질될 가능성이 높습니다. 하지만 줄리아니는 더

많은 권력을 탐하거나 권위적으로 변하지 않고, 공직자가 가야 할 올바른 길을 묵묵히 걸었습니다. 그리고 2001년 12월 뉴욕 시장 직위에서 물러나 한 사람의 평범한 시민으로 돌아왔습니다.

★

뉴욕에 세워진
자유의 여신상

1776년 미국에서 독립 혁명이 일어나자 영국은 최정예 군대를 보내 진압에 나섰다. 미국인들은 전쟁으로 단련된 영국군에 맞서 싸웠지만 힘에 부쳤다. 이때 미국을 도와준 나라가 프랑스였다. 역사적으로 영국과 사이가 좋지 않던 프랑스는 미국인들이 궁지에 몰리자 대규모 군대를 파병해 미국인을 도와주었다. 영국에 버금가는 군사력을 지니고 있던 프랑스의 도움으로 미국인들은 영국과의 독립 전쟁에서 승리를 거둘 수 있었다. 이후 두 나라는 우방국으로 좋은 관계를 유지했다.

남북 전쟁이 끝나자 프랑스 정치 지도자들은 미국 독립 혁명이 일어난 지 100주년이 되는 해인 1876년을 기념하기 위해 여신을 주인공으로 한 거대한 석상을 미국에 선물하기로 결정했다. 석상은 양국 간의 우의를 다지는 의미를 갖고 있었으며 당시 프랑스 정부의 재정난을 감안해 민간 차원의 자발적인 성금 모금으로 제작하기로 했다. 또한 두 나라는 프랑스가 석상을 만들고 미국이 석상을 얹힐 받침대를 만들기로 합의했다.

그런데 당시 프랑스의 경제 사정이 너무 나빠 제대로 돈이 걷히지 않았다. 먹고살기도 바쁜 프랑스 사람들은 다른 나라에 석상을 보내는 일에 별 관심을 보이지 않았다. 시간이 한참 흐른 뒤에야 석상을 지을 돈이 모였다. 그동안 석상 건립은 한물가고 동상 건립이 대세를 이루고 있었다.

이에 석상 대신 동상을 제작하기로 한 프랑스 정부는 오귀스트 바르톨디를 총 책임자로 임명했다. 동상 제작을 총괄하던 프랑스의 조각가 오귀스트 바르톨디는 여신상의 모델로 적합한 인물을 찾기 위해 박물관을 찾아가고 거리를 헤맸지만 적임자를 찾지 못했다.

어느 날 바르톨디의 머릿속에 자신의 어머니가 최고의 모델로 떠올랐다. 평생 동안 자식을 위해 역경과 고난을 헤쳐 나간 어머니야말로 자유와 독립을 상징하는 여신으로 추앙받기에 충분한 자격이 있다고 생각한 끝에 결국 자신의 어머니를 '자유의 여신상' 모델로 삼았다.

바르톨디는 멋진 동상을 만들기 위해 당대 최고 엔지니어인 구스타프 에펠을 영입했다. 에펠은 '철의 마법사'라는 별명을 지니고 있을 만큼 철을 자유자재로 다루는 데 천부적인 능력이 있는 인물이었다. 에펠은 치밀한 설계를 통해 여신상의 철골 구조물을 만들었고 외관은 얇은 황금빛 구리판을 붙여서 만들었다.

1884년 10월 예정보다 훨씬 늦게 완성된 자유의 여신상은 350개의 조각으로 나뉘어 214개의 상자에 담겼다. 이듬해인 1885년 프랑스 군함에 실려 대서양을 건넌 자유의 여신상은 목적지인 뉴욕 리버티 섬에 도착했지만 곧바로 설치되지는 못했다. 받침대를 담당하기로 한 미국인들이 그 역할을 하지 못했기 때문이다. 당시 미국인들은 자유의 여신상이 세워진다는 것에 대해 별 관심이 없었다. 자유의 여신상이 배에서 내리지도 못한 채 소금기 가득한 바닷바람에 녹슬어 가자 미국의 유력 언론인인 조지프 퓰리처가 성금 모금에 앞장섰다. 받침대를 만들 수 있는 돈이 모이자 곧바로 공사에 들어가 225t짜리 자유의 여신상이 웅장한 모습을 드러냈다.

자유의 여신상은 47m 받침대 위에 46m에 달하는 거대한 동상이 서 있는 구조로, 여러 가지 의미를 담고 있다. 오른손에 든 횃불은 자유의 빛을 상징하고, 왼손에는 미국 독립 선언서를 들고 있다. 또한 여신이 밟고 있는 쇠사슬은 노예 제도의 폐지를 뜻한다. 이와 같이 자유의 여신상은 상징이 가득한 동상으로 영국으로부터 힘겹게 독립을 쟁취한 미국인의 자유와 민주주의에 대한 이념을 잘 보여 주고 있다.

종교 박해, 전쟁, 독재, 인종 차별 등으로 유럽 대륙에서 더는 살 수 없던 이민자들은 배를 타고 대서양을 건넜다. 이들을 가장 먼저 반겨 준 것이 바로 자유의 여신상이다. 단순한 관광객이라면 자유의 여신상을 보고도 별다른 감흥을 느끼지 못하지만, 자유를 찾아 목숨 걸고 대서양을 건넌 사람들은 자유의 여신상과 마주한 순간 깊은 감동과 함께 눈물을 흘렸다고 전해진다.

19세기 최고의 기술적 성취인 자유의 여신상 철골 구조물을 만든 에펠은 기술을 더욱 발전시켜 1889년 파리 세계 박람회를 기념하는 건축물로 그 유명한 에펠탑을 완성시켰다. 자유의 여신상과 에펠탑은 미국과 프랑스를 대표하는 소중한 문화유산이 되어 해마다 엄청난 관광객을 끌어들이고 있다.

02

John Edgar Hoover

미국을 쥐락펴락한 FBI 초대 국장,

존 에드거
후버

미국 연방 수사국 종신 국장 (1895~1972) ●
1924년 미국 연방 수사국 국장에 취임하여 죽을 때까지 국장직에 있었
다. 1930년대 갱 소탕, 제2차 세계대전 당시 나치 독일 스파이 소탕, 냉
전 시대 소련 스파이 검거 등으로 명성이 높았다.

FBI(미국 연방 수사국)의 탄생

미국은 독립 국가에 가까운 50개 주가 모여 하나의 나라를 이루고 있기 때문에 특정 주의 소속 경찰이 다른 주에서 수사권을 행사하기가 쉽지 않습니다. 따라서 미국 전역을 무대로 수사권을 행사할 수 있는 범죄 수사 조직이 필요한데, FBI가 그 역할을 하고 있습니다.

오늘날 FBI는 미국 사회 전체를 위협하는 중대한 사건이나 주 정부의 권한으로 해결하기 힘든 사건을 주로 다루고 있습니다. 이로 인해 미국인들은 FBI를 최고의 권위를 지닌 수사 기관으로 여기고 있습니다. 테러 방지, 산업 스파이 색출, 고위 공직자 비리, 조직범죄, 대기업 범죄 등에서 그동안 탁월한 성과를 올리며 세계 수사 기관의 역할 모델이 되고 있습니다.

3만 명 이상의 정예 요원이 일하고 있는 FBI는 연간 집행 예산이

FBI(미국 연방 수사국)의 엠블럼

100억 달러에 이르는 거대 조직으로, 워싱턴 D. C.에 본부를 두고 미국 전역 대도시에 56개의 지부를 가지고 있습니다. 나날이 국제화되는 범죄 추세에 맞추어 60여 개국에 해외 지부를 운영하며 국제 범죄에도 대처하고 있습니다. 이처럼 FBI의 임무가 막중하기 때문에 조직의 수장인 FBI 국장은 대통령이 지명하고 의회의 인준을 받아야 하며, 임기는 10년이 보장됩니다. FBI는 독립된 수사권을 보장받기 때문에 의회나 대통령도 함부로 수사에 간섭할 수 없습니다.

오늘날 미국 사회를 지탱하는 주요 조직 중 하나인 FBI는 존 에드거 후버의 작품입니다. FBI의 전설로 불리는 후버는 1895년 1월 워싱턴 D. C.에서 태어났습니다. 증조부가 흑인인 관계로 순수 백인이 아닌 후버는 정신병에 걸린 아버지를 돌보기 위해 어린 시절부터 생

정년이 없었던 FBI 종신 국장 존 에드거 후버

활 전선에 뛰어들어야 했습니다. 그는 남보다 일찍 세상을 경험한 만큼 현실적이었습니다. 험한 세상에서 살아남는 방법을 누구보다 빨리 깨우친 후버는 주경야독을 하면서 공부를 게을리하지 않았습니다.

후버는 고등학교 졸업 뒤 의회 도서관에서 사서로 일하며 야간 대학을 다녔고, 스스로의

힘으로 명문 워싱턴 대학 로스쿨을 마쳤습니다. 명문대 로스쿨 졸업생 대부분이 판사나 검사가 되던 시절에 후버는 과감하게 법무부 수사국에 들어갔습니다. 후버의 계산은 명문 로스쿨 출신이 넘쳐 나는 법조계보다는 전문 인력의 수준이 낮은 법무부 수사국에서 자신의 가치가 상대적으로 더 올라간다는 것이었습니다.

후버, 세상에 나설 기회를 잡다

19세기 말 미국은 두 얼굴을 가진 나라였습니다. 석유 왕 록펠러, 철강 왕 카네기 등 각 분야에서 뛰어난 능력을 지닌 경영자가 등장하면서 미국식 자본주의는 비약적인 발전을 거듭했습니다. 하지만 노동자의 삶은 여전히 나아지지 않았습니다. 당시 극소수 독점 자본가가 정경 유착*을 통해 자신들의 부를 다져 나갔기 때문에, 사회 구조자체가 철저히 가진 자에게 유리하도록 짜여 있었습니다.

거대 자본가들은 중소기업과 소상공인을 파괴하며 몸집을 키워 나가는 과정에서 죄를 저지르더라도 갖가지 이유를 들어 처벌을 피할수 있었습니다. 또한 수익의 극대화를 위해 노동자에게 기본적인 의식주도 해결할 수 없을 정도로 적은 임금을 지급했습니다. 억만장자가 궁전 같은 집을 짓고 호사를 누리는 동안 노동자는 비위생적이고

---

* 정치와 경제가 긴밀한 연관 관계를 맺고 있다는 의미이지만, 주로 경제계와 정치권이 부정부패의 고리로 연결되어 있다는 뜻으로 사용된다.

좁은 성냥갑 같은 집에서 살아야 했습니다.

하지만 국민 절대다수의 이익을 위해 일해야 할 정치인들은 자본가에게 유리한 법안만을 통과시키며 노동자의 고통을 외면했습니다.

미국이 불공평한 사회가 된 데는 언론의 책임도 컸습니다. 언론인은 자본가가 쥐어 주는 돈에 눈이 멀어 현실을 왜곡하는 기사를 쏟아 냈습니다. 이처럼 미국 사회가 자정 능력을 잃고 자본가의 천국으로 변해 가자, 노동자들은 뜻을 모아 노동조합을 결성하고 생존권 확보 투쟁에 나섭니다.

기업체마다 노동조합이 생겨나고, 노동자들이 임금 인상과 근로 조건 개선을 요구하기 시작하자 자본가들은 초조해졌습니다. 자본가들은 보수 언론의 입을 빌려 사회주의자들이 노동조합에 침투해 파

20세기 초까지 노동자의 파업이 잦았던 미국의 시위 현장

업을 주도하고 있는 것처럼 꾸몄고, 권익 향상을 외치는 노조를 사회의 불온한 세력으로 매도했습니다.

1886년 5월 1일 수만 명의 노동자가 '하루 8시간, 주 6일 근무'라는 조건을 정부와 기업에 요구하기 위해 일리노이주 동북부에 있는 시카고로 모여들었습니다. 이번에도 변함없이 자본가들은 보수 언론을 통해 배후에 있는 사회주의 세력이 시위를 주동하고 있다는 소문을 퍼뜨리며 평소 밀착 관계에 있던 경찰을 동원해 시위 진압에 나섰습니다.

정부와 기업이 자신들과 대화조차 하지 않자 크게 분노한 노동자들은 시위를 점점 격렬하게 했습니다. 5월 3일 경찰이 시위대를 향해 발포해 여자아이를 비롯한 6명이 사망하고 수십 명이 크게 다치자 전국에서 노동자가 몰려들며 대규모 집회로 발전했습니다. 다음 날인 5월 4일, 집회가 거의 끝나 갈 무렵 누군가가 폭탄을 터뜨려 시위를 진압하던 경찰관을 포함해 7명이 숨지고, 수백 명이 다치는 참사가 발생했습니다. 최악의 폭탄 테러로 인해 현장에 있던 수많은 노동자가 체포되어 수감되었고, 노동자 7명이 폭탄 테러범으로 몰려 사형 선고를 받았습니다.

사실 사형 선고를 받은 노동자는 폭탄 테러와는 아무런 상관도 없는 사람들이었습니다. 세계의 주목을 받은 재판 과정에서 검찰은 피고인들이 폭탄 테러를 저질렀다는 확실한 물증을 단 하나도 제시하지 못했습니다. 하지만 재판부는 이들에게 사형 선고를 내렸습니다.

결국 사형 선고를 받은 7명 중 감형을 받은 2명과 교도소에서 스스로 목숨을 끊은 1명을 제외한 4명의 사형 집행이 이뤄졌습니다.

7년 뒤 사건의 전말이 드러났습니다. 당시 폭탄을 터뜨린 것은 노동자가 아니라 자본가의 사주를 받은 사람이었습니다. 자본가들은 시위를 벌이는 노동자들을 극악무도한 테러범으로 매도하기 위해 폭탄 테러라는 자작극을 저지른 것입니다.

당시 시위 현장에는 뒷날 세계적인 사회운동가로 존경받는 엠마 골드만Emma Goldman이 있었습니다. 1869년 리투아니아에서 태어난 엠마 골드만은 열여섯 살이 되던 해에 가족과 함께 아메리칸드림을 안고 미국으로 건너왔습니다. 그녀가 첫발을 내딛은 뉴욕은 웅장하고 화려한 도시이지만, 결코 가난한 이민자에게는 낙원이 될 수 없었습니다. 다른 이민자처럼 엠마 골드만 역시 제대로 학교를 다니지 못했고, 봉제 공장에 취직해 휴일도 없이 열심히 일했습니다. 하지만 그녀의 월급으로는 입에 풀칠하기도 쉽지 않았습니다.

미국의 사회운동가 엠마 골드만

죽을힘을 다해 일하는 노동자가 가난하게 사는 것은 노동자의 문제가 아니라, 사회 구조 자체에 문제가 있다고 생각한 엠마 골드

노동자의 시위를
주동한 엠마 골드만

만은 세상을 바꾸는 일에 인생을 걸기로 마음먹었습니다. 사회운동
가로 변신한 그녀는 진정성과 강한 호소력으로 많은 사람의 주목을
받게 되지만, 자본가와 기득권층에서 볼 때는 위험한 존재였습니다.
그녀는 자본가에게는 노동자에 대한 탄압 중지와 근로 조건 개선을,
정치권에는 약자 보호에 앞장설 것을 요구했습니다.

엠마 골드만이 연설하는 곳마다 사람이 구름 떼같이 모여들었고
그녀의 주장에 공감하는 사람이 계속 늘어나자, 정부는 선동죄 등 온
갖 구실을 붙여 그녀를 탄압했습니다. 1893년 선동죄로 1년의 실형
을 받은 것을 시작으로 엠마 골드만은 수시로 감옥을 드나들었지만
자신의 뜻을 굽히지 않았습니다. 엠마 골드만이 고초를 당할수록 그
녀를 따르는 사람도 늘어났습니다.

1914년 제1차 세계대전이 일어나자 자본가들은 군수 물자를 팔아
한몫 잡으려는 속셈으로 미국의 참전을 강력히 요구했습니다. 하지

만 엠마 골드만과 헬렌 켈러 등 반전 평화주의자들이 나서면서 미국 사회는 참전과 반전으로 의견이 갈려 날카롭게 대립하게 됩니다. 전쟁이 한창이던 1917년 미국 정부는 반전 운동을 주도했다는 이유로 엠마 골드만을 구속하고 2년 형을 살게 했지만, 그녀는 끝내 기득권층에 순응하지 않았습니다.

이때 등장한 사람이 바로 후버입니다. 그는 엠마 골드만을 제거하면 기득권층의 주목을 받을 수 있다고 판단했습니다. 결국 후버는 엠마 골드만을 사회주의자로 몰아 외국으로 추방했습니다. 그녀는 후버에 의해 유럽으로 추방당한 뒤에도 일생을 사회운동가로 지내다가 죽어서야 미국으로 돌아올 수 있었습니다.

FBI 국장이 된 후버

엠마 골드만 추방 이후 후버는 예상대로 법무부 수사국에서 엘리트 대접을 받으며 고속 승진을 거듭했습니다. 1924년 법무부 수사국이 독립 기관으로 승격되어, 후버는 초대 국장이 되었습니다. 1935년 범죄 수사와 미국 내 정보 수집 업무를 담당하고 있던 법무부 수사국은 FBI(연방 수사국)로 이름을 바꾸었습니다. 후버가 초대 국장이 되었을 당시만 하더라도 조직의 규모가 작고 수사관의 수준이 높지 않아 앞으로의 활동에 관해 크게 기대하는 사람이 없었습니다.

FBI가 법무부로부터 독립하면서 전권을 장악하게 된 후버는 조직

미국의 인재로 평가받는 FBI 요원의 총과 배지

을 확장하기 시작했습니다. 능력 있는 인재 발굴이 조직 경쟁력의 핵심임을 파악한 그는 최고의 대우를 약속하며 미국 전역에서 인재를 영입했습니다. 후버는 당시로서는 드물던 대학 졸업자만 채용하고, 그들에게 높은 임금을 보장해 주었습니다. 그는 철저히 능력 위주로 승진시켜 직원들의 경쟁심을 부추겼습니다. 또한 FBI에 대한 좋은 이미지를 만드는 데 가장 필요한 도구가 언론이라는 점을 간파해 적극적으로 언론을 이용했습니다.

1920년 금주법이 실시된 이후 미국 전역에서는 엄청난 수익이 나는 밀주 시장을 차지하기 위해 갱단들이 전쟁을 치르고 있었습니다. 이 때문에 도시 곳곳에서는 갱단 간의 치열한 주도권 싸움이 벌어져 총격전이 난무했습니다. 갱단 소탕이야말로 국민에게 FBI의 존재감

금주법 시대에 악명을 떨치던
마피아의 대명사 알 카포네

을 심어 줄 수 있는 절호의 기회
라고 생각한 후버는 조직력을 총
동원해 갱단을 제압해 나갔습니
다. 갱단을 소탕할 때마다 범죄
현장에서 목숨을 걸고 악을 소탕
하는 FBI 요원들의 활약상이 언
론을 통해 미국 전역에 보도되었
습니다. FBI의 인지도가 올라갈
수록 조직의 위상은 높아졌고, 이
와 함께 후버의 영향력도 커졌습니다.

과학 수사의 문을 열다

1919년 뉴욕에서 호텔을 경영하던 갑부 레이먼드 오티그Raymond
Orteig는 "뉴욕에서 파리까지 무착륙으로 대서양을 가장 먼저 횡단하
는 사람에게 2만 5,000달러를 상금으로 주겠다."라는 파격적인 제안
을 합니다. 오늘날에 비해 성능이 뒤떨어진 당시의 비행기로 대서양
을 횡단하는 것은 목숨을 내놓아야 하는 일이었습니다. 실제로 상금
을 받기 위해 나섰다가 여러 사람이 목숨을 잃기도 했습니다.

미국 중서부에 있는 미주리주 세인트루이스Saint Louis에서 비행기로
우편물을 배달하던 찰스 린드버그Charles Lindbergh는 오티크의 상금을 타

기 위해 대서양 횡단에 도전하기로 마음먹고 준비에 나섰습니다. 뉴욕에서 파리는 비행 거리가 무려 5,800km에 달해 자신이 몰던 비행기로는 도저히 갈 수가 없었기에 새로운 비행기를 마련해야 했습니다.

린드버그는 커다란 5인승 비행기를 개조해 조종석을 제외한 나머지 공간을 연료 탱크로 만들고 기름을 가득 채웠습니다. 연료를 조금이라도 더 싣기

대서양 횡단에 성공해 영웅이 된 찰스 린드버그

위해 비상용 낙하산과 구조 신호용 조명탄조차 싣지 않아 추락 사고가 날 경우 외부로부터 어떤 도움도 받을 수 없는 상태로 비행에 나서야 했습니다. 그는 연료를 많이 싣기 위해 필사적으로 노력한 끝에 목적지까지의 거리인 5,800km를 넘어 6,600km까지 날 수 있는 연료를 비행기에 채웠습니다.

1927년 5월 20일 아침 찰스 린드버그를 태운 비행기가 뉴욕주 남동부에 있는 롱아일랜드Long Island를 힘차게 이륙하면서 역사적인 대서양 횡단 비행의 막이 올랐습니다. 하지만 대서양 횡단 비행은 생각처럼 녹록하지 않아 린드버그는 비행 도중 여러 차례 위기를 맞았습니다. 예상 외로 날씨가 추워 비행기 날개가 얼어붙었지만 다행히 추

락 사고로 이어지지는 않았습니다.

비행시간이 길어지자 이번에는 졸음이 린드버그를 괴롭히기 시작했습니다. 푸른 하늘과 바다밖에 보이지 않는 대서양의 단조로운 풍경은 그를 지치게 했습니다. 쏟아지는 졸음과 끊임없이 싸우며 바다 위를 날아야 했습니다. 갖은 고생 끝에 린드버그는 33시간 30분 동안 쉬지 않고 하늘을 날아 대서양을 건너 프랑스 파리에 도착했습니다. 이를 지켜보기 위해 수많은 파리 시민이 길거리로 쏟아져 나와 인산인해를 이루었습니다. 공항에 내린 린드버그는 10만여 명의 파리 시민이 그를 어깨에 태우고 행진하는 바람에 1시간 동안 땅을 밟을 수 없었습니다.

미국의 제30대 대통령 캘빈 쿨리지Calvin Coolidge가 항공 시대를 연 린드버그의 귀국을 돕기 위해 해군 순양함을 급히 파견했을 정도로 그는 미국의 자랑이었습니다. 린드버그는 전 세계 사람들에게 도전 정신의 상징으로 추앙받으며 부와 명예를 거머쥐었습니다. 훤칠한 키에 잘생긴 얼굴 그리고 언변도 뛰어난 린드버그는 세계 최고의 신랑감으로 손꼽히며 가는 곳마다 숱한 화제를 몰고 다녔습니다.

1929년 유명 인사가 된 린드버그는 명문가의 딸과 결혼해 이듬해에 아들 찰스Charles를 얻었습니다.

1932년 3월 1일 집에 괴한이 침입해 20개월 된 아들을 납치해 가는 사건이 발생했습니다. 범인은 사다리를 동원해 별장 2층에 있는 아기를 유괴해 달아났습니다.

자식을 잃어버린 린드버그를 돕기 위해 FBI 국장 후버가 최정예 요원 26명을 선발해 돕겠다고 했지만, 그는 후버의 도움을 거절했습니다. 대신 범죄 조직 두목에게 거액을 건네며 아들을 찾아 달라고 부탁했습니다. 하지만 두목은 돈만 챙겼을 뿐 일 처리를 제대로 하지 않아 결국 FBI가 사건을 맡게 됩니다.

후버는 범인이 아기를 유괴하면서 남겨 둔 유일한 단서인 협박 편지를 주

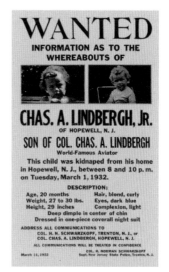

유괴된 아기를 찾기 위해
FBI가 만든 포스터

의 깊게 살펴보았습니다. 협박 편지에는 '5만 달러를 준비해라. 언론이나 경찰에 알리지 마라.' 등 여러 가지 요구 사항이 쓰여 있었습니다. 하지만 정상적인 교육을 받은 미국인이라고 볼 수 없을 정도로 철자가 틀리고 어법이 맞지 않았습니다. 후버는 필체를 연구하는 학자에게 분석을 맡겼습니다.

범인은 미국에서 태어난 사람이 아닌 독일인이며 많이 배우지 못한 사람이라는 결론이 나왔습니다. 또한 범인이 남기고 간 사다리를 분석한 결과 범인이 목공 일과 관련된 사람이라는 단서를 얻었습니다. 이를 근거로 후버는 2년 동안이나 범인을 뒤쫓았으며 1934년 가을 범인 검거에 성공했습니다. 범인은 예상대로 독일 출신 불법 이민자였고, 목공소에서 일하는 사람이었습니다.

후버가 범인을 잡는 데는 성공했지만, 린드버그의 아기는 끝내 살아 돌아오지 못했습니다. 범인은 아기를 죽인 뒤 린드버그의 별장에서 불과 1.6km밖에 떨어지지 않은 숲속에 버렸습니다. 아기의 시신은 크게 훼손되어 보는 사람들에게 큰 충격을 주었습니다. 린드버그 아들 유괴 사건은 미국뿐 아니라 전 세계적인 관심사였기 때문에 재판 당일 3,000명이 넘는 방청객과 700명이 넘는 기자가 자리를 가득 메웠습니다. 재판 결과 FBI가 제시한 증거가 인정되어 범인은 사형선고를 받고 전기의자에서 생을 마감했습니다.

린드버그 아들 유괴 사건을 수사하면서 FBI 국장 후버가 선보인 증거 위주의 과학적 수사 방식은 당시만 하더라도 흔치 않은 것이었습니다. 후버는 세계 최초로 첨단 과학을 범죄 수사에 접목시킨 인물로서 과학 수사의 문을 연 선구자입니다. 세계적인 관심사인 린드버그 아들 유괴 사건을 FBI가 끝까지 추적하여 해결하면서 후버의 입지는 크게 강화되었습니다. 마침내 그는 사람들에게 범죄와 맞서는 투사로 각인되었습니다.

자신의 권력을 위해 대통령까지 감시하다

FBI는 린드버그 아들 유괴 사건 이후로도 수많은 사건을 해결하며 미국인의 신망을 받았습니다.

1930년대 이후 소련의 공산당 서기장 스탈린이 전 세계를 공산화하겠다고 나서면서 미국과 대립하게 되었습니다. 또한 나치즘*을 주도한 극우주의자 아돌프 히틀러가 나치 독일의 총통에 오르면서 전쟁 준비에 나서자, 이를 바라보는 미국인의 마음은 불안해졌습니다.

소련과 나치 독일이 미국 내에 있는 수많은 고정간첩을 통해 온갖 기술과 정보를 빼내자, 미국 제32대 대통령 프랭클린 루스벨트는 해결책을 마련해야 했습니다. 미국은 구조상 스파이가 활동하기 굉장히 쉬운 나라입니다. 전 세계 모든 민족이 모여 사는 이민자의 나라 미국에서 모국을 위한 공작원을 찾는 일은 어렵지 않습니다. 미국 땅에 발붙이고 사는 독일계 미국인과 러시아계 미국인이 모국을 위해 온갖 정보를 넘겼기 때문에 독일과 러시아는 미국으로 스파이를 보낼 필요가 없었습니다.

1940년 5월 프랭클린 루스벨트는 미국 내 사회주의자와 나치 독일 신봉자를 색출하기 위해 FBI에 광범위한 도청 권한을 부여했습니다. 소련 스파이가 은밀하게 활동했기 때문에 증거를 잡으려면 도청이 필요하다고 판단한 것입니다. 그런데 간첩을 색출하는 데 활용해야 할 도청 권한을 후버는 자신의 권력 강화를 위해 악용하기 시작했습니다.

후버는 FBI 요원을 동원해 저명인사의 뒤를 캐기 시작했습니다.

---

* 독일의 파시즘 정당인 나치가 주장한 정치사상 및 지배 체제를 말한다.

정치인, 정부 고위 관료, 언론사 사주, 연예인 등 분야를 가리지 않았습니다. 국회의원, 장관, 찰리 채플린, 알베르트 아인슈타인, 어니스트 헤밍웨이, 심지어 프랭클린 루스벨트 대통령 부부마저도 무차별 도청의 대상이 되었습니다.

평소 후버는 영부인 엘리너_{Eleanor} 여사를 탐탁해 하지 않았습니다. 영민하고 패기 넘치는 엘리너 여사는 이전의 영부인들과는 달리 내조 차원을 넘어 사회 문제 해결에 적극적으로 나섰습니다. 그녀는 흑인 인권 신장, 여성 권익 향상, 복지 제도 확대 등 미국 사회를 좀 더 좋은 세상으로 만들기 위해 열정적으로 활동했습니다.

엘리너 여사는 여성 인권 신장을 위해 재미있는 아이디어를 내기도 했습니다. 당시 미국 사회는 남성 우월주의였기 때문에 언론사에서 근무하는 여성 기자는 가뭄에 콩 나듯이 드물었습니다. 엘리너 여사는 매주 한 차례씩 기자 회견을 하면서 여성 기자만 영부인의 기자 회견장에 들어올 수 있도록 했습니다. 이로 인해 미국의 언론사는 영부인을 취재하기 위해 여성 기자를 일부러 뽑아야 했습니다.

사회 문제 해결을 위해 애쓴
영부인 엘리너 루즈벨트

엘리너 여사는 적극적으로 사회활동에 나서며 영부인으로서의 역할을 충실히 했습니다. 하지만 보수주의자인 후버의 눈에 그녀는 분수를 모르고 지나치게 나서는 여자로밖에 보이지 않았습니다. 후버는 복지 정책의 강화를 외치는 좌파 지식인과 친밀한 관계를 유지하는 엘리너 여사를 사회주의자로 의심하여 FBI 요원을 동원해 그녀의 모든 것을 감시했습니다. 영부인의 일거일동을 모두 파악하면서 만든 비밀 파일은 440쪽이 넘을 정도로 두꺼웠습니다. 하지만 FBI 요원의 은밀한 사찰이 영부인에게 적발되면서 후버는 국장 취임 이후 처음으로 위기를 맞게 됩니다.

프랭클린 루스벨트는 후버를 백악관으로 불러 호되게 꾸짖고 영부인에 관한 자료를 모두 폐기 처분하라고 명령했습니다. 그러면서 다시는 그런 짓을 반복하지 말라고 경고했습니다. 하지만 후버는 개의치 않고 오히려 대통령에 관한 비밀마저 캐고 다녔습니다. 프랭클린 루스벨트는 제2차 세계대전이 마무리된 뒤 책임을 물어 후버를 FBI 국장 자리에서 쫓아내려고 했습니다. 그렇지만 아쉽게도 1945년 4월 전쟁이 끝나기 4개월 전에 갑자기 세상을 떠나고 맙니다.

FBI 견제를 위해 창설된 CIA

프랭클린 루스벨트가 갑작스럽게 세상을 떠나자 부통령이었던 해리 트루먼Harry Truman이 대통령의 자리를 이어받습니다. 미국 제33대 대통령이 된 트루먼은 후버가 상대방의 약점을 무기로 전횡을 일삼

상대방의 약점을
무기 삼아 전횡을 일삼은
존 에드거 후버

고 있다는 사실을 알게 되었고, 그를 대통령 집무실로 불러 크게 야
단쳤습니다. 후버는 반성하기는커녕 그 자리에서 대통령 후보 시절
트루먼의 측근들이 기업으로부터 불법 선거 자금을 받은 사실을 들
춰내며 언론에 공개하겠다고 협박했습니다. 후버가 주장한 트루먼의
불법 대선 자금은 측근들이 선거 비용을 충당하기 위해 받은 것으로,
트루먼은 자세한 내막조차 모르고 있었습니다.

후버와 독대를 마친 트루먼은 심각한 고민에 빠졌습니다. 그는 대
통령까지 서슴없이 협박하는 후버를 가만히 놔둔다면 미국의 민주주
의에 커다란 위협이 될 수 있다고 생각했습니다. 그렇지만 자신의 불
법 대선 자금 문제를 약점으로 잡고 있는 후버를 견제하기란 고양이
목에 방울 달기만큼이나 어려운 일이었습니다.

이전 대통령들도 모두 후버의 전횡을 알고 있었지만 자신의 치부

해리 트루먼이 버지니아에 설립한 CIA 본부

가 드러날까 봐 전전긍긍하다가 처벌을 포기하고 말았습니다. 그러나 누구보다도 용기 있는 트루먼은 후버의 협박에도 불구하고 FBI를 견제하기로 마음먹었습니다.

1947년 트루먼은 FBI의 힘을 축소하기 위해 CIA미국 중앙정보국를 창설했습니다. 당시 후버는 FBI 지부를 세계 방방곡곡에 설치해 자신의 권력을 세계적으로 넓히려고 했습니다. 전 세계 모든 지도층의 약점을 꿰고 있으면 이 세상 모든 사람이 자신을 무서워할 것이라고 판단한 후버는 사람들의 비밀과 치부를 약점으로 삼아 세상을 쥐락펴락하고자 했습니다. 후버는 자신의 거대한 야망을 이루기 위해 FBI의 세계화를 추진했습니다. 그 속셈을 간파한 트루먼은 CIA를 창설해 후버의 야욕을 꺾었습니다.

CIA가 모든 해외 첩보 임무를 맡고, FBI는 국내 범죄 수사만 담당하게 되면서 후버의 힘은 예전만 못하게 되었습니다. 이로 인해 후버와 트루먼의 관계는 좋지 않았지만, 트루먼은 후버를 FBI 국장 자리에서 강제로 내쫓지는 못했습니다. 그가 후버를 내치려고 할 때마다 후버에게 약점을 잡힌 사람들이 달려와 후버를 두둔하는 바람에 끝내 그를 퇴출시키지 못했습니다.

케네디를 공포에 떨게 한 X파일

트루먼이 CIA를 만든 일은 후버에게 큰 충격을 주었습니다. 후버는 권력을 지키려면 유명 인사에 관한 더 많은 자료가 필요하다고 생각하고, 사람들의 비밀을 캐기 위해 FBI 조직을 더욱 확충해 나갔습니다.

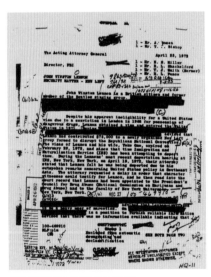

사회 저명 인사를 감시해 만든 X파일

도청 대상자 중 뇌물을 받거나 외도와 같은 비도덕적인 일을 저지르는 사람들의 약점을 모아 'X파일'이라는 문서를 만들었습니다.

후버는 무려 43만 명의 미국인에 대한 X파일을 확보했습니다. 이 자료는 후버에게 무한한 힘을 가져다주었습니다. 그는 자신에게 불리한 일이 닥칠 때마다 상대방의 약점을 언론에 폭로하겠다고 협박해 위기를 넘겼습니다. 시간이 흐를수록 후버의 X파일은 점차 두터워졌고, 그럴수록 유명 인사들은 후버를 두려워했습니다.

1960년 제35대 대통령에 선출된 개혁적 성향의 존 F. 케네디John F. Kennedy는 후버를 내치기 위해 나섰다가 얼마 못 가서 꼬리를 내려야 했습니다. 후버는 자신을 쫓아내려는 케네디를 찾아가 두꺼운 서류 뭉치와 사진을 들이댔습니다. 그 서류에는 케네디의 아버지가 금주법 시행 당시 밀주 사업으로 큰돈을 번 사실부터 케네디의 복잡한 여성 관계까지, 케네디 가문의 치부가 시기별로 일목요연하게 정리되어 있었습니다. 후버는 오래전부터 케네디가 대통령이 되려는 야심가라는 것을 알고 철저하게 뒷조사를 해 왔던 것입니다.

다른 어떤 정치인보다도 분량이 많은 케네디 가문 X파일에는 불편한 사실이 담겨 있었습니다. 후버 입장에서 볼 때 케네디는 개혁을 외칠 자격조차 없는 사람으로, 여론 몰이를 통해 교묘히 이미지를 조작하는 정치꾼으로밖에 보이지 않았습니다.

케네디는 자신의 약점을 누구보다 많이 알고 있는 후버를 두려워했습니다. 후버가 케네디가의 비밀을 담은 X파일을 당시 텍사스주 민주당 상원 의원인 린든 존슨Lyndon Johnson에게 넘기자, 케네디는 꼼짝없이 린든 존슨을 부통령으로 지명해야 했습니다. 후버는 케네디 집권 시절 중요한 사건을 대통령에게 보고도 하지 않은 채 독단으로 처리했지만, 케네디는 그에게 잡힌 약점 때문에 불만조차 제대로 드러내지 못했습니다.

마틴 루터 킹, 후버를 뛰어넘다

1865년 노예 해방론자인 에이브러햄 링컨 대통령이 이끄는 북군이 남북 전쟁에서 승리를 거두면서 흑인은 자유를 얻었습니다. 그렇지만 100년이 다 되도록 백인과 동등한 권리를 누릴 수는 없었습니다. 노예 해방 이후에도 흑인은 미국 사회의 밑바닥에서 벗어나지 못했으며 백인의 차별과 조롱의 대상이었습니다.

1955년 미국 남동부에 있는 앨라배마주 몽고메리Montgomery에서 일어난 사소한 다툼이 미국 역사를 바꾸었습니다. 당시 인종 차별이 극심했던 미국 사회에서 흑인은 버스를 탈 경우 뒷좌석에 앉아 있다가 백인이 타면 자리를 양보해야 했습니다. 그렇지만 흑인과 백인은 같은 요금을 내고 버스를 탔기 때문에 이 규칙은 인종 차별 이외의 다른 말로는 설명이 불가능했습니다.

버스 안에서 인종 차별을 당한 로자 파크스

1955년 12월 1일, 흑인 여성 로자 파크스Rosa Parks는 백인 좌석에 앉았다가 '시내버스의 흑백 분리'를 규정한 몽고메리시법을 위반했다는 죄명으로 체포되었습니다. 이에 분노한 흑인들은 몽고메리에서 목사로 활동하던 마틴 루터 킹을 중심으로 흑인 인권 운동에 나섰습니다. 킹 목사의 지도 아래 흑인들은 승차 거부 운동과 집단 파업을 벌이며 백인들을 압박했습니다.

평소에 인도의 민족 운동 지도자인 마하트마 간디*를 존경한 킹 목사는 비폭력 노선을 견지하며 평화적인 방법으로 흑인 인권 운동을 이끌어 나갔습니다. 흑인의 강력한 도전을 받게 된 백인은 직장에서 흑인을 쫓아내고, 선의로 흑인을 승용차에 태워 준 사람들의 운전면허증을 말소하면서 인종 분규에서 승기를 잡으려고 했습니다.

이때 후버는 철저히 백인의 편에 섰습니다. 사실 후버의 증조부가 흑인이었기 때문에 백인보다 흑인에게 동정적일 수 있지만, 후버는 흑인을 혐오했습니다. 흑인을 부추겨 인종 문제를 복잡하게 만든 마틴 루터 킹을 증오한 후버는 그를 무너뜨리기 위해 정보를 수집하기 시작했습니다.

후버는 킹 목사가 다니는 곳마다 도청 장치를 설치하고 요원들을 보내 모든 것을 감시했습니다. 끈질기게 사생활을 감시한 결과 킹 목사가 부인 이외의 다른 여성

흑인을 규합해 대대적인 인권 운동에 나선
마틴 루터 킹

---

* 현대 인도의 역사에 큰 영향력을 끼친 민족 운동 지도자이자 인도 건국의 아버지다. 제1차 세계대전 이후 영국에 대항해 반영 비협력 운동 같은 비폭력 저항을 전개했다.

마틴 루터 킹이 받은 자살 강요 편지

KING,

In view of your low grade, abnormal personal behavoir I will not dignify your name with either a Mr. or a Reverend or a Dr. And, your last name calls to mind only the type of King such as King Henry the VIII and his countless acts of adultery and immoral conduct lower than that of a beast.

King, look into your heart. You know you are a complete fraud and a great liability to all of us Negroes. White people in this country have enough frauds of their own but I am sure they don't have one at this time that is any where near your equal. You are no clergyman and you know it. I repeat you are a colossal fraud and an evil, vicious one at that. You could not believe in God and act as you do. Clearly you don't believe in any personal moral principles.

King, like all frauds your end is approaching. You could have been our greatest leader. You, even at an early age have turned out to be not a leader but a dissolute, abnormal moral imbecile. We will now have to depend on our older leaders like Wilkins a man of character and thank God we have others like him. But you are done. Your "honorary" degrees, your Nobel Prize (what a grim farce) and other awards will not save you. King, I repeat you are done.

No person can overcome facts, not even a fraud like yourself. Lend your sexually psychotic ear to the enclosure. You will find yourself and in all your dirt, filth, evil and moronic talk exposed on the record for all time... I repeat - no person can argue successfully against facts. You are finished. You will find on the record for all time your filthy, dirty, evil companions, male and females giving expression with you to your hideous abnormalities. And some of them to pretend to be ministers of the Gospel. Satan could not do more. What incredible evilness. It is all there on the record, your sexual orgies. Listen to yourself you filthy, abnormal animal. You are on the record. You have been on the record - all your adulterous acts, your sexual orgies extending far into the past. This one is but a tiny sample. You will understand this. Yes, from your various evil playmates on the east coast to and others on the west coast and outside the country you are on the record. King you are done.

The American public, the church organizations that have been helping - Protestant, Catholic and Jews will know you for what you are - an evil, abnormal beast. So will others who have backed you. You are done.

King, there is only one thing left for you to do. You know what it is. You have just 34 days in which to do it (this exact number has been selected for a specific reason, it has definite practical significant). You are done. There is but one way out for you. You better take it before your filthy, abnormal fraudulent self is bared to the nation.

과 외도하고 있다는 사실을 알게 되었습니다. 그리고 이와 관련된 자료를 잔뜩 모아 두툼한 파일을 만들었습니다.

1964년 후버는 킹 목사가 노벨 평화상 수상자로 내정되었다는 소식을 접하게 되자, 킹 목사가 세계적인 인물로 성장하지 못하도록 음모를 꾸미기 시작했습니다. 후버는 킹 목사에게 협박 편지를 보내 "킹, 너는 더럽고 비정상적이며 사기꾼에 불과하다. 곧 모든 미국인이 네가 사악한 짐승임을 알게 될 것이다. 네가 명예를 지키기 위해 할 수 있는 일은 단 한 가지밖에 없다. 너도 그것이 뭔지 잘 알 것이다. 34일의 기한을 주겠다."라고 말하면서 자살을 종용했습니다. 실제로 후버는 1964년 11월에 연 기자회견에서 킹 목사를 향해 '미국 최악의 거짓말쟁이'라는 폭언을 할 정도로 그를 혐오했습니다.

후버의 협박 편지를 받은 킹 목사는 깊은 고민에 빠졌습니다. 후버의 요구대로 자살을 하면 명예는 지킬 수 있지만 흑인 인권 운동은 실패로 돌아갈 것이 뻔했기 때문입니다. 고심 끝에 킹 목사는 후버의 협박에 굴복하지 않기로 결심하고 노벨 평화상을 수상했습니다. 이에 격분한 후버는 킹 목사에 관한 비밀 파일을 언론사에 뿌렸지만 주요 언론사 대부분은 후버의 폭로 문건을 뉴스로 다루지 않았습니다.

기자들은 수단과 방법을 가리지 않고 정보를 수집하고 다니는 후버의 악행을 잘 알고 있었고, 언론인 중 상당수가 사찰의 대상이었습니다. 언론에서 킹 목사의 외도 사실을 다루지 않자 후버는 분노했지만, 사태를 반전시킬 만한 뾰족한 방법을 찾을 수가 없었습니다.

후버를 극복한 킹 목사는 이전보다 더욱 왕성한 활동을 하며 흑인의 권익 향상에 큰 역할을 했습니다. 하지만 그는 가까운 지인들에게 자신이 결국에는 암살당할 것이라고 말했을 정도로 신변에 위협을 느끼고 있었습니다.

1968년 4월 4일, 킹 목사는 미국 남동부에 있는 테네시주 멤피스 Memphis 시의 한 호텔에 투숙하다가 백인 남성이 쏜 총에 맞아 숨지고 맙니다.

이후 FBI는 인종 차별주의자인 제임스 얼 레이 James Earl Ray 의 단독 범행이라고 발표하며 부랴부랴 수사를 종결했습니다. 그 때문에 배후 세력이 누구인지는 끝내 밝혀지지 않았습니다.

후버의 빛과 그림자

후버와 갈등의 골이 깊던 케네디 대통령이 1963년 11월 의문의 암살을 당하자 부통령이던 린든 존슨이 미국 제36대 대통령으로 취임합니다. 하지만 그도 후버에게 꼼짝할 수 없었습니다. 존슨 대통령은

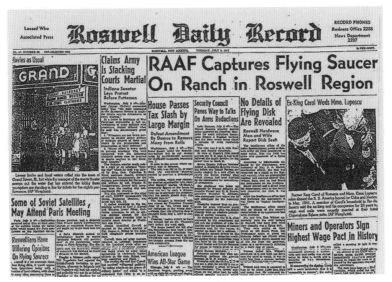

외계인 존재 논란을 일으킨 로스웰 UFO 사건을 다룬 신문 기사

정치 초반부터 자신의 정치적 고향인 텍사스주의 정유 기업, 군수 산업체와 유착해 정치 자금을 받아 챙겼습니다. 그는 군수 산업체의 대변인이라 해도 과언이 아닐 정도로 문제가 많았습니다.

1965년 린든 존슨은 70세 정년 퇴임을 앞두고 있던 후버를 위해 FBI 국장의 정년을 없애 버렸습니다. 이로 인해 후버는 죽을 때까지 FBI 국장 자리에 머무를 수 있었습니다. 하지만 1972년 5월 후버는 워싱턴 D. C.의 자택에서 심장마비로 사망하면서 무려 48년 동안 틀어쥐었던 권력을 내려놓게 되었습니다.

후버가 FBI 국장 자리를 유지하는 동안 수십 명의 법무부 장관과 8명의 대통령이 거쳐 갔지만, 그 누구도 후버를 권좌에서 끌어내릴 수 없었습니다. 이는 후버가 사람들의 약점을 쥐고 있었기 때문입니다.

후버가 심장마비로 죽었다는 사실을 가장 먼저 보고받은 리처드 닉슨Richard Nixon 대통령은 후버의 X파일을 손에 넣는 순간 자신의 권력이 막강해질 것이라는 점을 잘 알고 있었습니다. 그래서 측근을 급히 후버의 집으로 보내 X파일을 가져오라고 명령했습니다.

측근이 후버의 집을 샅샅이 뒤졌지만 끝내 X파일은 발견되지 않았습니다. 후버가 X파일의 모든 자료를 마이크로필름* 형태로 보관했기 때문에 찾기가 쉽지 않았습니다. 후버의 사망과 동시에 그가 48년 동안 하루도 거르지 않고 모았던 온갖 정보가 흔적도 없이 사라져 버렸습니다. 후버는 케네디 대통령을 암살한 배후가 누구인지, 미국 서부의 로스웰Roswell에 추락한 미확인 비행 물체인 UFO가 사실인지 등 수많은 비밀에 관한 진실을 알고 있었습니다. 하지만 그가 만든 마이크로필름이 사라지면서 모든 사건이 미궁으로 끝났습니다.

후버의 전횡에 질린 미국 의회는 후버가 사망하자 다시는 제2의 후버가 나오지 못하도록 FBI 국장의 임기를 10년으로 제한했습니다. 또한 FBI의 도청 권한을 폐지해 개인의 사생활을 함부로 파헤치지 못하도록 막았습니다.

후버가 살아 있을 때는 아무 말도 못하던 사람들이 후버가 죽자 한

---

* 문서와 도면 등 각종 기록물을 아주 작게 축소하여 촬영한 고해상력을 가진 초미립자 필름이다. 장기 보존이 가능하고 기록 내용을 확대하면 그대로 재현할 수 있다.

존 에드거 후버가 연 과학 수사 시대

목소리로 그를 비난하기 시작했습니다. 후버가 흑인 혼혈이라는 점
을 들춰내고, 동성애자라는 흠을 잡아 부도덕한 인물로 만들기 위해
혈안이 되었습니다.

　후버가 개인의 사생활을 미끼로 권력을 휘두른 것은 사실이지만,
나쁜 일만 한 것은 아니었습니다. 그는 오랜 기간 권좌에 머무르며
적지 않은 성과를 이룩했습니다. 후버의 고위층 사찰은 미국 사회가
부정부패로부터 벗어나는 데 적지 않은 영향을 끼쳤습니다. 정치인
이나 고위 공직자가 FBI에 발각되는 것이 두려워 뇌물 받기를 꺼려
하는 풍조가 생겨났습니다.

　1950년대 후버는 정보력을 바탕으로 미국 사회 곳곳에서 비밀리에

존 에드거 후버 빌딩

활동 중인 소련 스파이를 색출해 처벌함으로써 국가 안보를 지키는 데도 크게 기여했습니다. 소련으로 핵 기술을 빼돌린 희대의 스파이 로젠버그Rosenberg* 부부 역시 FBI에게 꼬리를 밟혀 체포되었습니다.

후버를 수장으로 둔 FBI는 미국 내 마약 조직 소탕에도 큰 공을 세웠습니다. 중화기로 무장한 갱단이 중남미에서 들여오는 마약을 단속하기란 위험천만한 일이었지만 FBI가 앞장서서 마약 조직을 소탕했습니다.

또한 후버는 세계 최초로 과학 수사 기법을 동원했습니다. 후버가 과학 수사 기법을 도입하기 이전에는 미국을 포함한 진 세계 수사 기

---

* 유대계 미국인 부부로 1950년 원자 폭탄 설계의 비밀을 소련에 제공한 용의자로서 FBI에 체포되었고, 이후 사형당했다.

정부의 과도한
정보 수집 논란을 일으킨
존 에드거 후버

관은 조사관의 직관과 자백에 의존해 사건을 해결했습니다. 후버가 범죄 수사를 위해 법의학과 첨단 장비를 도입함으로써 과학 수사의 길을 열었습니다. 우리가 방송에서 볼 수 있는 과학 수사 기법은 대부분 후버가 FBI 국장으로 재임하던 시절에 도입한 것입니다.

이처럼 후버는 허물도 많지만 공도 많은 인물입니다. 그는 1924년부터 1972년까지 48년간 FBI 수장을 맡으면서 강력한 권력을 휘둘렀지만, 임기 중에 뇌물을 받지 않았으며 누구보다도 열정적으로 일했습니다.

오늘날 워싱턴 D. C.에 있는 FBI 본부 건물 이름은 'J. 에드거 후버 FBI 빌딩'입니다. 이 건물의 이름은 1972년 후버 사망 직후 리처드 닉슨 대통령이 지었습니다. 그런데 국민 사이에서 FBI 건물에 인권 침해와 정치 사찰로 악명 높은 후버의 이름을 붙여서는 안 된다는 주장이 나오고 있습니다. 그들은 후버가 범죄를 저지른 적 없는 개인과 단체에 대한 수사를 지시함으로써 법을 상습적으로 어기고 미국 시민의 헌법상 권리를 침해했다고 지적합니다.

후버는 린드버그 아들 유괴 사건을 계기로 시작한 도청을 통해 다른 사람의 비밀과 사생활을 알고 있는 것이 얼마나 강력한 무기인지 알게 되면서 차츰 변질되기 시작합니다. 이후 대통령을 설득하거나 협박해 도청의 범위를 넓혀 갑니다. 후버가 거친 8명의 대통령도 후버를 싫어하기만 한 것은 아니었습니다. 후버는 권력 유지를 위해 대통령과 갈등을 빚기도 했지만, 정치적 라이벌에 대한 은밀한 정보를 제공하면서 자신의 존재 가치를 증명해 보이기도 했습니다. 이에 역대 대통령들은 후버를 미워하면서도 그가 갖다 주는 정보에 매료되어 후버를 적극적으로 내치지는 않았습니다.

후버와 같은 인물이 등장하지 않게 하려면 불법적인 정보 수집을 모두 금지하고 이를 어긴 사람에게 엄한 벌을 주는 방법밖에 없다고 전문가들은 주장합니다. 국가의 안위를 위해서라도 개인의 사생활을 침해하면서까지 정보를 수집해서는 안 된다는 점을 후버는 누구보다 잘 보여 주었습니다.

★

FBI와
중국 스파이

1990년대 초반 사회주의 종주국 소련이 몰락하기까지 미국의 주적은 소련이었다. 제2차 세계대전 이후 미국과 소련은 각기 자유주의 진영과 사회주의 진영의 수장이 되어 치열한 체제 경쟁을 벌였다.

1990년대 이후 소련을 대신해 또 다른 사회주의 국가인 중국이 미국에 도전장을 내면서 FBI는 다시 바빠지기 시작했다. 중국은 소련과 달리 미국의 모든 분야에 관한 정보를 빼내기 위해 혈안이다.

1985년 중국 정보국의 북미 지역 책임자인 위창성俞强生이 미국으로 망명했다. 위창성은 자신의 망명을 받아 준 대가로 미국 내에서 암약하고 있는 중국 스파이에 관한 모든 정보를 미국 정부에 제공했다. 이에 FBI는 미국 사회 곳곳에서 활동하고 있는 중국 스파이를 일망타진할 수 있었다. 그 속에는 놀랍게도 CIA의 고위 간부인 진우다이金無怠도 있었다.

1922년 중국 베이징에서 태어난 진우다이는 뛰어난 영어 실력 덕분에 상하이 주재 미국 영사관에서 근무했는데, 이때 중국 공산당에 포섭되었다. 미국인들에게 능력을 인정받은 진우다이는 CIA로 자리를 옮겨 아시아를 총괄하는 고위직까지 올랐다. CIA 내부에서도 손꼽히는 고위직이었던 만큼 진우다이는 특급 비밀을 수집해 돈을 받고 중국에 넘겼다.

위창성의 폭로로 FBI에 체포된 진우다이는 결국 감옥에서 스스로 생을 마감한다.

중국은 위창성의 망명으로 미국 내 정보 조직망이 붕괴되는 어려움을 겪었지만 다시 복원한다. 전문 스파이를 비롯해 다양한 분야의 자국민을 동원해 미국에 대한 정보를 닥치는 대로 수집했다. 정보 습득은 특히 산업 분야에서 큰 효과를 보았다. 미국 기업이 오랜 기간 많은 돈을 들여 개발한 첨단 기술을 훔쳤고 이를 통해 중국 기업은 기술력을 단번에 끌어올렸다. 첨단 기술을 개발하는 데는 많은 시간과 비용이 들기 때문에 신기술을 바탕으로 생산된 제품의 가격은 비쌀 수밖에 없다. 그러나 도둑질로 기술을 습득했을 경우 막대한 개발 비용을 들이지 않아도 되기 때문에 상품을 저가로 시장에 내놓을 수 있다.

2011년 FBI는 중국 산업 스파이의 기술 도둑질이 미국의 국익에 심각한 손해를 입히고 있다는 보고서를 의회에 제출했다. 미국 기업이 첨단 기술을 개발하고도 세계 시장에서 중국 기업에 밀리자 미국 정부도 대책을 마련해야 했다. 미국 내 중국 스파이를 잡기 위해 FBI 요원을 대폭 늘리고 첨단 산업 분야에서 일하는 중국인에 대한 감시를 강화했다. 그럼에도 불구하고 중국의 기술 도둑질은 좀처럼 줄지 않았고 수법도 교활해졌다.

2018년 미국 트럼프 대통령이 중국의 기술 도둑질을 문제 삼고 강력한 제재에 나섰다. 이에 중국은 "그동안 이룩한 중국의 발전은 다른 나라의 지적 재산권을 훔쳐 이룬 것이 아니라 중국인의 지혜와 노력으로 얻은 것이다."라고 주장하며 미국에 강하게 반발했다. 그러나 미국 시민들이 중국 스파이가 기술을 훔쳐 간 사실을 FBI로 끊임없이 신고하고 처벌받는 중국인이 크게 늘어나자 중국 정부의 주장은 신뢰를 잃게 되었다.

PART
3.

과학자

레이첼 카슨

베르너 폰 브라운

01

Rachel Carson

환경의 중요성을 일깨운

레이첼 카슨

미국의 생물학자이자 작가 (1907~1964)
〈타임〉에서 선정한 20세기를 변화시킨 인물 100명 중 한 명.
디디티 오염 문제를 다룬 《침묵의 봄》과 북아메리카 해변의 자연사를
다룬 《우리를 둘러싼 바다》는 세계적인 베스트셀러가 되었다.

해충과의 전쟁

지구상에 인류가 등장한 이후 식량 부족 문제는 끊임없이 사람들을 괴롭혔습니다. 농업 생산량은 수요량에 미치지 못해 세상은 굶주리는 사람으로 가득했습니다. 생산량이 부족한 이유 중 하나가 해충에 의한 농작물 손실입니다.

해충이 농작물을 먹어 치우면 인간에게 돌아갈 곡식의 양은 줄어들수밖에 없습니다. 해충 피해로 고통받는 대표적인 지역이 아프리카입니다. 여러 해충 중 메뚜기 떼의 습격이 큰 문제였습니다. 거대한 메뚜기 떼가 한 번 휩쓸고 지나가면 남아나는 농작물이 없었습니다.

사람들은 농작물을 망치는 해충을 박멸하기 위해 갖은 아이디어를 짜냈지만, 강인한 생명력을 지닌 해충으로부터 농작물을 완전히 지켜 낼 수는 없었습니다. 해충의 피해는 농작물에 한정되지 않았습니다. 해충이 전염병을 옮기는 매개체가 되면서 인류는 전염병으로 인한 죽음의 공포에 사로잡혔습니다.

모기가 옮기는 말라리아Malaria로 인해 발생하는 발진티푸스나 흑사병은 수많은 사람을 죽음으로 이끌었습니다. 통계에 따르면 모기가

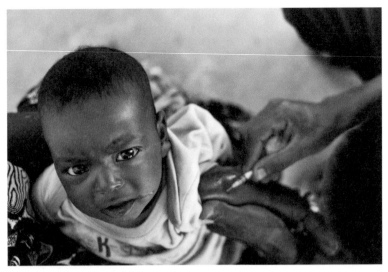
말라리아로 고통받는 열대 국가 어린이

옮기는 말라리아로 매년 60만 명 이상이 목숨을 잃지만, 동물의 제왕 사자에게 물려 죽는 사람은 한 해 100명도 되지 않습니다. 이처럼 인류에게 큰 피해를 주는 해충을 박멸하기 위해 인간은 계속 노력했습니다.

기적의 살충제 디디티

1874년 오스트리아의 화학자 오트마 자이들러Othmar Zeidler는 실험실에서 우연히 살충제 성분인 디디티DDT를 합성했습니다. 그러나 자이들러는 자신이 개발한 디디티의 기능을 알지는 못했습니다. 디디티는 오랜 기간 사람들에게 알려지지 못하다가 1939년 스위스의 화학

디디티를 몸에 뿌리는 참전 군인

자 폴 헤르만 뮐러_{Paul Hermann Müller}가 살충 효과를 확인하면서 주목받기 시작했습니다.

뮐러에 의해 실험실을 벗어난 디디티는 제2차 세계대전이 일어나면서 폭발적인 인기를 끌었습니다. 전쟁에 참전한 모든 나라가 전염병을 예방하기 위해 디디티를 활용한 것입니다.

이전까지 전쟁에서 적군보다 더 무서운 것이 이*나 모기가 옮기는 전염병인 발진티푸스였습니다. 1812년 6월 프랑스의 황제 나폴레옹은 유럽 최강의 전투력을 갖춘 50만 대군을 이끌고 러시아를 침공했습니다. 하지만 추위와 발진티푸스로 많은 병사가 죽는 바람에 러시

---

* 불결한 사람의 머리나 옷, 동물의 털 등에 붙어 살면서 피를 빨아 먹고 사는 해충.

디디티를 찬양하는 홍보물

아 정복이라는 야심을 접어야 했습니다. 전쟁터에 내몰린 군사들은 위생 관리가 제대로 되지 않아 발진티푸스의 희생물이 되고 말았습니다. 제1차 세계대전에서도 500만 명 이상이 발진티푸스로 목숨을 잃었기 때문에 발진티푸스는 총알이나 대포보다 무서운 존재였습니다.

제2차 세계대전부터는 디디티를 이용해 이를 박멸할 수 있게 되면서 인류는 발진티푸스의 공포로부터 벗어났습니다. 제2차 세계대전은 디디티 덕분에 병사들이 발진티푸스로 목숨을 잃지 않게 된 첫 번째 전쟁이었습니다. 해충 제거에 효과적인 디디티는 다른 화학 제품과는 달리 냄새도 지독하지 않고 가격도 저렴했기 때문에 대량으로 생산되었습니다.

최초로 디디티를 상용화한 뮐러는 해충이 옮기는 전염병으로부터 인류를 구해 낸 공로로 1948년 노벨 생리 의학상을 수상하는 영광을 누렸습니다. 노벨상 시상식장에서 뮐러는 수많은 참석자의 열렬한 환호 속에 '과학의 경이로움을 잘 보여 주는 더없이 소중한 발견을 한 사람'이란 찬사를 들었습니다.

디디티는 농작물 해충 방제용 농약으로도 널리 사용되면서 농업 생산성 향상에 크게 기여했습니다. 디디티가 농작물을 괴롭히던 해충을 제거하면서 농업 생산량이 이전에 비해 30% 이상 증가하자 세계보건기구WHO는 디디티 사용을 적극 권장했습니다. 어느새 디디티는 인류를 기근과 전염병으로부터 구제해 줄 기적의 화학 물질이라는 칭송을 받게 되었습니다.

모기의 공포에서 해방되다

디디티가 불러온 기적 중 가장 중요한 것은 모기에게서 해방되었다는 사실입니다. 모기는 1억 7000만 년 전부터 지구상에 존재해 왔습니다. 수컷은 꿀이나 나무 수액을 먹고살기 때문에 사람에게 피해를 주지 않지만 암컷은 다릅니다. 암컷은 알을 낳기 위해 필요한 단백질과 철분을 얻으려고 동물의 피를 빨아 먹습니다. 이 과정에서 말

각종 전염병을
유발하는 모기

황열병으로 공사에 난항을 겪으며 건설한 파나마 운하

라리아, 황열병 등 갖가지 전염병을 옮깁니다.

열대 국가 사람들은 그동안 모기가 옮기는 전염병으로 인해 큰 피해를 입었지만, 모기를 없앨 방법이 없었습니다. 17세기 중반 아프리카의 모기가 흑인 노예선을 타고 아메리카 대륙으로 건너오면서 아메리카 대륙 역시 전염병으로부터 자유로울 수 없었습니다. 난생 처음으로 아프리카 모기에 물린 백인 선원 3명 중 1명은 목적지에 도달하기 전에 목숨을 잃었습니다.

여러 가지 질병을 옮기는 최악의 해충인 모기를 박멸하기란 매우 어려웠습니다. 그런데 강력한 살충 효과를 지니면서도 가난한 아프리카 국가들도 충분히 사용할 수 있을 정도로 저렴한 디디티가 등장하자 인류는 모기의 공포로부터 벗어나게 됩니다.

공중에서 대량으로 살포되는 디디티

　1955년 세계보건기구는 모기를 없애기 위해 대대적인 디디티 살포 작전을 실행했습니다. 이후 말라리아 감염으로 인한 사망자 수가 인구 10만 명당 192명에서 7명으로 줄어드는 획기적인 변화가 일어납니다. 이처럼 세계 방방곡곡에 디디티를 대량으로 뿌릴 수 있었던 이유는 디디티가 안전한 물질로 인정받았기 때문입니다.

레이첼 카슨, 자연을 노래하는 과학자

　1907년 레이첼 카슨은 펜실베이니아Pennsylvania주 조그만 마을에서 태어났습니다. 집 근처에는 멋지게 자란 아름드리나무로 가득한 숲이 있었습니다. 어린 시절 자연을 벗 삼아 지낸 카슨은 학교를 마치고 집으로 돌아오면 곧장 숲으로 달려가 수많은 동식물과 행복한 시

레이첼 카슨의 생가

간을 보냈습니다. 학교 공부도 최상위권이던 카슨은 1925년 장학금을 받고 펜실베이니아 여자 대학에 진학했습니다.

평소 작가가 꿈이던 카슨은 영문학을 전공했지만 생물 수업을 교양 과목으로 들으면서 생각이 변하기 시작했습니다. 어린 시절 숲속에서 보았던 동물에 대해 공부하는 것은 신나는 일이었기 때문에 생물학을 전공하기로 마음먹었습니다. 그녀는 대학을 우수한 성적으로 마친 뒤 명문 존스홉킨스Johns Hopkins 대학원에 진학해 생물학에 매진했습니다. 당시 미국 사회에서 여성이 과학을 공부하기 위해 대학원에 진학하는 경우는 극히 드물었습니다.

대학원에서도 두각을 드러낸 카슨은 장학금을 받으며 학교에 다녔습니다. 1932년 생물학 석사 학위를 받은 뒤 좀 더 많은 것을 알기 위해 박사 과정에 진학했지만 오래가지 않아 학업을 중단해야 했습니다. 아버지와 언니가 잇따라 죽음을 맞으면서 가세가 급격히 기울었기 때문입니다. 더구나 언니는 두 명의 아이를 남겨 두고 세상을 떠

낳기 때문에 카슨이 어린 조카들을 돌봐야 했습니다.

1935년 카슨은 학교를 그만두고 연방 정부 산하 어업국에 취업해 해양 생물 연구원으로 사회 첫발을 내디뎠습니다. 어업국 최초의 여성 연구원으로 활동했지만, 월급이 너무 적어서 가족을 부양하기가 쉽지 않았습니다. 퇴근 뒤 집으로 돌아온 그녀는 돈을 벌기 위해 집 필 활동에 매진했습니다. 그녀는 자신이 알고 있는 과학 지식을 바탕으로 시간만 나면 책상에 앉아 글을 썼습니다.

카슨은 여러 권의 책을 세상에 내놓았지만 사람들의 호응을 받지 못했습니다. 그러던 중 1951년에 출간한 《우리를 둘러싼 바다》라는 작품이 대성공을 거두었습니다. 이 작품은 무려 86주 동안 베스트셀러 자리를 지켰고, 그녀는 큰돈을 벌었습니다. 《우리를 둘러싼 바다》가 크게 성공하면서, 다른 작품도 덩달아 베스트셀러가 되었습니다. 카슨은 한순간에 미국 최고 베스트셀러 작가 지위에 올랐습니다.

레이첼 카슨의 저서인
《우리를 둘러싼 바다》를 바탕으로
만든 다큐멘터리 포스터

경제적으로 안정을 찾은 카슨은 직장을 그만두고 본격적으로 전업 작가의 길을 걸었습니다. 풍경이 아름다운 메인Maine주 해변에 오두막집을 짓고 집필에 전념했습니다. 하지만 쉴 새 없이 무리하게 글을 쓰면서 건강이 나빠지게 되었습니다. 관절염으로 고통을 겪던 그녀는 유방암까지 걸리고 말았습니다.

공포의 디디티: 화학 물질의 살인을 폭로한 편지 한 통

1957년 1월 카슨은 오랜 친구인 올가 허킨스Olga Huckins가 보낸 두툼한 소포를 받았습니다. 조류 학자 허킨스는 매사추세츠주에서 연구를 하던 도중 한 가지 이상한 광경을 목격합니다. 당시 매사추세츠주는 북부 해안 지역의 모기를 죽이기 위해 디디티를 대량으로 살포했습니다. 그런데 모기는 박멸되지 않고, 그 대신 새들이 죽어 있었습니다. 이를 이상하게 여긴 허킨스는 조사 끝에 모기를 잡기 위해 뿌린 디디티가 원인이라는 사실을 알게 되었습니다.

디디티에 오염된 곤충을 먹는 새

대량으로 살포된 디디티는 곤충의 몸속에 축적되었고, 이를 잡아먹은 새의 몸에 쌓여 갔습니다. 디디티는 체내에 들어갈 경우 분해되지 않기 때문에 상위 포식자로 갈

점점 얇아지는 새알 껍데기

수록 많은 양의 디디티가 몸에 축적됩니다. 디디티의 독성으로 수많은 새가 죽었고, 살아남은 새들도 후유증에 시달렸습니다. 새의 정자와 난소에 축적된 디디티가 알에 영향을 미쳐서 부화하지 못하는 알이 늘어났으며, 운 좋게 부화하더라도 얼마 살지 못하고 죽었습니다. 알의 껍데기도 이전보다 얇아져 쉽게 깨졌습니다.

허킨스는 새의 죽음에 관한 자료를 친구인 카슨에게 모두 넘겼습니다. 이를 검토한 카슨은 자연 생태계 보존을 위해 행동에 나서야겠다고 결심했습니다. 1957년부터 카슨은 디디티가 미치는 영향을 알아내기 위해 미국 전역에서 정보를 수집했습니다. 그녀는 관련 정보를 수집하면서 화학 회사들이 무엇인가를 감추고 있다는 사실을 알아챕니다.

카슨은 4년 6개월 동안 디디티가 환경에 미친 영향에 관해 다각도

북극 빙하에서도 발견되는 디디티

로 조사하면서 디디티가 모든 생명체에 악영향을 미치는 살충제라는 사실을 알게 되었습니다. 특히 사람의 체내에서 분해되지 않는 디디티는 피하 지방에 쌓여 신경계를 교란시키고, 최악의 경우 암을 유발할 수 있다는 사실을 발견했습니다.

디디티는 바람과 해류 등 순환하는 모든 것에 실려 지구를 맴돌았습니다. 디디티를 단 한 번도 사용한 적이 없는 북극의 얼음과 알프스산 정상에서도 디디티 성분이 검출되었습니다. 결국 디디티의 해악에서 벗어나는 길은 생산과 사용을 중단하는 방법밖에 없었습니다. 그렇지만 카슨이 알고 있는 진실을 세상에 알리기란 결코 쉬운 일이 아니었습니다.

디디티의 위험성을 폭로할 경우 디디티로 막대한 돈을 벌고 있는 거대 화학 업체의 반발이 거셀 것은 뻔했습니다. 또한 이들과 유착 관계를 유지하면서 혜택을 보고 있는 관료들도 가만히 있지 않을 것이었습니다. 디디티 사용으로 농산물 생산량이 크게 늘어나 수입이 증가한 농민들 역시 사용 금지를 반대할 것이 뻔했습니다. 하지만 카슨은 진실을 알리는 것이 인간과 함께 숨 쉬며 살아가는 동물을 살리는 유일한 방법임을 깨닫고 모든 사실을 폭로하기로 결심합니다.

꽃이 피지 않고, 새가 울지 않는 침묵의 봄

1962년 9월 카슨은 디디티에 관한 과학적 사실을 쉬운 문체로 엮어 《침묵의 봄》이라는 한 권의 책으로 출간했습니다. 베스트셀러 작가인 카슨이 디디티의 해악성에 관한 책을 출판하자, 가장 먼저 반응한 것은 거대 화학 업체 몬산토Monsanto 였습니다. 그동안 디디티는 해마다 사용량이 큰 폭으로 늘어나 황금알을 낳는 거위나 다름없었습니다.

몬산토를 비롯한 화학 업체들은 카슨의 주장을 무력화하기 위해 힘을 합쳐 치밀한 대책을 세워 나갔습니다. 그들은 제일 먼저 카슨이 화학 전공자가 아니기 때문에 디디티에 대해 논할 자격조차 없다고 주장하면서, 저명한 화학자들을 돈으로 매수해 카슨을 공격했습니다. 돈에 눈이 먼 화학자들은 카슨을 향해 "인류에 큰 도움을 주는 살충제에 나쁜 이미지를 덮어씌워 현대 문명을 중세

디디티를 만드는 거대 화학 업체인 몬산토 로고

암흑시대로 되돌리려 하고 있다. 머지않아 해충과 전염병이 지구를 덮어 버릴 것이다."라고 말하며, 사람들에게도 겁을 주었습니다.

화학 업체는 언론인도 매수해 카슨에게 불리한 기사를 쏟아 내도록 했습니다. 관련 기업과 유착 관계에 있던 관료들도 팔을 걷어붙이고 카슨을 공격하기 시작했습니다. 농무부 장관인 에즈라 벤슨Ezra Benson은 기자들에게 "아이도 없는 노처녀가 유전학에 관심이 많은 이유가 뭐냐? 그녀는 미국의 식량 생산량을 공산권 수준으로 떨어뜨리려는 음흉한 사회주의 배후 세력의 조종을 받고 있다."라고 주장하며 카슨을 사회주의자로 매도했습니다. 전국해충퇴치협회도 카슨을 비난하는 내용을 담은 '레이첼, 레이첼'이라는 노래를 만들어 부르며 그녀를 조롱했습니다.

미국의 힘 있는 단체가 그녀에게 악의적인 비난을 퍼붓자, 유방암으로 고통받던 카슨은 엄청난 스트레스를 받아 빠르게 건강이 악화되어 갔습니다.

1962년 말, 카슨에게 불리한 상황을 반전시킬 수 있는 기회가 찾아왔습니다. 미국의 주요 방송국인 CBS가 특집 프로그램을 마련해 사건의 진실을 세상에 알리려고 했습니다. CBS가 특집 방송을 준비한다는 소식을 접한 관련 화학 업체들은 다각도로 방송국을 옥죄기 시작했습니다. 하지만 CBS 기자들은 자본가의 압력에 굴복하지 않았습니다.

이듬해인 1963년 봄, 우여곡절 끝에 CBS 방송사는 황금 시간대에 특집 프로그램 〈레이첼 카슨의 침묵의 봄〉을 방영했습니다. 방송에 출연한 카슨에게 기자가 "자연은 정복하고 이용해야 할 대상이 아닌 가요?"라고 질문하자 그녀는 "만물의 영장인 인간이든 눈에 보이지 않는 미생물이든 모든 생명체는 지구에서 생존할 가치와 권리가 있습니다. 누구라도 힘으로 생명체를 없애려고 하면 안 됩니다. 인간이 자연을 상대로 전쟁을 벌인다면 자연도 인간을 상대로 참혹한 전쟁을 벌일 것입니다."라고 답하며 자연과 인간의 공존을 외쳤습니다.

방송은 미국 사회에 큰 파장을 몰고 왔습니다. 그러나 관련 기업들은 더 많은 돈을 쏟아부으며 카슨의 주장을 무력화하려고 애썼습니다. 그들은 막강한 재력을 앞세워 카슨을 억누르며, 암 환자인 그녀가 쓰러지기만을 기다렸습니다.

대기업을 상대로 힘겨운 싸움을 벌이고 있는 카슨에게 기적과 같은 일이 일어났습니다. 당시 미국 대통령은 개혁적 성향의 존 F. 케네디John F. Kennedy였습니다. 평소 환경 보호에 관심이 많던 케네디 대통령은 CBS 특집 방송에 깊은 감명을 받아 카슨을 돕고자 했습니다. 그는 대통령 직속 과학자문위원회를 소집해 살충제의 위험성에 관해 철저히 조사하도록 했습니다.

1963년 5월 대통령 과학자문위원회는 카슨의 주장이 타당한 것으로 결론을 내렸습니다. 이로써 모든 논란은 카슨의 승리로 종지부를 찍었습니다. 이후 케네디 대통령은 자연과 환경 보호를 위해 대대적인 제도 마련에 나섰습니다. 그러나 아쉽게도 같은 해 11월 텍사스에서 케네디 대통령이 암살되면서 그 뜻을 이룰 수 없었습니다. 병원에서 케네디의 암살 소식을 접한 카슨은 큰 충격을 받고 오랫동안 비통함에서 벗어나지 못했습니다.

자연으로 돌아간 '환경 운동의 어머니'

1964년 연방 의회는 디디티의 해악에 관한 진상을 듣기 위해 카슨에게 청문회 출석을 요구했습니다. 카슨은 스스로의 힘으로 걸을 수 없을 만큼 병세가 악화되었지만 진실을 밝히기 위해 휠체어에 타고 청문회에 참석했습니다. 그녀는 의원들에게 "나는 인간의 잘못을 받아들일 만큼 하늘은 넓고 바다는 깊을 줄 알았습니다. 토양은 우리가 잘못을 저지르더라도 회복될 수 있을 것이라고 생각했습니다. 하지만 그것은 어리석을 정도로 순진한 생각이었습니다. 디디티는 살충제가 아닌 살생제이기 때문에 사라져야 합니다."라고 이야기하며 환경 회복을 위해 적극적으로 나서 줄 것을 요청했습니다.

연방 의회 청문회에
참석한 레이첼 카슨

그러나 기업과 관료들은 끊임없이 카슨을 '대수롭지도 않은 일을 과대 포장하는 얼치기 과학자'로 매도하며 국민이 진상을 알 수 없도록 했습니다. 사실 화학 산업계는 오래전부터 디디티의 위험성을 알고 있었으나, 돈을 벌기 위해 진실을 숨겨 왔습니다. 하지만 카슨이 반박할 수 없을 정도로 확실한 증거를 제시하자 그들은 과학적인 반증 대신 온갖 인신공격을 해 대며 사람들이 올바른 판단을 할 수 없도록 했습니다.

《침묵의 봄》으로 디디티의 문제점을 세상에 폭로한 지 18개월 만인 1964년 4월, 카슨은 자연의 품으로 돌아갔습니다. 세상을 떠난 뒤 카슨은 '환경 운동의 어머니'로 불렸습니다. 그녀는 미국뿐 아니라 전 세계 환경 운동에 큰 영향을 미쳤습니다. 1969년 미국은 국가 환경법을 제정해 연방 정부 차원에서 체계적으로 환경 보호 정책을 추진하였고, 1970년 4월 22일 지구의 날을 제정했습니다. 1972년에는 마침내 디디티 생산이 전면 금지되며 미국에서 디디티는 역사의 뒤안길로 사라집니다.

카슨은 미국의 대표적인 시사 주간지 〈타임Time〉이 선정한 20세기 중요 인물 100인에 선정되는 영광을 얻었습니다. 용기 있는 한 과학자가 탁월한 통찰력을 바탕으로 쓴 한 권의 책은 사람들에게 환경 파

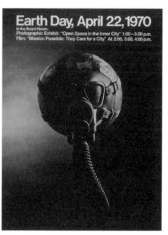

1970년 4월 22일 제정된 '지구의 날'

구글에 등장한 레이첼 카슨

괴의 심각성을 깨닫게 해 주었고, 자연과 인간이 공존할 수 있는 세상을 열어 주었습니다.

2014년 5월 27일 세계 최대 포털 사이트 구글_{Google}은 레이첼 카슨 탄생 107주년을 맞아, 그녀를 자사 홈페이지 모델로 삼았습니다. 구글에 등장한 카슨은 배낭을 메고 스카프를 휘날리며 서 있습니다. 주변에는 그녀가 끔찍이 사랑한 각양각색의 새와 해양 생물이 함께 있습니다. 사망한 지 50년이 지났지만 카슨은 아직도 우리의 머릿속에서 잊히지 않는 존재입니다.

사라지지 않은 디디티

디디티는 카슨에 의해 미국에서 사라졌지만, 그렇다고 전 세계에서 자취를 감춘 것은 아닙니다. 가난한 후진국에서 디디티는 저렴한 값에 구입할 수 있는 살충제로서 쉽게 포기할 수 없었습니다. 그 대신 예전처럼 무분별하게 남용하는 것이 아니라, 모기를 잡기 위해 집이나 축사에 소량만 사용해 큰 문제는 되지 않고 있는 상황입니다. 2006년 세계 보건 기구는 디디티를 소량만 사용할 경우 인체에 별다른 영향을 주지 않는다고 발표하여 적정량의 디디티 사용을 허용했습니다.

미국 등 선진국에서 디디티가 금지되고 새로운 화학 물질이 대거 등장했지만 이들 제품 역시 몸에 해롭기는 마찬가지입니다. 어떤 화학 살충제를 쓰더라도 해충에게 내성이 생겨나 점점 더 많은 양의 살충제를 써야 합니다. 디디티가 개발되기 이전에는 12종에 지나지 않던 해충이 현재는 65종 이상으로 늘어나 인간을 괴롭히고 있습니다.

더구나 지구 온난화가 진행되면서 해충이 번식할 수 있는 더 좋은 환경이 조성되고 있습니다. 이를테면 기온이 25℃일 때 모기의 번식 주기는 2주이지만, 기온이 3℃ 오른 28℃가 되면 번식 주기는 일주일 미만으로 크게 줄어 그 수는 기하급수적으로 늘어납니다. 이로 인해 말라리아 환자는 더 늘어날 수밖에 없습니다.

사실 1억 7000만 년 전부터 지구상에서 살아온 모기를 박멸하는 것은 불가능합니다. 전 세계에 존재하는 모기는 총 3,500여 종이나 되지만 그 가운데 인간을 해치는 모기는 200종도 되지 않습니다. 원래 모기는 숲에서 살면서 야생 동물의 피를 빨아 먹고 살았지만 마구잡이 벌채와 도시화가 진행되면서 삶의 터전을 잃게 되자 인간이 사는 곳으로 내려오게 된 것입니다. 인간이 자신을 세상의 주인으로 착각하고 개발을 위한 환경 파괴를 지속한다면 자연 역시 인간을 파괴할 것이라는 레이첼 카슨의 말은 수십 년이 지난 오늘날에도 맞아떨어지고 있습니다.

세상을 바꾸기 위한 큰 걸음

세상은 빠른 속도로 변하고 있습니다. 19세기까지 인류가 이룩한 발전보다 20세기 동안 인류가 이룬 발전이 더 큽니다. 인류가 한껏 누리는 물질적 풍요는 과학 기술의 눈부신 발전이 있었기 때문에 가능했지만 그에 따른 부작용도 계속해서 발생하고 있습니다.

환경 운동가 레이첼 카슨이 해악을 알리고 나서 디디티의 무분별한 사용이 중단된 것처럼 또 다른 환경 운동가 클레어 패터슨Clare Paterson 덕분에 인류는 납 중독의 위협에서 해방될 수 있었습니다.

1910년대까지 자동차 업계의 가장 큰 고민은 엔진에 유입된 휘발유가 일정하게 연소되지 않고 불안정한 폭발을 지속하는 노킹knocking 현

건강에 유해한 물질을
함유하고 있는 납

상을 해결하는 것이었습니다. 노킹 현상이 발생할 때마다 소음과 함께 차체에 흔들림이 발생해 운전자에게 불쾌감을 주었습니다. 전 세계 자동차 회사들은 노킹 현상을 없애기 위해 막대한 자금과 인력을 쏟아부었지만 뾰족한 해결책을 찾지 못해 애를 태우고 있었습니다.

'에틸'의 개발자 토마스 미즐리

1921년 미국 굴지의 자동차 회사인 제너럴모터스GM의 연구원인 토마스 미즐리Thomas Midgley는 노킹 현상을 방지하기 위해 3만 3,000여 가지의 화학 물질을 이용해 시험하던 중 특이한 사실을 발견했습니다. 자동차의 연료인 휘발유에 테트라에틸납*을 0.05% 정도만 첨가해도 노킹 현상을 예방할 수 있어 부드러운 주행이 가능했던 것입니다. 그가 발견한 물질에는 납 성분이 들어간다는 문제가 있었지만, 당시만 하더라도 납은 통조림 캔, 물 저장 탱크, 페인트, 치약 튜브 등 갖가지 생활용품에 사용되었기 때문에 사람들은 납의 유해성에 관해 잘 몰랐습니다.

그렇지만 납이 건강에 좋지 않다는 생각을 하는 사람이 적지 않았기 때문에 제너럴모터스는 노킹 방지제를 원래 이름인 테트라에틸

---

* 무색의 액체로 휘발유의 폭연 방지제로 이용된다.

인체에 유해한 납이 들어 있는 에틸

납에서 납을 제외한 '에틸'이라는 이름을 붙여 세상에 내놓습니다. 제네럴모터스는 에틸의 대량 생산을 위해 석유 왕 존 록펠러John Davidson Rockefeller가 설립한 세계 최대의 정유 회사인 스탠더드오일과 손잡고 합작 회사 '에틸'을 만들었습니다. 1923년부터 에틸은 대량 생산되어 휘발유에 첨가되었고, 사람들은 더는 시끄러운 노킹 현상에 시달리지 않아도 되었습니다.

일부 과학자는 에틸 속의 납 성분이 사람들의 건강을 해칠 것이라고 생각해 정부에 대책을 요구했지만 허사였습니다. 담당 부서인 미국 공중보건국은 에틸이 포함된 유연有鉛 휘발유가 유해하다는 확실한 증거를 찾을 수 없다며 회사 측의 손을 들어 주었습니다. 관계 당국이 에틸에 문제가 없다고 면죄부를 주자 사람들은 아무런 의심 없이 유연 휘발유를 사용했습니다. 회사 측도 에틸은 아무런 독성이 없는 안전한 물질이라고 발표하면서 소비자들을 안심시켰습니다.

1924년 에틸 생산 공장에 사고가 나면서 에틸이 결코 안전한 물질이 아니라는 사실이 드러났습니다. 에틸 생산 공장의 환기 장치가 고장 나자 에틸이 내뿜는 독성에 5명이 숨지고 노동자 35명의 몸이 마비되는 대형 참사가 발생했습니다. 하지만 회사 측은 치밀하게 사고를 은폐해 사람들이 진상을 알지 못하도록 했습니다. 납에 과다 노출

될 경우 뇌와 중추 신경계에 치명적인 손상을 입게 되지만, 회사 측은 에틸에 들어 있는 납의 유해성을 철저히 숨겼습니다.

에틸의 개발자 토마스 미즐리 역시 납의 유해성에 대해 알고 있었습니다. 하지만 회사의 이익과 자신의 명성을 지키기 위해 진실을 숨기는 데 앞장섰습니다. 그는 기자들을 불러 놓고 에틸 속에 손을 담그거나 에틸이 담긴 컵에 코를 대고 한동안 냄새를 맡는 등의 방법으로 사람들의 눈을 속이려 했습니다. 에틸은 비싼 가격에 팔렸고, 회사에 막대한 수익을 안겨 주었습니다. 그리고 그 공로를 인정받은 미즐리는 승진을 거듭하며 승승장구했습니다.

하지만 오랜 기간 에틸에 노출되었던 미즐리는 쉰한 살의 나이에 갑자기 몸이 마비되었습니다. 그는 침대에서 혼자 일어날 수조차 없어 도르래와 밧줄을 이용한 장치를 고안해 사용했습니다. 1944년, 쉰다섯 살이던 미즐리는 이 장치가 고장 나는 바람에 밧줄에 목이 걸려 죽고 맙니다.

미즐리가 사망한 뒤에도 자동차 수는 계속해서 증가했고, 그만큼 '에틸'의 사용량도 늘어났습니다. 대기 중에 배출되는 납의 양도 폭발적으로 증가했습니다. 제조사의 경영진 외에는 아무도 에틸의 위험성을 몰랐던 때, 지질학자인 클레어 패터슨이 에틸의 안전성에 의심을 품기 시작했습니다.

1948년 당시 시카고 대학 박사 과정에서 지질학을 공부하던 패터슨은 지구의 나이 계산법을 연구하고 있었습니다. 그는 고심 끝에 우라늄을 이용해 지구의 나이를 계산하기로 했습니다. 그런데 그 과정

에틸의 유해성을 검증한 클레어 패터슨

에서 대기 중에 있는 납 성분 때문에 실험용 재료가 오염되어 실험에 차질을 빚자 도대체 이 많은 납 성분이 어디서 온 것인지 궁금증을 갖게 되었습니다. 다양한 가능성을 고려해 보던 패터슨은 문득 유연 휘발유가 대기 오염의 주범일지도 모른다는 생각이 떠올랐고, 에틸의 유해성을 검증하기로 했습니다.

하지만 유해성을 검증하려면 에틸이 사용되기 이전의 대기 중 납 성분 함유량과 사용 이후의 납 성분 함유량을 비교해야 합니다. 하지만 20여 년 전의 대기 상태를 확인하기란 쉬운 일이 아니었습니다.

고민을 거듭하던 패터슨은 그린란드의 만년설을 활용했습니다. 북극권에 위치한 그린란드는 매우 추운 날씨로 태곳적부터 현재까지 내린 눈이 그대로 보존되어 있습니다. 그는 에틸이 생산되기 이전에 내린 눈과 에틸이 대량 생산되기 시작한 1923년의 눈을 비교해 보았습니다. 조사 결과 놀랍게도 1923년 이전의 대기에는 납 성분이 거의 존재하지 않았습니다. 이는 유연 휘발유가 대기 오염의 주범임을 뜻하는 것이었습니다.

이후 패터슨은 유연 휘발유를 몰아내기 위한 일에 일생을 걸었습

납에 오염된 그린란드 만년설

니다. 그는 제조사에 에틸의 유해성을 알리며 휘발유 첨가제로 사용하지 말 것을 요구했습니다. 하지만 회사 측은 예전처럼 여러 가지 구실을 대며 패터슨의 요구를 묵살했습니다. 게다가 캘리포니아 공과 대학 교수가 된 패터슨을 자리에서 몰아내기 위해 학교에 거액의 기부금을 제안하며 그를 학교에서 내쫓을 것을 요청하기도 했습니다. 학교에서 회사 측의 요구를 받아들이지 않자, 그동안 학교에 지원하던 연구 자금을 중단해 패터슨을 곤란하게 만들었습니다.

패터슨은 업계의 협박에 굴하지 않고 계속해서 에틸의 유해성을 세상에 알렸으며, 에틸의 위험성을 알게 된 지 22년 만에 첫 번째 결실을 맺게 되었습니다. 1963년 미국 의회는 청정 대기법을 제정해 대기 오염을 일으키는 에틸을 규제할 수 있는 근거를 마련했습니다.

납이 첨가된 유연 휘발유
사용을 금지하는 경고 문구

그리고 1986년에는 유연 휘발유의 사용을 금지하는 법을 제정하면서 에틸을 몰아냈습니다.

이후 미국뿐 아니라 세계적으로 에틸 사용이 금지되면서 대기 중에 있는 납 성분은 많이 줄어들었습니다. 하지만 지난 60여 년 동안 엄청난 양의 납 성분이 대기 중으로 배출되었고, 현대 사람들의 몸에는 한 세기 전에 살았던 사람들에 비해 무려 600배 이상의 납 성분이 검출되고 있습니다.

유연 휘발유를 사용하던 지난 60여 년 동안 무려 6,800만 명 이상의 어린이가 납에 중독되어 지능 저하와 행동 장애 증상에 시달렸습니다. 또한 납 중독과 연관된 질병으로 매년 5,000명 이상의 사람이 목숨을 잃었습니다. 사실 회사 측은 노킹을 방지할 수 있는 첨가제로 독성이 없으며 값도 싼 물질을 개발해 놓은 상태였습니다. 그러나 값싼 첨가제는 회사의 이익에 도움이 되지 않기 때문에 에틸이 생태계에 치명적인 영향을 준다는 사실을 일면서도 60여 년 동안이나 판매해 온 것입니다.

만약 패터슨의 필사적인 노력이 없었더라면 오늘날에도 납 성분을 다량으로 배출하는 유연 휘발유가 사용되고 있었을지 모릅니다. 패터슨 덕분에 시중에는 납 성분이 포함되지 않은 무연 휘발유만이 유통되고 있으며, 사람들은 이전보다 쾌적한 공기를 마실 수 있게 되었습니다.

레이첼 카슨과 클레어 패터슨의 사례를 통해 알 수 있듯이 세상은 저절로 좋아지지 않습니다. 비록 소수이지만 의식 있는 지식인이 앞장서서 환경을 지키고 인간의 권리를 지킬 때 세상은 이전보다 한 걸음이라도 앞으로 나아갈 수 있습니다. 이는 앞으로 제2의 레이첼 카슨이 계속해서 나와야 하는 이유이기도 합니다.

★

인류를 위협하는
대기 오염

2019년 WHO(세계 보건 기구)는 인류의 건강을 위협하는 10대 원인 중 첫 번째로 미세 먼지를 꼽았다. 미세 먼지란 지름이 10µm보다 작은 먼지로 사람 머리카락 지름이 50µm인 것과 비교하면 얼마나 작은지 짐작할 수 있다.

미세 먼지가 문제가 되는 것은 호흡을 통해 몸 안에 들어온 미세 먼지가 밖으로 잘 배출되지 않고 온갖 질병을 일으키기 때문이다. 미세 먼지는 온갖 독성 물질로 뒤범벅된 유해 물질로 폐암은 물론 심장병, 뇌 질환, 기형아 출산, 우울증 등 수많은 질병의 원인으로 작용하고 있다.

북미, 유럽, 오스트레일리아 등 일부 선진 국가들은 미세 먼지의 공포로부터 한 발짝 비켜서 있지만 개발도상국 대부분은 미세 먼지로 엄청난 고통에 시달리고 있다. 일본을 제외한 대부분의 아시아 국가들이 미세 먼지로 골치를 앓고 있는데 특히 인도는 세계 최악의 대기 오염으로 악명을 떨치고 있다. 인도의 미세 먼지 수치는 WHO의 기준을 훨씬 초과해 생명에 직접적인 위협이 되는 수준이다.

인도의 대기 오염이 극심해진 데는 가난이 한몫하고 있다. 산업화가 덜 진행된 인도에는 수억 명에 달하는 농민이 존재한다. 이들이 추수가 끝난 뒤에 해충의 알을 없애고 땅을 비우하게 만들기 위해 논을 태우는 과정에서 엄청난 양의 미세 먼지가 발생한다. 인도 정부는 농민들에게 논을 태우지 말 것을 요청하고 있지만, 별다른 효과를 보지 못하고 있다.

인도의 극심한 대기 오염은 인도가 자랑하는 세계 문화 유산인 타지마할의 운명조차 위협하고 있다. 17세기 무굴 제국의 황제였던 샤자한은 사랑하는 아내가 죽자 국력을 총동원해 세상에서 제일 아름다운 무덤을 만들기로 결심했다. 인도는 물론 프랑스, 이탈리아, 이란 등 전 세계에서 당대 최고의 건축가를 불러 모으고, 2만 명이 넘는 기능공을 동원해 궁전 형태의 무덤인 타지마할을 만들었다. 22년 동안 수많은 사람의 노력 끝에 탄생한 타지마할은 거대한 예술 작품이나 다름없다.

타지마할의 외벽은 순백색의 대리석으로 마감 처리되었는데 해가 질 때는 붉은 색으로 변하며 장관을 이룬다. 그러나 순백색의 외벽이 각종 독성 물질로 뒤범벅된 대기에 노출되면서 색깔이 갈색으로 바뀌고 부식되면서 예전의 아름다움을 잃어 가고 있다. 인도 정부는 타지마할을 보호하기 위해 오래된 자동차의 운행을 중단시키고 인근 공장의 매연 배출도 단속하고 있지만 별다른 효과를 보지 못하고 있다.

중국 역시 인도에 버금가는 미세 먼지 대국으로 골머리를 앓고 있다. 1990년대 이후 저렴한 인건비를 무기로 '세계의 공장'으로 발돋움한 중국은 눈부신 경제 성장을 이루었지만 그 대가로 극심한 대기 오염에 시달리고 있다. 중국 기업들은 제품의 생산 비용을 낮추기 위해 오염 물질 정화 시설도 갖추지 않은 채 공장 굴뚝으로 매연을 마구 배출했다. 중국에서 매일같이 자연정화 능력을 초과하는 많은 양의 대기 오염 물질이 배출되고 그것이 사방으로 퍼져 중국과 지리적으로 가까운 이웃 국가들에게 피해를 입히고 있다.

02

Wernher von Braun

로켓 개발과 달 착륙을 주도한 공학자,

베르너 폰 브라운

평생을 로켓 개발을 위해 바친 독일 출신 과학자 (1912~1977)
나치 독일의 장거리 탄도 미사일을 만들었다. 독일 패전 이후 미국으로 건너가 장거리 로켓을 연구하였고, 미국 항공 우주국에 소속되어 아폴로 계획을 비롯한 우주 개발 계획에서 주도적인 역할을 하였다.

로켓의 아버지

우주 개발의 역사는 베르너 폰 브라운과 함께 시작됩니다. 1912년 독일 바이마르_{Weimar} 공화국의 농무부 장관이었던 아버지와 영국 왕족 가문의 어머니 사이에서 태어난 폰 브라운은 독일의 대표적인 귀족 출신입니다. 그는 아마추어 천문가인 어머니의 영향으로 어릴 적부터 밤하늘을 자주 보면서 천체 망원경을 통해 바라본 우주를 동경했습니다.

폰 브라운은 초등학교 때 로켓 과학자 헤르만 오베르트_{Hermann Oberth} 박사가 우주여행에 관해 쓴 《행성 공간으로의 로켓》이라는 책을 읽

초창기 로켓 과학자
헤르만 오베르트

고 로켓 과학자의 길을 가기로 결심합니다. 이 책은 우주 비행에 관한 공학 전문 서적이어서 초등학생이 읽을 수 있는 책이 아니었습니다. 수많은 수학 공식이 등장했기 때문에 제대로 이해할 수 없었던 폰 브라운은 이를 계기로 수학 공부의 필요성을 깨달았습니다.

폰 브라운은 훌륭한 로켓 과학자가 되기 위해 독학으로 수학 공부에 전념했습니다. 그의 수학 실력은 중학교를 졸업할 즈음 이미 고등학교 수준을 뛰어넘어 수학과 대학생 수준에 올라섰습니다. 폰 브라운의 뛰어난 수학 실력을 짐작해 볼 수 있는 일화가 있습니다. 고등학교 시절 수학 선생님이 몸이 불편해 한동안 학교에 나오지 못했을 때, 폰 브라운이 같은 반 친구들을 가르쳤습니다. 그가 워낙 잘 가르쳐 반 학생들의 수학 성적이 교내에서 가장 앞섰다고 합니다. 같은 학년뿐 아니라 상급 학년 선배들도 어려운 수학 문제가 있을 때마다 폰 브라운에게 가져왔을 정도로 그의 수학 실력은 우수했습니다.

폰 브라운은 고등학교 시절, 그에게 우주여행의 꿈을 심어 준 오베르트 박사가 주도한 '우주 여행 협회'에 가입해 활동했습니다. 우주여행 협회는 우주여행의 꿈을 이루기 위해 로켓 개발을 연구하던 민간단체였습니다. 폰 브라운은 학교가 끝나면 곧바로 우주 여행 협회 연구실로 달려가 오베르트 박사와 함께 로켓 개발에 전념하였고, 80여 차례 로켓 발사 실험을 통해 많은 경험을 축적했습니다. 그는 고등학교 시절 내내 학교 공부보다는 로켓 연구에 관심이 많았지만, 교

나치 독일을 위해 일한
베르너 폰 브라운

내 성적이 항상 최상위권이었을 정도로 탁월한 학생이었습니다.

당시 독일의 나치 정권은 재래식 무기로는 도저히 영국과 프랑스를 제압할 수 없다고 판단해, 신무기 개발의 일환으로 비밀리에 육군 로켓 연구소를 설립하고 로켓 개발에 나섰습니다. 발터 도룬베르거 Walter Dornberger 로켓 연구소 소장은 당시 독일 육군이 보유하고 있는 기술로는 도저히 로켓을 개발할 수 없다는 사실을 깨닫고, 해결책을 고심하던 끝에 우주 여행 협회를 찾아갔습니다.

도룬베르거 소장의 눈에 가장 먼저 띈 사람은 우주 여행 협회에서 가장 열정적으로 연구하던 고등학생 폰 브라운이었습니다. 도룬베르거 소장은 폰 브라운에게 독일 최고 대학인 베를린 공대에 들어가 연구 활동을 계속하도록 권했습니다. 그의 권유대로 폰 브라운은 베를린 공대에 진학해 로켓 연구에 매진했습니다. 그는 매일 우주여행협회를 오가는 데 소요되는 시간을 절약하기 위해 협회 연구실에서 숙식을 해결하면서 지냈습니다.

1933년 히틀러가 로켓을 이용한 신형 폭탄을 개발할 것을 명령하면서, 대규모 예산이 편성되어 본격적으로 로켓 연구 개발이 시작되었습니다. 도른베르거 소장은 우주 여행 협회 회원들에게 원하는 만큼 돈과 장비를 제공할 것을 약속하며 육군 로켓 연구소로 들어올 것을 제안했습니다. 하지만 회원들은 정부의 스카우트 제안을 단호히 거절했습니다. 그들은 오로지 우주여행용 로켓을 개발하려는 것이 목적이었기 때문에, 많은 사람을 죽음에 이르게 할 수 있는 로켓을 개발하려는 히틀러의 목적에 동참할 수 없었습니다.

그러나 폰 브라운의 생각은 달랐습니다. 우주 여행 협회에서 만드는 장난감 같은 로켓으로는 도저히 우주여행의 꿈을 이룰 수 없다고 생각한 그는 육군 로켓 연구소로 자리를 옮겼습니다. 이후 폰 브라운은 학업과 연구를 병행하면서 열정적인 인생을 살았습니다. 제2차 세계대전이 한창이던 1942년 폰 브라운이 만든 길이 14m, 무게 13t짜리 A-4 로켓이 불을 뿜으며 하늘로 치솟았습니다. 이 일은 현대 로켓의 등장을 알리는 위대한 사건이 되었고, 폰 브라운은 '로켓의 아버지'가 되었습니다.

폰 브라운을 확보하라: 페이퍼 클립 작전

오늘날에도 로켓 기술을 보유한 국가는 미국, 프랑스, 일본 등 극소

로켓 시대의 시작을 알리는 A-4 로켓

수에 지나지 않습니다. 폰 브라운이 A-4 로켓을 개발할 당시에는 자
동차조차 쉽게 만들지 못했을 정도로 기술 수준이 낙후되어 있었습
니다. 그 시기 최고 속도의 프로펠러기가 시속 700km에 불과했습니
다. 폰 브라운은 시속 5,000km가 넘는 로켓을 개발해 20세기 최고의
천재 중 한 사람이라는 찬사를 받았습니다. 그는 우주시대를 열어 인
류에게 새로운 세상을 보여 준 위대한 과학자이지만, 동시에 나치 독
일의 과학자라는 불명예를 가지고 있습니다. 그가 개발한 A-4 로켓
은 나치 독일이 연합군과의 전쟁에서 궁지에 몰릴 때 V-2라는 미사
일로 개량되어 대량 학살 무기로 사용되었습니다.

1944년 9월 8일 V-2 미사일은 1t의 폭약을 싣고 320km를 날아

비밀 공장에서 생산된 V-2 미사일

벨기에 앤트워프 지역에 떨어진 V-2 미사일

영국 런던에 떨어졌습니다. 영국군은 조종사도 없이 시속 5,000km로 날아오는 V-2 미사일을 보고 큰 충격을 받았습니다. 당시 V-2 미사일은 시대를 뛰어넘는 첨단 무기로, 도저히 막아 낼 수 없었습니다.

독일 패전을 1년 앞두고 본격적으로 발사되기 시작한 V-2 미사일은 런던에 1,300여 기, 연합군의 주요 물자가 드나들던 벨기에 앤트워프Antwerp 항에 1,600여 기가 발사되었습니다. 그로 인해 민간인과 군인의 총 사망자가 9,000명 가량으로 엄청난 인명 피해가 생겼습니다.

하지만 V-2 미사일만으로는 기울어진 전세를 뒤집을 수 없었습니다. 1945년 나치 독일은 패망의 길로 들어서기 시작했습니다. 승전을 눈앞에 둔 미국과 소련은 나치 독일의 과학 기술자를 확보하기 위한 작전을 구상합니다.

제2차 세계대전 당시 나치 독일의 천재 과학자들은 세계 최초의 탄도 미사일 V-2, 세계 최초의 제트 전투기, 유럽 대륙에서 영국 해협을 건너 영국 본토까지 발사가 가능한 150m 포신을 가진 초대형 해협 횡단 대포, 150t이 넘는 초대형 전차 등 과학에 대한 이해 없이는 도저히 만들어 낼 수 없는 신무기를 쏟아 내며 연합군에게 큰 충격을 주었습니다.

미국과 소련은 과학 기술의 새로운 경지를 개척한 나치 독일의 과학자를 차지하기 위해 치열한 정보전을 펼쳤습니다. 양국이 가장 탐낸 과학 기술자는 단연 폰 브라운이었습니다. 미국 제33대 대통령 해리 트루먼Harry Truman은 '페이퍼 클립 작전'이라는 전략 사무국의 작전

런던을 초토화한 V-2 미사일

을 통해 폰 브라운을 미국으로 데려오도록 했습니다. 페이퍼 클립 작
전이란 1945년부터 1946년까지 미국이 제2차 세계대전에서 패전한
나치 독일의 과학자 총 642명을 미국으로 데리고 와서 독일의 앞선
과학 기술을 습득하는 것을 목적으로 한 비밀 작전을 의미합니다.

폰 브라운은 히틀러가 가장 총애한 과학자였습니다. 히틀러는 폰
브라운을 위해 발트해 북부에 초대형 로켓 연구소를 세운 뒤 마음껏
연구하도록 전폭적인 지원을 아끼지 않았습니다. V-2 미사일의 대
량 생산에 필요한 노동자를 보내 달라는 폰 브라운의 편지에 히틀러
는 수용소에 갇혀 있던 많은 유대인을 보내기도 했습니다.

로켓 생산 공장에서 위험한 직업을 하게 된 수만 명의 유대인은 안

전 장비 하나 없이 온종일 일해야 했습니다. 부실한 식단과 아파도 병원에 갈 수 없는 환경 속에서 수천 명이 죽음을 맞았습니다. 폰 브라운은 로켓 생산에만 관심이 있을 뿐, 노동자의 죽음에는 신경 쓰지 않았습니다. 심지어 유대인 노동자가 자신과 눈도 마주치지 못하도록 하는 규정을 만들기도 했습니

페이퍼 클립 작전을 지시한 해리 트루먼

다. 폰 브라운은 자타가 공인하는 로켓 분야의 일인자였으나, 약자를 존중하는 인간적인 면이 부족한 사람이었습니다.

제2차 세계대전에서 독일의 패전이 임박하자, 폰 브라운은 자신이 일하던 연구소를 떠나 몰래 오스트리아로 잠적했습니다. 그는 평범한 과학자가 아니라, 전범이기 때문에 연합군에 체포되면 재판정에 서야 하는 처지였습니다.

폰 브라운은 가족과 함께 피신한 은신처에서 장래에 대해 많은 고민을 했습니다. 그는 고심 끝에 사회주의 소련보다는 자유 민주주의 국가인 미국을 선택하기로 결정했습니다. 제2차 세계대전 당시 히틀러의 소련 침공으로 2,000만 명 넘는 소련 사람이 희생되었기 때문에 그에게 소련은 안전한 땅이 될 수 없다고 생각했습니다.

한편, 미국은 나치 독일과 전쟁을 벌이기는 했지만 전통적으로 독일과 우호적인 관계에 있었기에 좀 더 안전할 것이라고 생각했습니

다. 더구나 이민자의 나라 미국에서 가장 많은 수를 차지하는 민족이 독일계였기 때문에 폰 브라운은 자신에게 좀 더 유리한 환경이 조성될 수 있을 것이라고 기대했습니다.

미국으로 전향한 나치 독일의 과학자

미국에 페이퍼 클립 작전이 있었다면 소련에는 1946년부터 '오소아비아힘 작전'이 있었습니다. 소련의 지도자 스탈린 역시 폰 브라운 박사를 데려오라고 명령을 내렸습니다. 소련군과 정보 당국은 폰 브라운을 잡으려고 혈안이 되어 유럽 전역을 휘젓고 다녔습니다. 이 때문에 문 밖으로 나갈 수 없었던 폰 브라운은 친동생을 내세웠습니다.

폰 브라운의 동생 마그누스Magnus는 자전거를 타고 무작정 미군 기지를 찾아 나섰습니다. 미국 육군 44사단에 도착한 그는 사단 정문을 지키던 미군 일병에게 폰 브라운이 미군에 투항할 의사가 있음을 전했습니다. 그러나 폰 브라운의 가치를 알지 못한 신병은 "시간이 나면 상부에 보고할 테니 있는 곳의 위치나 적어 놓고 가라."고 말했습니다. 다음 날 보고를 받은 미군 최

미국에 투항한 베르너 폰 브라운

고 사령부는 발칵 뒤집혔습니다. 역사상 가장 중요한 과학자가 투항 의사를 전해 왔기 때문입니다. 폰 브라운을 극진히 대접하라는 최고 사령부의 명령에 마침내 그는 미국으로 전향하게 되었습니다.

폰 브라운은 미국에 협조하는 조건으로 자신과 함께 연구하던 과학자 132명을 함께 미국으로 데려가 줄 것을 요구했습니다. 미국은 그의 제안을 흔쾌히 받아들여 단일 규모로는 가장 많은 수의 과학자를 미국으로 데려왔습니다. 폰 브라운은 나치 독일의 과학자들을 존중해 준 미국 정부에 보답하기 위해 1t이 넘는 비밀 서류를 미국에 넘겼습니다. 비밀 서류에는 V-2 미사일 제조에 관한 핵심 설계도뿐 아니라, 개발 중이던 첨단 무기에 대한 자료가 총망라되어 있었습니다.

미국 정부는 대형 트럭 300대를 동원해 비밀 서류와 각종 부품을 미국으로 실어 날랐고, 사상 최대의 전리품을 차지하게 됩니다. 미국이 폰 브라운을 영입하자, 스탈린은 나치 과학자들을 닥치는 대로 잡

미국에 투항한 나치 독일의 과학자들

아들이라고 명령합니다. 이로 인해 폰 브라운의 조수였던 헬무트 그 뢰트루프Helmut Gröttrup를 비롯한 250명의 로켓 기술자가 소련으로 강제 이송되었습니다. 소련군은 독일 로켓 공장을 통째로 뜯어서 소련으로 가져가기도 했습니다.

폰 브라운은 미국 과학 발전에 반드시 필요한 존재였습니다. 하지만 그는 평범한 미국 사람에게는 받아들여질 수 없는 나치 독일의 전범이었습니다. 이런 이유로 미국 정부는 국민을 속이기 위해 그의 전력을 위조했습니다. 폰 브라운은 가족의 생명을 지키기 위해 어쩔 수 없이 히틀러에 협조했을 뿐, 절대로 나치주의자*는 아니라고 말했습니다. 또한 전쟁 막바지에 자신이 만든 V-2 미사일이 무고한 사람을 학살하는 데 사용되자, 더는 나치 독일에 협조하지 않겠다고 저항해 심한 고문을 당했다고 발표했습니다.

당시 폰 브라운은 감옥에 수감되기는커녕 미국 뉴욕을 초토화할 수 있는 대륙 간 탄도 미사일 개발에 열을 올리고 있었습니다. 뼛속까지 나치주의자였던 폰 브라운은 미국 정부에 의해 출중한 능력의 소유자인 동시에, 나치 독일에 저항한 의인으로 조작되었습니다. 이에 속은 미국 사람들은 그를 존경하게 됩니다.

---

* 독일 민족의 우월성을 강조하고 강력한 중앙 집권 국가 건설을 추구하는 민족 사회주의 이념인 나치즘을 믿거나 수상하는 사람.

미국과 소련의 로켓 전쟁

미국에 정착한 폰 브라운이 미군 관계자 앞에서 V-2 미사일에 사용했던 로켓을 쏘아 올리자, 그들은 입을 다물지 못할 정도로 경탄했습니다. 폰 브라운이 출중한 사람이라는 것은 알고 있었지만, 이 정도로 대단한 능력을 지녔는지는 몰랐던 것입니다. 폰 브라운이 선보인 기술은 미국보다 최소 30년은 앞선 최첨단 기술이었습니다. 이를 계기로 미국 정부는 폰 브라운이 생활하는 데 불편하지 않도록 최대한의 편의를 제공하고 연구 활동에 전념할 수 있도록 했습니다.

1957년 10월, 소련이 세계 최초의 인공위성인 스푸트니크Sputnik 발사에 성공하며 우주 시대를 열자, 라이벌인 미국은 큰 충격에 빠집니

폰 브라운이 쏘아 올린 V-2 로켓

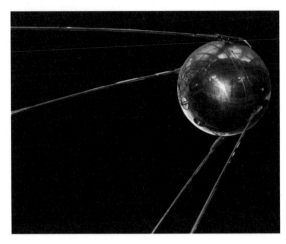

세계 최초의 인공위성
스푸트니크

다. 로켓의 아버지 폰 브라운이 미국에 있음에도 불구하고 소련이 먼저 인공위성을 쏘아 올렸다는 사실이 믿기지 않았던 것입니다. 더구나 스푸트니크는 나치 독일의 로켓 기술을 기반으로 제작되어 미국에 더 큰 충격을 주었습니다. 스푸트니크의 기반 기술을 제공한 사람은 놀랍게도 폰 브라운의 조수였던 헬무트 그뢰트루프였습니다.

소련 정부는 그뢰트루프와 독일 과학자들에게 신형 로켓 개발에 성공하지 못하면 가족들을 가만히 놔두지 않겠다고 협박했습니다. 독일 과학자들은 가족을 살리기 위해 필사적으로 로켓 개발에 매달렸고, 새로운 기술을 개발하는 데 성공했습니다. 미국은 소련이 먼저 우주에 인공위성을 쏘아 올림으로써 구겨진 자존심을 회복하기 위해 국력을 총동원해 인공위성 개발에 나섰습니다.

1958년 7월 미국의 제34대 대통령 드와이트 아이젠하워Dwight

미국의 우주 개발을 주도한
베르너 폰 브라운

베르너 폰 브라운이 일궈 낸 나사

Eisenhower는 폰 브라운에게 나사NASA,미국 항공 우주국 산하의 로켓 및 우주선 추진 연구 센터인 마셜 우주 비행 센터 총책임자를 맡겨 우주 개발의 전권을 줍니다.

그동안 폰 브라운이 미국 정부에 여러 차례 신형 로켓을 개발하자고 제안했지만 정부는 예산 낭비라는 이유로 번번이 묵살해 왔습니다. 그러나 스푸트니크 사건으로 자존심이 크게 상한 미국은 폰 브라운에게 전폭적인 지원을 약속하며 소련을 누를 신형 로켓 기술을 개발할 것을 요청했습니다. 폰 브라운은 소련에 뒤진 미국의 로켓 기술을 단번에 역전시키기 위해 새로운 프로젝트를 구상하기 시작합니다.

미국의 달 탐사 계획: 아폴로 프로젝트

1961년 미국 제35대 대통령 존 F. 케네디John F. Kennedy는 "미국은 1960년대 안에 인간을 달에 보냈다가 지상으로 돌아오게 할 것이다."라고 국민에게 약속했습니다. 당시 미국은 소련에 비해 우주 개발 분야에서 앞선 것이 하나도 없는 상태였기 때문에 케네디 대통령의 달 탐사 계획은 사람들에게 허풍처럼 들렸습니다. 그렇지만 케네디가 큰소리칠 수 있었던 것은 로켓의 아버지 폰 브라운이 있었기 때문입니다.

케네디는 폰 브라운과 여러 차례 만나면서 그가 얼마나 뛰어난 인물인지 잘 알고 있었습니다. 충분한 재정적 지원만 해 준다면 폰 브라운은 반드시 달에 사람을 보낼 수 있는 능력이 있다고 판단했습니다.

지구에서 달까지의 거리는 무려 38만 4,400km에 이르기 때문에, 지금까지 세상에 선보인 어떤 로켓으로도 달에 이를 수 없었습니다.

존 F. 케네디와 만난
베르너 폰 브라운

로켓의 아버지 베르너 폰 브라운

달에 가기 위해서는 고정 관념을 뛰어넘는 강력하고 거대한 로켓이 필요했습니다.

케네디의 달 탐사 계획이 발표되자, 소련도 미국보다 먼저 달에 도착할 것이라고 장담하며 우주 경쟁에 뛰어들었습니다. 더구나 스푸트니크의 성공에서 얻은 경험을 바탕으로 미국보다 먼저 달 탐험용 로켓 개발에 성공할 것이라고 확신했습니다. 하지만 소련은 천문학적인 돈을 쏟아붓고도 로켓 개발에 실패하고 말았습니다.

평소 의심으로 가득했던 스탈린은 나치 독일의 과학자들을 미국처럼 포용하지 못하고 학대했습니다. 1950년대 스탈린은 나치 독일의 과학자들을 협박해 기술을 빼앗은 뒤 그들을 독일로 추방했습니다. 스탈린은 나치 독일의 과학자들을 독일로 추방하기 1년 전부터 계획적으로 아무 일도 주지 않고 일에 대한 감각을 잃도록 만들었습니다. 독일 과학자들이 떠난 뒤 소련의 로켓 기술은 곧 한계에 부딪쳤고, 달에 보낼 만한 강력한 로켓을 개발할 수 없었습니다.

반면에 폰 브라운은 놀라운 능력을 보여 주었습니다. 그가 개발한

인류를 달로 이끈
새턴 로켓

새턴 로켓Saturn Rocket은 전체 길이가 111m, 무게는 3,000t에 이르는 세계에서 가장 거대한 로켓이었습니다. 1969년 7월 16일 새턴 로켓에 탑재한 아폴로 11호*는 폰 브라운이 보는 앞에서 힘차게 치솟았습니다. 닷새 뒤인 1969년 7월 21일 닐 암스트롱Neil Armstrong은 달 착륙선에서 내려 달에 인류의 첫 발자국을 내딛은 역사적인 순간의 주인공이 되었습니다. 이로써 미국과 소련 간의 우주 경쟁은 미국의 완전한 승리로 종지부를 찍었습니다.

아폴로 11호의 달 착륙 성공으로 미국은 우주 경쟁에 관해서는 전

---

* 인류 역사상 최초로 달에 착륙한 유인 우주선.

베르너 폰 브라운의 로켓을 발판으로 달에 착륙한 인류

세계에서 대적할 나라가 없음을 명확히 인식시켰고, 소련과의 경쟁에서도 확실한 우위를 차지했습니다. 아폴로 11호의 달 착륙 성공은 폰 브라운을 국가적인 영웅으로 만들었습니다. 폰 브라운은 어디를 가더라도 사람들에게 둘러싸여 사인 공세를 받았습니다. 또한 위인전의 주인공이 되었습니다. 그가 수학 교육의 중요성을 강조하자 미국 공교육에서 수학이 차지하는 비중이 높아졌을 정도로 폰 브라운은 미국에 큰 영향을 미쳤습니다.

중국, 우주 경쟁에 뛰어들다

1945년 폰 브라운이 투항하자 미국은 독일의 우주 공학 기술 수준을 확인하기 위해 대규모 조사단을 꾸려 독일 현지로 보냈습니다. 당시 독일로 떠났던 조사단 중에 첸쉐썬錢學森 박사가 있었습니다.

1911년 중국 저장성 항저우杭州에서 태어난 그는 칭화 대학과 상하이 교통 대학에서 학사 학위를 받고, 미국 매사추세츠 공과 대학교MIT 대학원에 진학해 항공학 석사 학위를 받았습니다. 이후 캘리포니아 공과 대학으로 진학하여 항공 공학 박사 학위를 받았습니다. 이후 교수로 임용되어 다양한 항공 우주 공학 분야 중 로켓에 대한 연구에 집중했습니다.

첸쉐썬은 기술적 한계에 부딪쳐 돌파구를 찾고 있을 무렵에 운 좋게도 로켓의 아버지 폰 브라운을 만나게 되었습니다. 미국 최고 수준의 과학자들이 해결하지 못한 난제를 혼자서 해결한 천재 폰 브라운과 만난 덕분에 첸쉐썬은 로켓 기술을 터득할 수 있었고, 미국에서 탄탄한 입지를 굳혔습니다.

1949년 10월 중국 대륙에 마오쩌둥毛澤東이 이끄는 공산 정권이 들어서면서 문제가 생기기 시작했습니다. 첸쉐썬이

중국의 우주 개척을 이끈 첸쉐썬

미국과 적대 관계에 있던 사회주의 중국을 위해 그동안 미국에서 얻은 로켓 관련 기술과 첨단 기술을 가지고 중국으로 귀국하려고 하자 미국 정부가 막고 나섰습니다.

처음 미국 정부는 첸쉐썬을 좋은 말로 설득하려고 노력했습니다. 가난한 중국 유학생인 첸쉐썬이 미국에서 박사 학위까지 받고 명문 캘리포니아 공과 대학 교수가 될 수 있었던 것은 미국 정부와 대학의 절대적인 지원 덕분이었습니다. 미국 정부는 첸쉐썬에게 파격적인 조건을 제시하면서 계속 미국에 남기를 권했습니다. 하지만 첸쉐썬은 "미국에서 배운 모든 것은 중국으로 돌아가 인민을 위해 사용하기 위한 준비였을 뿐이다. 나는 반드시 중국으로 돌아가 미국에서 배운 기술로 중국을 발전시킬 것이다."라고 주장하며 뜻을 굽히지 않았습니다.

첸쉐썬이 그동안 미국에서 얻은 정보를 빠짐없이 중국으로 가져가려고 하자 미국은 그를 감시했습니다. 미국 연방 수사국장의 지시에 따라 요원들이 첸쉐썬 주변을 맴돌며 철두철미하게 감시했지만, 그는 미국 연방 수사국이 방심한 틈을 이용해 '중국으로 돌아갈 수 있게 해 달라.'라는 편지를 친척을 통해 중국 최고 지도자 마오쩌둥에게 보냈습니다.

첸쉐썬의 편지를 본 마오쩌둥은 미국의 첨단 기술을 단번에 흡수할 수 있을 것이라는 희망을 갖고 그를 중국으로 데려오기 위한 작업에 나섰습니다. 마오쩌둥은 첸쉐썬을 데려오기 위해 한국 전쟁 도중 중공군에게 생포된 미군 포로를 이용하기로 결정합니다. 미국에 미

마오쩌둥의 환대를 받는
첸쉐썬

군 포로를 석방하는 조건으로 첸쉐썬을 넘길 것을 요구했지요.

미국은 처음에는 마오쩌둥의 요구를 거절했지만, 많은 미군 포로가
돼지우리보다 열악한 포로수용소에서 고통받는 모습을 더는 두고 볼
수 없었습니다. 미국 정부는 1955년 첸쉐썬을 중국으로 송환하기로
결정했습니다. 하지만 미군을 중심으로 그를 돌려보내면 안 된다는
반대의 목소리가 거세게 일어나기 시작했습니다. 첸쉐썬이 폰 브라운
으로부터 전수받은 로켓 기술에 만약 폭탄이 실리면 대륙 간 탄도미
사일로 돌변해 미국의 안보를 심각하게 위협할 수 있기 때문입니다.
당시 미국 해군 참모 차장은 "첸쉐썬의 능력은 5개 사단의 전투력과
맞먹는다. 미국을 떠나려고 한다면 반드시 죽여야 한다."라고 주장했
을 정도로 첸쉐썬은 너무나 많은 군사 기밀을 알고 있었습니다.

첸쉐썬이 중국으로 돌아오자 마오쩌둥은 직접 그를 찾아와 손을

잡으며 '중국이 우주 강국으로 진입할 수 있도록 최선을 다해 연구해 줄 것'을 부탁했습니다. 그 자리에서 첸쉐썬은 마오쩌둥에게 우주 개발에 관한 전권을 자신에게 위임해 줄 것과 로켓을 개발하기까지는 15년의 시간이 필요하니 독촉하지 말 것을 요구했습니다. 마오쩌둥은 흔쾌히 첸쉐썬의 요구를 받아들여 우주 개발에 관한 전권을 그에게 넘겨주고 전폭적으로 지원했습니다.

첸쉐썬은 중국 전역에 흩어져 있는 최고의 인재를 끌어모아 5년 동안은 수학과 기초 과학부터 차근차근 가르쳤습니다. 다음 5년 동안은 응용 과학을 가르쳤으며 마지막 5년은 실제 로켓을 제작했습니다. 로켓 개발 연구를 시작한 지 15년 만에 소련, 미국, 프랑스, 일본에 이어 세계에서 5번째로 로켓 개발에 성공하며 중국의 우주 시대를 열었습니다. 그는 마오쩌둥과의 약속을 지켰으며, 중국 인민들에게 우리도 할 수 있다는 자신감을 심어 주었습니다. 이와 같이 폰 브라운의 로켓 기술은 대륙을 건너 중국의 우주 개발에도 영향을 미치며 각국을 우주 시대로 이끌었습니다.

폰 브라운의 마지막 꿈

달에 인류를 보내는 데 성공한 폰 브라운의 마지막 꿈은 화성에 유인 우주선을 보내는 것이었습니다. 그의 머릿속에는 이미 새턴 로켓을 뛰어넘는 혁신적인 로켓 구상이 완료된 상태였기 때문에 정부의

베르너 폰 브라운이 정복을 꿈꾼 화성

지원만 있으면 충분히 화성에 인간을 보낼 수 있었습니다.

하지만 제37대 리처드 닉슨Richard Nixon 대통령은 미래 발전을 꿈꾸던 케네디와 달리 전형적인 정치인에 지나지 않았습니다. 그는 화성 따위에는 전혀 관심이 없었고, 로켓 개발은 돈만 많이 드는 부질없는 일이라고 생각했습니다. 우주 개발은 당장 눈에 보이는 수익으로 연결되는 것이 아니기 때문에 장기적인 안목에서 추진되어야 하지만, 단기적인 안목으로 본 닉슨 대통령은 폰 브라운의 화성 탐사 계획을 단번에 거절했습니다.

정부가 우주 개발에서 한 발 물러나자 크게 실망한 폰 브라운은 1972년에 나사를 떠나고 맙니다. 그 후 민간 항공기 관련 업체의 경영자로 새롭게 인생을 시작하지만 근무 여건이 나사에 이르지 못해

미국인에게 우주 개척 영웅으로 남은 베르너 폰 브라운

예전처럼 왕성한 활동을 이어갈 수 없었습니다. 이후 그는 대장암으로 로켓 개발에서 손을 놓은 지 5년 만인 1977년 6월, 예순다섯 살의 나이로 세상을 떠났습니다. 미국 국민은 미국의 우주 과학 기술을 세계 최고 수준으로 끌어올린 그를 애도했습니다.

폰 브라운은 상상에 그친 우주 개발을 실현한 천재 공학자로서, 그가 없었다면 인류의 우주 진출은 기약 없이 늦춰졌을 것입니다.

하지만 젊은 시절 나치 독일을 위해 일한 폰 브라운의 어두운 과거는 그가 죽은 뒤에도 계속 따라다녔습니다.

사실 미국은 제2차 세계대전의 덕을 가장 많이 본 나라로, 전쟁이 없었다면 오늘날처럼 압도적인 힘을 갖고 세계 과학 기술을 선도

하지 못했을 것입니다. 제2차 세계대전 이전까지만 하더라도 유럽에 비해 한참 뒤처졌던 미국은 로켓 공학 분야의 폰 브라운을 비롯해 화학, 통신, 항공 등 여러 분야에 걸쳐 세계 최고의 수준을 자랑하던 1,600여 명의 나치 독일 출신 과학자를 영입하면서 단번에 유럽을 뛰어넘어 세계 최고 수준에 올랐습니다.

오늘날 세계를 이끄는 미국 과학 기술의 이면에는 무고한 사람들의 희생을 바탕으로 쌓아 올린 나치 독일의 과학 기술이 자리 잡고 있습니다. 당시 미국은 나치 독일 출신 과학자의 재능에만 관심이 있었을 뿐, 그들이 저지른 악행에는 별다른 관심을 갖지 않았습니다.

하지만 뒷날 미국의 의식 있는 사람들은 무고한 유대인 노동자를 희생시키면서까지 기술 개발에 열을 올린 폰 브라운을 두고 '위대한 로켓의 아버지'라는 칭찬과는 별개로 '나치 전범'이라는 비판도 서슴지 않았습니다. 폰 브라운은 상반된 두 가지 이미지의 상징으로 역사에 남게 되었습니다.

떠오르는 우주 강국,
인도

1947년 영국으로부터 독립한 인도에 남아 있는 것은 가난뿐이었다. 인도 사람 대부분이 굶주렸지만, 지도자들은 인도의 장기적인 과학 기술 발전을 위해 우주 산업이 중요하다는 사실을 깨달았다. 그리고 정부가 앞장서서 투자에 나섰다.

1969년 인도는 미국의 나사를 모델로 삼아 인도 우주 연구 기구ISRO를 설립하고 본격적인 우주 개발에 나섰다.

인도 정부가 우주 개발에 국력을 쏟자 나사에서 일하던 인도 과학 기술자들이 조국을 위해 미국 생활을 접고 인도로 돌아왔다. 미국에서 최고의 대접을 받던 인도 출신 과학 기술자들이 모든 면에서 열악한 인도로 돌아오는 일은 결코 쉬운 결정이 아니었다. 2008년 인도의 우주 개발은 달 탐사선 '찬드라얀 1호'가 달의 남극에서 다량의 물을 발견하면서 결실을 이루었다.

2014년 인도는 화성 탐사선을 쏘아 올리며 다시 한번 인도의 우주 과학 기술을 세상에 뽐냈다. 달보다 한참 먼 화성으로 우주선을 발사하는 것은 고도의 기술력을 필요로 하는 일로 이전까지 미국, 유럽, 러시아만 화성 탐사선 발사에 성공했으며 아시아 최고의 우주 강국이라 자부해 온 중국마저 하지 못한 일이었다. 화성 궤도에 안착한 인도의 우주선은 화성에 관한 온갖 정보를 실시간으로 지구로 보내오고 있다.

2019년 7월 '찬드라얀 2호'가 두 번째 달 탐사에 나서면서 인도의 우주 과학 기술은 새로운 전환점을 맞았다. 그동안 인도는 자국민의 우수성을 과시하기 위해 우주선을 만들었지만 이번 발사는 달에 얼마나 많은 양의 헬륨-3이 있으며 채굴이 가능한지를 알아보려는 실용적인 목적에서 우주선을 쏘아 올린 것이다. 지구에 비해 대기가 거의 없는 달에는 태양에서 날아드는 헬륨-3이 지구보다 훨씬 많이 존재한다. 지구에는 헬륨-3이 희소하기 때문에 가격이 무척 비싼데 1t의 가치가 50억 달러를 넘어설 정도다.

인도는 차세대 에너지원인 헬륨-3을 탐내고 있다. 현재 전 세계에서 널리 활용되고 있는 원자력발전소는 핵을 분열시켜 에너지를 얻는데 이 과정에서 인류에게 치명적인 방사능을 비롯한 온갖 부산물이 만들어진다. 이에 반해 헬륨-3을 원료로 사용하는 핵융합 발전은 아무런 부산물도 발생하지 않기 때문에 헬륨-3은 청정 에너지로 알려져 있다. 게다가 1g의 헬륨-3에는 석탄 40t이 만들어 내는 막대한 에너지가 들어 있기 때문에 가장 효율적인 에너지원이기도 하다.

인도의 우주 산업이 앞선 기술력 이외에도 세계 사람의 주목을 받는 이유는 적은 비용으로 뛰어난 성능의 우주선을 만들기 때문이다. 인도는 화성 탐사선인 '망갈리안'의 개발 비용으로 1억 달러 미만을 사용했는데 이는 우주 탐사를 소재로 한 할리우드 영화의 제작 비용에도 미치지 않는 돈으로, 다른 나라에서는 상상할 수 없을 만큼 적은 금액이다. 인도는 가성비 최고를 자랑하는 우주 산업을 보유한 나라로서 미국의 우주 과학 기술을 따라잡기 위해 노력하고 있다.

PART
4.

논란을 부른
사상가

잭 케보키언

유나바머

01

Jack Kevorkian

죽음의 의사,

잭 케보키언

죽을 권리를 주장한 미국의 의사 (1928~2011)
1백30여 명을 안락사시켜 '죽음의 의사'로 불린 잭 케보키언은 환자들의
죽을 권리를 주장하였다.

스스로 죽음을 선택하는 안락사 논쟁

인간을 포함한 모든 생명체는 예외 없이 죽음을 맞이합니다. 20세기 이전까지만 하더라도 사람들은 전염병이나 전쟁으로 제명대로 살지 못하고 죽는 경우가 많아 평균 수명이 30세를 조금 넘을 정도로 짧았습니다.

20세기 들어 눈부시도록 발전한 현대 의학 덕분에 인간의 수명은 계속 늘어나 선진국 사람들의 평균 수명은 80세를 넘어섰습니다. 인간이 오래 사는 것은 축복이지만 다른 면에서 바라보면 불행입니다. 노년에 접어든 사람들은 온갖 질병에 시달리고, 그 질병 중 일부는 환자에게 엄청난 고통을 줍니다.

암이나 알츠하이머병* 같은 질환은 아직까지 치료법이 개발되지 않아, 말기 단계에 이른 환자는 극심한 고통 속에서 죽는 날만을 기다리게 됩니다. 불치병 말기 환자가 느끼는 통증이란, 경험하지 않은

---

* 치매의 원인이 되는 질환으로, 이상 단백질(아밀로이드 베타 단백질, 타우 단백질)이 뇌에 쌓이며 서서히 뇌 신경 세포가 죽어 가는 퇴행성 신경 질환.

알츠하이머병으로 고통받는 미국 40대 대통령 로널드 레이건

사람은 상상조차 할 수 없을 정도로 끔찍합니다. 지구상의 어떤 진통제도 환자의 고통을 멈추게 할 수는 없습니다. 이로 인해 불치병 환자가 무의미한 생명 연장 행위를 거부한 채 빨리 죽음을 맞으려고 하면서 안락사 논쟁이 시작되었습니다.

안락사는 이를 시행하는 의료진의 행위에 따라 적극적 안락사와 소극적 안락사로 나뉩니다. 적극적 안락사란, 불치병 환자나 의식이 없는 환자를 대상으로 의료진이 독극물을 투입하는 등 적극적으로 환자의 생명을 끊는 것을 의미합니다. 이는 극히 일부 국가를 제외하고는 인정되지 않으며, 실정법에 의해 엄격히 금지됩니다. 불치병으로 고통받는 환자가 아무리 적극적인 안락사를 원하더라도 이를 실행한 의사는 살인죄로 처벌받게 됩니다.

소극적 안락사를 주장한 플라톤

적극적 안락사를 주장한 아리스토텔레스

소극적 안락사는 생명 연장을 위해 적극적인 행동을 취하지 않음으로써 환자가 죽음에 이르게 하는 것을 말합니다. 이를테면 스스로 호흡할 수 없는 환자의 인공호흡기를 떼는 행위가 이에 해당합니다. 안락사에 관한 논쟁은 이미 수천 년 전부터 시작되었는데, 시대에 따라 사람들의 생각이 달랐습니다.

고대 그리스 철학자 플라톤Platon은 "선천적으로 건강하지 않거나 고칠 수 없는 병에 걸린 사람은 치료하지 않는 것이 옳다."라고 말하며 소극적 안락사의 필요성을 주장했습니다. 역시 고대 그리스의 철학자이자 플라톤의 제자인 아리스토텔레스Aristoteles는 "삶에서 고통이나 즐거움을 느낄 수 없는 상태라면 차라리 살해되는 것이 사는 것보다 낫다."라고 말하며 적극적인 안락사를 옹호했습니다.

하지만 중세*로 접어들어 기독교가 세상을 지배하면서 어떤 형태

---

* 유럽 역사에서 5세기부터 15세기까지의 시기.

의 안락사도 인정되지 않았습니다. 인간의 생명은 전적으로 신의 은 총이기 때문에 어떠한 경우라도 인간이 개입해서는 안 되었습니다. 기독교 중심의 서양 세계에서 안락사는 금기였지만, 1930년대 등장한 나치 독일의 총통 아돌프 히틀러는 달랐습니다.

히틀러는 소극적인 안락사는 물론 적극적인 안락사도 광범위하게 인정하면서 국가에 불필요한 사람들을 제거했습니다. 독일인 중 지능이 낮거나 불치병에 걸린 사람들은 본인 의사와 무관하게 임종을 맞이해야 했습니다. 이는 사실상 국가가 저지르는 살인 행위나 다름 없었습니다. 제2차 세계대전 중 유대인 대학살이라는 끔찍한 인권 침해를 경험한 세계 각국은 종전 뒤 인권 보호를 최우선 순위에 두어 안락사를 엄격히 금지하였습니다.

스스로 선택하여 존엄하게 죽을 권리

스위스는 세계에서 가장 먼저 소극적 안락사와 외부 도움에 의한 자살을 인정한 나라입니다. 스위스 사람들은 모든 인간은 행복하게 살 권리가 있을 뿐 아니라, 인간으로서 지녀야 할 최소한의 품위와 가치를 지키면서 존엄하게 죽을 권리도 있다고 생각합니다. 따라서 외부 도움에 의한 자살을 인정하고 이를 '존엄사'라 합니다.

스위스 형법 115조는 "유산을 노리는 등 이기적 동기로 다른 사람의 자살을 돕는 경우 최고 5년 형에 처한다."라는 규정을 두고 있습

니다. 이 조항을 달리 해석하
면 이기적 동기가 없는 외부
도움에 의한 조력 자살은 합
법이라는 결론에 이를 수 있
습니다. 이를 근거로 스위스

DIGNITAS
To live with dignity
To die with dignity

존엄사를 행하는 스위스의 디그니타스 병원

의 병원들은 불치병으로 극심한 고통에 시달리는 말기 환자에게 존
엄사를 시행하고 있습니다. 그중 대표적인 곳이 바로 디그니타스
Dignitas 병원입니다.

1998년 설립된 디그니타스 병원은 스위스에 있는 네 곳의 존엄사
시행 병원 중 유일하게 외국인도 받아들이고 있는 곳입니다. 불치병
으로 고통받는 전 세계 수많은 사람이 디그니타스 병원에서 죽음을
맞이하기 위해 스위스를 찾고 있습니다. 존엄사 신청자는 불치병으
로 인해 참을 수 없는 고통에 시달리고 있다는 의료 기록과 함께 삶
을 포기하는 이유를 적은 의견서를 제출해야 합니다.

의사들은 신청자가 제출한 서류를 꼼꼼히 검토한 뒤 적합한 신청
자를 선별합니다. 서류 심사 단계에서 신청자의 80%는 여러 가지 이
유로 존엄사를 실천에 옮기지 못합니다. 정말로 죽고자 하는 신청자
는 디그니타스 병원이 운영하는 아름다운 집에서 삶의 마지막을 맞
이하게 됩니다.

의사들은 '인생의 마지막을 위한 장소는 깨끗하고 위엄이 있어야
한다.'라는 신념 아래 맑은 호수가 내려다보이는 아름다운 곳에서 존

디그니타스 병원의 안락사 처방약

엄사를 시행합니다. 스위스 형법은 의사가 처방한 약을 반드시 본인이 직접 복용하도록 규정하고 있기 때문에 의사가 준 약을 신청자 스스로 먹어야 합니다.

존엄사 진행 과정에서 신청자는 얼마든지 가족이나 친구 등 다른 사람과 이야기할 수 있는 시간과 기회가 주어집니다. 약을 먹는 시점 역시 본인이 결정해야 하며 만약 신청자의 마음이 바뀌면 언제든지 그만둘 수 있습니다. 실제로 적지 않은 사람이 중간에 마음을 바꾸기도 합니다.

의사는 약을 먹기 직전 신청자에게 진심으로 죽기를 원하는지 반복해서 묻습니다. 그럼에도 신청자가 존엄사를 원하면 신청자가 약을 먹으면서 삶은 마무리됩니다. 이 모든 과정은 비디오카메라로 녹화되어 신청자의 자유 의지에 따라 존엄사가 집행되었음을 증명합니다. 신청자가 숨을 거두면 옆방에서 대기하고 있던 경찰이 사망 신고와 유품 처리 등 사망 이후의 법적 절차를 진행하면서 존엄한 죽음은 막을 내립니다.

디그니타스 병원에서 죽음을 맞이한 사람의 90% 이상이 외국인입니다. 이들은 죽음보다 고통스러운 삶을 마감하기 위해 스위스까지 간 것입니다. 디그니타스 병원을 통해 존엄사를 택한 불치병 환자가 2,000명이 넘는다는 점에서 알 수 있듯, 세상에는 질병이 주는 고통에서 벗어나려는 사람이 많습니다.

네덜란드는 스위스보다 한 걸음 더 나아가 폭넓은 존엄사를 인정하고 있습니다. 이곳에서는 환자가 존엄사를 하기 위해 불치병 말기라는 사실을 입증할 필요조차 없습니다. 스스로 견딜 수 없는 고통을 당하고 있다는 사실을 의사 2명에게 설득하면 됩니다. 네덜란드는 육체적 고통뿐 아니라 극심한 우울증 같은 정신적 고통에도 존엄사를 인정합니다. 또한 부모의 허락 아래 미성년자에 대한 안락사도 인정하고 있습니다.

의사, 잭 케보키언

1928년 5월 잭 케보키언은 미시간주 폰티액Pontiac에서 아르메니아계 이민자의 아들로 태어났습니다. 그의 부모는 가난한 노동자 출신의 기독교인이었습니다. 부모는 아들에게 어려서부터 신앙생활을 강요했지만 독서광인 케보키언은 니체, 다윈 등 무신론자의 책에 빠져들면서 종교와 거리가 멀어졌습니다.

케보키언은 무신론자가 되면서 가족들과 심각한 갈등을 겪었는데, 이는 그의 정서 발달에 부정적인 영향을 미쳤습니다. 그는 가족과의

존엄사를 주장한 잭 케보키언

갈등 속에서도 초등학교부터 고등학교를 마칠 때까지 학업에서 탁월한 능력을 보였습니다. 고등학교 졸업 뒤에는 미시간 대학교 의과 대학에 진학해 의학도의 길을 걸었습니다. 1952년 의대를 졸업한 그는 한국 전쟁에 군의관으로 참전하면서 죽음을 경험하게 됩니다.

탄알이 비 오듯이 쏟아지는 전쟁터에서 온몸에 상처를 입고 고통스러워하는 군인들은 케보키언에게 죽여 달라고 요청했습니다. 하지만 그가 할 수 있는 일이라고는 진통제를 주사하는 일밖에 없었습니다. 그는 1년 반 동안 야전 병원 군의관으로서 수많은 죽음을 접하면서 희망 없는 고통에 시달릴 바에야 차라리 죽는 편이 낫다는 생각을 하게 되었습니다. 한국 전쟁을 계기로 편안한 죽음에 관심을 갖게 된 케보키언은 미국으로 돌아와 의사로 활동하면서 죽음에 대한 본격적인 연구를 시작했습니다.

1958년부터 케보키언은 의학 잡지에 논란이 되는 글을 올리며 의료계의 주목을 받기 시작했습니다. 그는 '교도소 죄수들은 인권이 없기 때문에 의학 발전을 위해 생체 실험에 동원해야 하며 적극적으로 사형을 집행해야 한다.'라고 주장했습니다. 또한 사형수의 장기를 적출해 활용해야 하며 범죄자들의 뇌를 해부해 범죄자의 특성을 연구해야 한다고 주장했습니다.

케보키언은 베트남 전쟁이 일어나고 미군의 부상자가 속출하자 부족한 혈액 문제를 해결하기 위해 시체의 피를 활용하는 실험을 하기도 했습니다. 이 과정에서 그는 C형 간염에 감염되기도 했지만, 살아 있는 사람에게는 제한적이나마 시체의 피를 사용할 수 있다는 사실을 알게 되었습니다. 그는 자신이 알게 된 사실을 바탕으로 정부에 국가적 차원에서 시체의 피를 활용하자는 제안을 했습니다. 그러나 의학계의 강력한 반발에 부딪쳐 뜻을 이루지 못했습니다. 이 같은 기이한 행동으로 인해 케보키언은 의학계에서 이단자 취급을 받으며, 주변 사람들과 어울리지 못했습니다.

미국식 존엄사

미국 사회에서 의사는 돈을 많이 버는 직업이지만 케보키언은 예외였습니다. 그는 큰 병원에서 월급 의사로 일했으나 직장 동료들과 수시로 마찰을 일으켜 쫓겨났습니다. 이곳저곳을 전전하던 그는 미시간에 정착해 조그만 병원을 냈지만, 환자가 거의 없어 경영난에 시달리다 결국 문을 닫았습니다. 의사로서 실패자에 가까웠던 그에게 경제적 어려움은 항상 따라다녔습니다.

1989년 케보키언은 세상을 깜짝 놀라게 할 만할 일을 준비하기 시

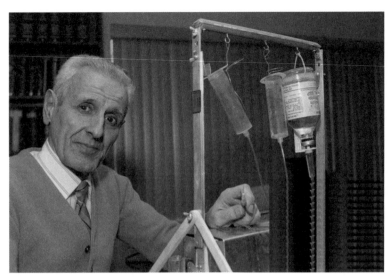

죽음의 기계 타나트론

작했습니다. 벼룩시장에서 45달러를 들여서 구입한 물품으로 사람 죽이는 기계를 개발했습니다. 세 개의 주사기로 이루어진 이 기계를 작동시키면 자동으로 주사기 속 독극물이 몸속으로 들어가 죽음에 이르렀습니다. 케보키언은 자살을 돕는 발명품에 그리스어로 죽음의 기계를 의미하는 '타나트론Thanatron'이라는 이름을 붙였습니다.

타나트론이 완성되자마자 케보키언은 지역 신문에 광고를 내 준엄사 희망자를 모집했습니다. 얼마 지나지 않아 첫 번째 여성 희망자가 연락을 해 왔고, 케보키언은 자동차 안에서 그녀의 죽음을 도왔습니다. 그는 타나트론의 주사기에 생리 식염수, 마취제, 심장을 멈추게 하는 독극물인 염화칼륨을 넣고 신청자의 옆을 지켰을 뿐, 실제로 기계를 작동하게 한 것은 여성 신청자였습니다.

타나트론은 생리 식염수를 몸 안에 집어넣는 것을 시작으로 마취제를 넣어 신청자의 의식을 잃게 한 뒤 마지막으로 염화칼륨으로 심장을 멈추게 하면서 불과 5분도 되지 않아 신청자를 죽음으로 이끌었습니다. 이후로도 케보키언은 신청자를 대상으로 대가 없이 자살을 도와주었습니다. 시간이 흐를수록 존엄사를 선택하여 그를 찾는 사람이 늘어나면서 그는 논란의 대상이 되었습니다.

수많은 사람이 케보키언을 두고 희망도 없이 극심한 고통에 시달리는 환자를 도와준 의인이라고 평가했지만 그를 비난하는 사람도 많았습니다. 케보키언을 반대하는 사람은 인간의 생명을 살리는 것이 존재 이유인 의사가 사람을 죽이는 데 앞장서는 것은 본연의 임무에 위반된다고 생각했습니다.

잭 케보키언을 도와준 변호사 제프리 피거

논란이 커지자 검찰청은 케보키언을 체포해 처벌하려고 했지만 마땅히 처벌할 법 규정을 찾을 수 없었습니다. 그가 법망을 빠져나가기 위해 외부인의 도움으로 자살할 수 있는 권리가 보장된 주에서만 신청자의 존엄사를 도왔기 때문입니다. 게다가 제프리 피거Geoffrey Fieger라는 특급 변호사가 돈도 받지 않고 열정적으로 케보키언을 도와주었습니다. 검찰은 그를 사법 처리하지 못한 채 발만 동동 구르고 있었습니다.

제프리 피거 변호사는 케보키언이 법정에 설 때마다 자살자의 가족을 증인으로 신청해, 그동안 죽은 이가 얼마나 끔찍한 고통에 시달려 왔는지 설명하며 배심원에게 호소했습니다. 상식을 지닌 평범한 배심원들은 죽음이라는 방법을 통해 환자를 고통에서 해방시켜 준 케보키언을 나쁘게 여기지 않고 무죄로 판결을 내렸습니다.

130명의 안락사를 도운 케보키언

1990년 케보키언은 첫 번째 존엄사를 도운 이후 8년 동안 무려 130명 넘는 사람을 죽음으로 이끌며 네 차례나 법정에 섰습니다. 하지만 단 한 번도 처벌받지 않고 풀려나며 엄청난 유명세를 얻었습니다. 세계적인 시사 주간지 〈타임TIME〉의 표지 모델이 되는 영광을 얻었고, 인기 TV 프로그램에 출연해 연예인 못지않은 유명세를 누렸습니다. 케보키언의 사회적 영향력이 커질수록 그를 혐오하는 사람도 늘어났지만, 그는 이 문제를 대수롭지 않게 여겼습니다.

1992년 미시간주는 케보키언의 행동을 중단시키기 위해 자살하는 사람을 도울 수 없도록 하는 법안을 통과시켰습니다. 또한 그의 의사 면허를 취소해 어떤 종류의 의료 행위도 할 수 없도록 했습니다. 이로 인해 케보키언은 더는 합법적인 방법으로 마취약과 염화칼륨을 구할 수 없게 됨으로써 다른 방법을 찾아야 했습니다.

케보키언은 밀폐된 공간에서 일산화탄소를 호흡하게 하는 방법으로 환자들을 죽음으로 이끌었습니다. 그러나 이는 미국 사람들에게 큰 혐오감을 주었습니다. 가스를 이용해 사람을 죽이는 일은 제2차 세계대전 당시 히틀러가 유대인을 독가스로 죽인 것과 다르지 않다고 생각했기 때문입니다. 그의 행위에 거부감을 느낀 사람들이 매일 그의 집 앞에서 반대 집회를 열었습니다. 이에 케보키언은 존엄사 논란을 해결하기 위한 특단의 대책으로 적극적인 안락사를 계획했습니다.

1998년 9월 케보키언은 오랫동안 루게릭병*으로 고통받던 환자 토마스 유크Thomas Youk를 대상으로 적극적인 안락사를 시행했습니다. 모든 과정이 비디오테이프에 녹화되는 가운데 환자의 팔에 마취제와 염화칼륨을 주입해 죽음에 이르게 했습니다. 그는 적극적인 안락사를 담은 비디오테이프를 미국 메이저 방송국인 CBS에 보내 전국에 방송해 달라고 요청했습니다. 방송국 관계자는 비디오테이프 내용이 세상에 알려지면 곤경에 빠질 수 있다고 경고하며 다시 생각해 볼 것을 요구했지만, 케보키언은 뜻을 굽히지 않았습니다.

마침내 그해 11월 토마스 유크 안락사 영상이 미국 전역에 방영되었습니다. 케보키언이 시술하는 적극적 안락사 장면이 여과 없이 방송을 타고 사람들에게 전달되자 미국 사회는 발칵 뒤집혔습니다. 염

---

* 퇴행성 신경 질환으로 원인이 밝혀지지 않은 희귀 질환이다. 대뇌 및 척수의 운동 신경원이 선택적으로 파괴되기 때문에 '운동 신경원 질환'이라고도 한다.

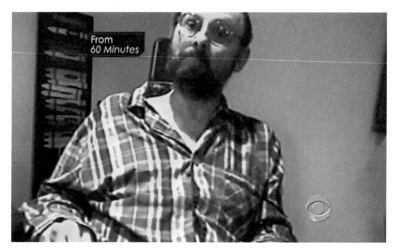

미국인에게 충격을 준 토마스 유크의 존엄사 동영상

화칼륨을 주입하자 심장이 천천히 멈추며 죽어 가는 환자의 모습을
지켜보던 시청자들은 집단적인 트라우마를 겪었습니다. 기독교 보수
단체를 중심으로 케보키언을 처벌하라는 요구가 빗발쳤습니다. 정부
는 그를 사법 처리하기 위해 다섯 번째로 법정에 세웠습니다.

케보키언은 지금까지 무료 변론을 자청해 가며 자신에게 도움을
준 제프리 피거 변호사를 해임한 뒤 혼자서 모든 일을 처리하기로 결
정했습니다. 그는 법정에서 존엄사의 필요성을 역설함으로써 미국
전역에 반향을 불러일으키고자 했습니다. 반면에 검찰은 유능한 검
사를 총동원해 케보키언을 사법 처리하기 위해 혈안이 되어 있었습
니다.

케보키언은 토마스 유크의 존엄사 전에는 단 한 번도 직접 환자 몸
에 염화칼륨을 주입한 적이 없으며 단지 환자가 스스로 기계를 작동

할 수 있도록 도와주었을 뿐입니다. 더구나 죽음을 선택한 사람의 가족이 법정에 증인으로 나와 그에게 유리한 증언을 쏟아 냄으로써 도덕적 정당성을 지닐 수 있었습니다. 검찰은 기껏해야 자살 방조죄 정도를 물을 수 있었지만, 케보키언은 자살 방조죄가 없는 주에서 존엄사를 시행했기 때문에 법망을 빠져나올 수 있었습니다.

논란의 대상이 된
염화칼륨

하지만 이번에는 기존에 벌어진 존엄사와 달리 환자의 몸에 직접 독극물을 주입했기 때문에 검찰은 살인죄로 기소했습니다. 케보키언이 살인죄로 재판정에 서자, 법정은 지금까지의 분위기와는 완전히 딴판으로 돌아갔습니다. 자살 방조 사건이 아니었기 때문에 사망자 토마스 유크의 가족이 법정에 나와 케보키언에게 유리한 증언을 해 줄 수도 없었습니다.

법률에 문외한인 케보키언은 제대로 방어할 수 없었고, 그는 검사들의 집요한 질문 공세에 당황했습니다. 검찰이 증인으로 내세운 의사들은 환자가 죽음에 이른 것이 루게릭병 때문이 아니라, 케보키언이 주입한 염화칼륨 때문이라고 주장하며 그를 궁지에 몰아넣었습니다. 재판이 자신에게 불리하게 진행되자 케보키언은 배심원을 향해 "만약 나에게 유죄 판결을 내린다면 역사의 준엄한 심판을 받을 것이다."라고 말하며 배심원을 불쾌하게 만들었습니다.

결국 배심원단은 검찰의 주장을 받아들여 케보키언의 살인죄를 인정하고, 최소 10년에서 최대 25년에 이르는 징역형을 법원에 제안했습니다. 법원은 배심원단의 결정을 그대로 받아들여 그에게 살인죄를 물었습니다.

판결 선고에 앞서 판사는 케보키언에게 "미국은 다양한 의견을 존중하는 나라입니다. 국민은 언제든지 법을 비판할 수 있으며 언론에 알리거나 정부에 건의하는 등 다양한 방법을 통해 악법의 폐지를 요구할 수 있습니다. 그러나 한 가지 명심해야 할 점은 모든 행위는 법의 테두리 안에서 이루어져야 한다는 것입니다. 법을 위반해서도 안되며, 법을 자의적으로 해석해서도 안 됩니다. 빈부귀천에 상관없이 미국 국민 누구도 법 위에 있어서는 안 되며 있을 수도 없습니다. 피고는 현행 사법 제도에 저항하기 위해 의도적으로 법을 어겼으며, 이는 처벌받아 마땅한 행동입니다. 인간의 죽음에 대한 문제는 매우 중요하기 때문에 피고인이 구속된 이후에도 미국 사회에서 끊임없이 논의될 것입니다. 법원은 피고인이 다시는 이 같은 극단적인 방법을 통해 존엄사 문제를 쟁점화하지 않기를 바랍니다."라고 말했습니다.

1999년 결국 케보키언은 일흔한 살의 고령으로 교도소에 수감되었습니다. 그리고 8년 6개월 만인 2007년 건강 악화를 이유로 가석방되었습니다. 정부는 그에게 가석방을 허락하는 조건으로 앞으로 다시는 환자를 죽음으로 이끌지 않겠다는 약속을 요구했습니다. 케보키언은 정부의 요구를 받아들여 가석방되었지만 존엄사에 대한 그의 신념은 결코 꺾이지 않았습니다.

케보키언은 사회로 돌아오자마자 존엄사의 필요성을 외치고 다녔습니다. 더욱이 존엄사를 허용하는 법안을 만들기 위해 미시간주 의원 선거에 직접 출마했습니다. 하지만 그를 부정적으로 바라보는 시민이 많았고, 케보키언은 2% 정도의 지지를 얻는 것에 그쳐 낙선하고 맙니다. 이후로도 수많은 강연회에 참석해 존엄사의 필요성을 역설하다가 2011년 6월 신장병으로 세상을 떠났습니다. 케보키언은 죽기 전에 병원을 상대로 생명을 연장하는 의료 행위를 절대로 하지 말 것을 요구했으며, 입원한 지 8일 만에 여든세 살의 나이로 편안하게 눈을 감았습니다.

죽음의 의사가 남긴 유산

미국 사람들은 케보키언을 가리켜 '죽음의 의사'라고 불렀습니다. 그를 혐오한 사람들은 그에게 온갖 모욕적인 욕설을 퍼부으며 히틀러와 다를 바 없는 악마로 매도했습니다. 하지만 케보키언은 단 한 번도 자신의 뜻을 굽힌 적이 없습니다. 그는 의사란 환자의 생명을 살리는 것뿐만 아니라, 불치병에 걸려

존엄사의 필요성을 역설하는 잭 케보키언

살 수 없는 환자를 죽음이라는 최후의 수단을 통해 고통에서 해방시켜 주는 도우미라고 생각했습니다.

케보키언은 죽기 전까지 "회생 불가능한 환자가 죽음을 원한다면 의사로서 마땅히 도와줘야 한다."라는 주장을 굽히지 않을 정도로 품위 있게 죽을 권리가 있다고 믿었습니다. 이러한 신념으로 인해 징역형까지 살아야 했지만 시간이 흐를수록 케보키언의 생각에 공감하는 사람이 늘어나고 있습니다.

1994년 미국 오리건Oregon주 의회는 존엄하게 죽을 권리를 인정하며 처음으로 존엄사를 합법화하려고 했습니다. 연방 대법원 역시 오리건주 의회가 정한 법안이 합헌이라 판단하며 힘을 실어 주었지만 보수파인 공화당이 발목을 잡았습니다. 공화당 출신 의원들이 똘똘 뭉쳐 존엄사 허용 법안을 폐지하려는 작업에 나서자, 1997년 11월 오리건주 의회는 법안을 주민 투표에 부쳐 민의에 따라 결정하기로 했습니다. 오리건주의 주민 절대다수가 존엄사에 찬성하면서 미국 내에서 처음으로 존엄사가 합법화되었습니다. 이후 워싱턴, 버몬트, 뉴멕시코, 몬태나 등 점점 많은 주가 존엄사를 인정하면서 다른 주들 역시 존엄사를 인정하는 방향으로 나아가고 있습니다.

캐나다, 스웨덴, 룩셈부르크, 벨기에, 스위스, 네덜란드, 프랑스 등 수많은 선진국에서는 이미 존엄사가 인간의 기본권으로 인정되고 있습니다. 존엄사를 인정한 선진국 사람들은 회복 불가능한 질병으로 인해 참을 수 없는 고통을 겪고 있는 환자들에게 얼마 동안의 생명 연장은 의미가 없다고 생각합니다. 의식이 없는 혼수상태에서 가족

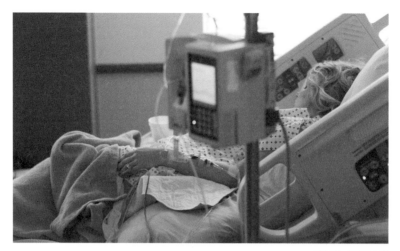

도 못 알아보고 죽는 것보다는 판단력이 남아 있을 때 사랑하는 이들
과 헤어지는 것이 더 인간적이라는 생각 아래 존엄사를 인정하고 있
습니다. 행복하게 사는 것만큼이나 아름답게 죽는 것이 중요해진 요
즘 존엄사를 용인하는 국가는 계속해서 늘어나고 있습니다.

★

네덜란드의
안락사 논쟁

네덜란드는 세계에서 가장 개방적인 나라로 손꼽힌다. 커피숍에서 합법적으로 마약을 판매하는데, 이는 다른 나라에서는 찾아볼 수 없는 광경이다. 또한 네덜란드에서는 동성애자도 이성애자와 동등한 권리를 누린다. 안락사 역시 널리 인정되며 국민의 기본권으로 당연하게 받아들여지고 있다.

2001년 왕립의학협회는 안락사를 합법화하면서 '안락사란 자신의 상태에 관해 충분한 정보를 갖고 있는 환자가 적극적으로 삶을 종결시키는 것이다.'라고 정의를 내렸다. 네덜란드의 안락사 법에서 주목할 점은 육체적 고통을 덜기 위한 안락사뿐만 아니라 정신적 고통을 덜기 위한 안락사도 인정하고 있다는 것이다.

네덜란드의 경우 전체 사망 원인 중 4%가 안락사에 의한 사망일 정도로 안락사를 선택하는 것이 일반화되었다. 또한 안락사의 1% 정도가 정신적 원인에 의한 것으로, 많지는 않지만 정신적 이유를 들어 안락사를 택하는 사람이 분명히 존재한다.

그런데 여기서 한 가지 문제점이 발생한다. 신체적으로 병에 걸렸을 경우 첨단 의료 기기를 통해 병의 종류와 이로 인한 통증을 어느 정도 객관적으로 파악할 수 있지만 정신적인 고통은 객관적으로 측정하기가 쉽지 않다. 네덜란드는 환자가 정신적 고통을 이유로 안락사를 원할 경우 2명의 정신과 전문의의 동의를 받아야 하는 규정을 만들어 놓았다.

정신병으로 고통받고 있는 환자는 정신과 의사에게 지금보다 나아질 가망성이 없는, 참을 수 없는 정신적 고통을 가졌다는 사실과 이를 개선할 수 있는 방법이 전혀 없음을 증명해야 한다. 그러나 만 열두 살 미만인 어린이의 경우 어떤 이유에서건 모든 종류의 안락사를 선택할 수 없다. 열두 살 이상부터 열여섯 살까지는 안락사를 선택할 수 있지만 미성년자이기 때문에 부모의 동의를 받아야 한다.

안락사가 실행되어 환자가 세상을 떠날 경우 그것으로 일이 끝나지 않는다. 변호사, 의사, 윤리학자로 구성된 심사 위원회가 안락사가 적절하게 시행되었는지 꼼꼼히 따져 보는 과정을 거쳐야 한다.

원래 안락사는 인간의 품격을 바닥까지 떨어뜨리는 끔찍한 죽음을 막기 위해 허용되었다. 그러나 네덜란드에서 안락사의 범위를 정신적인 원인까지 포함시키면서 사실상 무제한으로 인정하자 힘든 삶을 피하기 위해 안락사를 선택하는 사람이 늘어나고 있다. 이런 이유로 네덜란드에서는 정신적인 원인에 의한 안락사를 허용하지 말아야 한다는 주장이 계속되고 있지만 신에게 부여받은 생명을 돌려주는 것은 개인의 권리이자 선택이라는 의견이 조금 더 많은 상황이다.

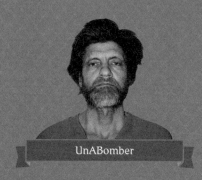

02

UnABomber

폭탄 테러범이 된 수학 천재,

유나바머

미국 최악의 수학 천재 (1942~)
현대 문명이 인류를 파괴한다는 문명 혐오주의자로 20년간 숲속에서
은둔 생활을 하며 과학 기술과 관련 있는 사람들에게 우편물 폭탄 테러
를 감행했다.

수학 천재 시어도어 카진스키

유나바머의 본명은 시어도어 카진스키Theodore Kaczynski 입니다. 그는 1942년 시카고에서 폴란드 이민자의 아들로 태어났습니다. 그의 부모는 자녀 교육에 관심이 많은 전형적인 엘리트였습니다. 아버지는 자식이 다양한 지식을 접할 수 있도록 집 전체를 서재로 꾸며 놓고 책장마다 책으로 가득 채웠습니다. 방대한 독서량을 바탕으로 카진스키는 지적 능력이 같은 또래에 비해 월등했고, 심도 깊은 사고 능력을 갖추었습니다.

지능 지수$_{IQ}$가 167인 카진스키는 특히 수학에 천부적인 재능을 보여 주변 사람의 기대를 한 몸에 받았습니다. 어려운 수학 문제와 맞닥뜨리면 학교에도 가지 않고 방에 틀어박혀 그 문제를 해결할 때까지 밖으로 나오지 않을 정도로 수학을 좋아했습니다.

그는 중·고등학교 시절 월반을 거듭해 15살의 나이에 하버드 대학에 입학했습니다. 18살 때는 하버드 대학 교수도 풀지 못한 어려운 수학 문제를 해결해 명성을 떨치기도 했습니다. 그가 22살에 발표한 박사 논문은 그해 미국 최고의 논문으로 뽑힐 정도로 탁월해 그는 서

20대의 젊은 나이에
명문 버클리 대학 교수가 된
시어도어 카진스키

부 지역 명문 대학인 버클리_{Berklee} 대학 수학과 최연소 종신 교수 자리를 제안받았습니다. 미국에서 명성이 높은 버클리 대학의 교수가 된다는 것은 커다란 영광이었습니다.

　하지만 카진스키는 버클리 대학에 2년밖에 머무르지 않았습니다. 그가 하버드 대학에 재학하던 시절 미국 정부는 극비리에 '스트레스가 인체에 미치는 영향'에 관한 실험을 진행했습니다. 실험 대상은 정신 상태가 불안한 사람이었는데, 매우 예민한 성격으로 평소 약간의 조울증이 있던 카진스키가 그 실험에 걸려들었습니다.

　하버드 법대생 4명이 미국 정부로부터 돈을 받고 카진스키를 자극하는 실험에 참여했습니다. 그들은 카진스키가 참석 중인 토론 수업에 들어가 그를 사정없이 몰아붙였습니다. 카진스키는 한 학기 내내 법대생들의 표적이 되어 괴롭힘을 당했는데, 그때 마음속에 큰 상처를 입었습니다. 이 사실을 버클리 대학 교수 시절에 우연히 알게 된 카진스키는 분노가 폭발해 더는 일을 할 수 없었습니다.

신기술의 폐기를 주장한 신新 러다이트 운동가

학교를 그만둔 카진스키는 자연을 사랑하고 자연 속에서 동화되는 삶을 사는 데 충실했던 헨리 데이비드 소로Henry D. Thoreau*를 동경했습니다. 그는 소로처럼 살기 위해 대도시를 떠나 몬태나주 깊은 숲속으로 들어갔습니다. 그곳에서 통나무집을 짓고 땅을 일구며 한동안 평온한 삶을 누렸습니다. 그런데 그가 살던 곳에 도로가 건설되면서 문제가 생겼습니다. 하루도 거르지 않고 산책하던 숲길이 모두 파헤쳐져 도로로 변해 갔습니다. 이 모습을 지켜보던 카진스키는 이익을 위해서 자연을 파괴하는 현대 문명에 대해 회의감을 느끼기 시작했습니다. 그는 미국 사회가 19세기 초반 러다이트 운동Luddite Movement**이 벌어지던 영국과 다를 바 없다고 생각했습니다.

18세기 후반 영국에서 시작된 산업 혁명은 19세기 들어 더욱 빠른 속도로 확산되며 사람들의 삶에 큰 영향을 미치게 되었습니다. 섬유 공장을 운영하던 자본가들은 기계가 인간보다 훨씬 높은 생산성을 보이자 앞다투어 기계를 들여 놓았습

시어도어 카진스키의 통나무집

---

* 미국 사상가 겸 문학자(1817~1862), 자연에 대해서 뿐만 아니라 사회 문제에 대해서도 항상 민감한 반응을 보였다.
** 1811~1817년 영국의 중부 및 북부의 직물 공업 지대에서 일어난 기계 파괴 운동.

니다. 기계가 보급될수록 노동자의 일자리는 줄어들었습니다. 자본가의 이익이 극대화되는 동안 가난으로 고통받는 사람의 수도 폭발적으로 증가했습니다. 공장에 기계 한 대를 들이면 노동자 100명이 일자리를 잃었습니다. 기계화는 인간을 고된 노동에서 해방시키는 긍정적인 역할보다는 노동자의 삶 자체를 크게 위협하는 부정적인 역할을 했습니다.

1811년 3월 영국 내에서 경제 사정이 가장 좋지 않던 곳 중 하나인 노팅엄Nottingham에서 노동자들이 봉기하면서 러다이트 운동이 시작되었습니다. 기계화로 일자리를 잃은 노동자들은 지도자 네드 러드Ned Ludd의 통솔 아래 밤이 되면 가면을 쓰고 나와 공장을 돌아다니며 기계를 파괴했습니다. 기계를 때려 부수는 행위는 자본가에 대한 뿌리 깊은 증오를 드러내는 행동이었습니다.

러다이트 운동의 지도자인 네드 러드

러다이트 운동이 시작된 지 한 달도 되지 않아 노팅엄 지역에서만 1,000대 이상의 기계가 파괴되어 자본가들에게 엄청난 타격을 주었습니다. 노팅엄에서 시작된 기계 파괴 운동은 영국 전역으로 퍼져 나가면서 자본가들의 이익을 위협했습니다.

자본가에 대한 반감을 드러낸 러다이트 운동

그러자 영국 의회가 나서기 시작했습니다. 대부분이 부유층인 의회는 자본가의 편에 서서 사태 해결에 나섰습니다.

1812년 영국 의회는 기계를 부수는 자에게 최고 사형까지 처할 수 있는 강력한 법안을 통과시키며 사태 수습에 적극적으로 나섰습니다. 법이 시행된 이듬해인 1813년 러다이트 운동을 주도한 10명의 노동자가 실제로 교수형에 처해지면서 공포 분위기는 최고조에 달했습니다. 사실 자본가의 재산인 기계를 파괴한 죄로 사람의 생명을 빼앗는 사형에 처하는 것은 지나치게 과도했습니다. 하지만 자본가의 천국이었던 19세기 영국에서는 얼마든지 있을 수 있는 일이었습니다.

카진스키는 19세기에 기계가 노동자의 삶을 황폐화시킨 것처럼 20세기에는 컴퓨터를 비롯한 각종 첨단 기계가 인류의 평안을 위협하고 있다고 판단했습니다. 그는 산업 혁명을 부정적인 시각으로 바라보았으며 기술이 발전하면 할수록 인류는 불행의 나락으로 떨어질 것이라고 믿었습니다. 그는 기술이 고도화되어 더 많은 노동자가 일터에서 쫓겨나는 20세기가 러다이트 운동이 시작된 19세기보다 위험하다고 생각했습니다.

국가마다 일자리를 찾는 사람이 넘쳐나기 때문에 창의적 능력을 지닌 극소수 인재를 제외하고는 대부분의 노동자가 최저 임금 수준에 머무르면서 가난을 면치 못할 것이라 주장했습니다. 이처럼 카진스키는 19세기 초반 기계화를 기반으로 한 산업화를 반대하는 러다이트 운동을 벌였던 노동자와 비슷한 생각을 하고 있는 사람으로서 신新 러다이트 운동가였습니다.

폭탄 테러범 유나바머가 된 카진스키

현대 문명사회에 대해 회의를 품고 자연에서 평온하게 살던 카진스키는 보금자리가 돈벌이를 위한 개발로 파괴되자 분노를 참지 못하고 극단적인 행동가로 돌변하게 되었습니다.

1978년 5월 카진스키는 노스웨스턴Northwestern 대학교 공대의 버클리 크라이스트Berkeley Christ 교수에게 폭탄이 든 소포를 보냈습니다. 소포를 받은 교수는 불길한 예감이 들어 개봉하지 않고 경찰에 신고했

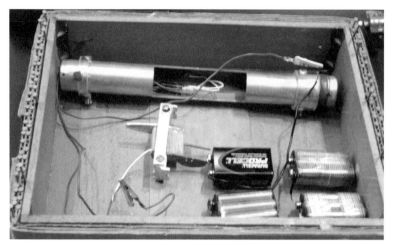

시어도어 카진스키가 만든 사제 폭탄

습니다. 경찰이 출동해 소포를 여는 순간 폭탄이 터져 주변 사람들이 크게 다치는 사고가 발생했습니다. 이후로도 카진스키는 17년 동안 총 16개의 우편물 폭탄으로 3명을 살해하고 29명에게 큰 부상을 입혔습니다.

카진스키는 주로 공대 교수나 컴퓨터 업계에 종사하는 사람들을 공격의 대상으로 삼았습니다. 그가 특정한 대상을 상대로 끔찍한 폭탄 테러를 저질렀지만 어떤 증거도 남기지 않아 수사 기관은 사건의 실마리조차 찾지 못했습니다.

사람들은 정체를 알 수 없는 테러범을 특정 짓기 위해 그를 유나바머UnABomber라 부르기 시작했습니다. 그가 주로 대학University 과 항공사Airline를 공격한 폭파범Bomber이었기 때문에 단어의 앞 글자를 조합해 유나바머UnABomber가 된 것입니다. 미국 연방 수사국FBI은 유나바머

FBI의 현상 수배범이 된 유나바머

를 잡기 위해 150여 명의 전담 요원을 배치하고 무려 5,000만 달러가 넘는 예산을 사용했지만, 사건은 계속 미궁 속으로 빠져들었습니다. 세계 최고의 수사 능력을 보유한 FBI가 범인을 잡지 못한 채 수사가 제자리를 맴돌자 국민들의 비난이 쏟아졌습니다.

그런데 1995년 4월 뜻밖의 사건이 벌어집니다. 미국 양대 일간지인 〈뉴욕타임스〉와 〈워싱턴포스트〉에 유나바머가 편지를 보내 만약 자신의 글을 신문에 게재해 주면 테러를 중단하겠다고 제안한 것입니다.

FBI는 깊은 고민에 빠졌습니다. 유나바머의 요구를 수용하지 않으면 테러가 계속되어 무고한 희생이 이어질 것이고, 수용한다면 테러범의 요구에 굴복하는 모양새가 되기 때문입니다. 또한 테러범의 요구를 신문에 버젓이 실어 준다면 나쁜 선례가 되어 앞으로도 비슷한 일이 반복될 수 있는 가능성마저 농후한 상황이었습니다.

FBI 수사관들은 이 사건의 처리를 위해 회의를 거듭한 끝에 같은 해 9월이 되어서야 비로소 결론에 도달했습니다. 범인의 글을 신문에 게재하는 것이 테러리스트를 잡을 수 있는 유일한 방법이라 판단했습니다. 혹시 테러범이 자주 쓰는 단어를 보고 제보 전화라도 온다면 사건 해결의 실마리를 찾을 수 있을 것이라고 기대했기 때문입니다. 1995년 9월 19일자 〈뉴욕타임스〉와 〈워싱턴포스트〉에 실린 유나바머의 글은 곧바로 미국 전역에 엄청난 파장을 불러왔습니다.

유나바머 선언문

유나바머의 글은 3만 5,000개의 단어, 232개의 문단, 36개의 각주로 구성되어 있었고, A4 용지로 54쪽에 이르는 긴 선언문이었습니다. 특히 각주 16번에는 '만약 저작권법이 문제가 되어 신문에 게재가 불가능하다면 각주 16을 다음 문장으로 바꾸어 주기 바란다.'라는 문

언론에 공개된
유나바머 선언문

구를 남겨 두기도 했습니다. 이 문구는 만약 저작권법이 문제가 되어 자신의 글이 신문에 실리지 못할 경우를 우려한 것입니다.

'산업 사회와 미래'라는 제목의 성명서에는 현대 산업 사회와 첨단 기술을 조목조목 비판하는 내용이 담겨 있었습니다.

그는 과학 기술이 발전하고 사무 자동화가 진전될수록 인간의 노동은 점점 가치를 잃게 되어 대부분의 사람이 사회를 지탱하는 데 전혀 쓸모가 없는 짐과 같은 존재가 될 것이라고 말했습니다. 만약 무자비한 지도자가 등장한다면 불필요한 사람을 대상으로 대량 학살을 저질러 잉여 인력의 문제를 해결하려 들 것이며, 설령 대량 학살이 일어나지 않더라도 권력을 가진 사람이 첨단 과학 기술을 총동원해 국민을 감시하고 통제하는 세상이 올 것이라고 우려했습니다.

카진스키는 산업 혁명에서 비롯된 지금까지의 문제를 해결하기 위해서는 산업화 이전으로 돌아가는 것이 최선이라고 말했습니다.

인류는 아주 오래전에 지구에 등장했지만 산업 혁명 이전까지만 하더라도 인류의 삶으로 인해 자연이 큰 피해를 입는 일은 없었습니다. 이는 인간이 자연의 일부로서 자연에 순응하며 살아왔기 때문입니다.

하지만 18세기 후반 산업 혁명에서 비롯된 대량 생산 및 대량 소비 시스템은 자연에 엄청난 고통을 주었습니다. 사람들은 대량 생산을 위해 자연을 마구 파헤쳤으며 대량 소비의 부산물로 생겨난 쓰레기를 제대로 처리하지 못해 다시 한번 자연을 훼손했습니다. 산업 혁명

대량 생산 및 소비의 부작용인 엄청난 양의 쓰레기

이후 200여 년 동안 인류가 자연에게 준 고통은 이전까지 살다 간 모든 세대가 자연에게 준 고통보다 훨씬 클 만큼 막대했습니다.

카진스키는 인간이 자연에 가하는 억압을 끝낼 수 있는 유일한 방법은 산업 사회를 끝내고 자연에 순응해 살던 시대로 돌아가는 것이라고 주장했습니다. 폭탄 테러를 저지르기 이전까지만 하더라도 카진스키는 숲속에서 자연의 일부로 살아가는 삶을 몸소 실천한 사람이었습니다. 그는 물질적 풍요를 포기하지 못하고 있는 인류가 바뀔 수 있는 길은 개혁이 아닌 혁명이라고 믿었습니다.

프랑스 대혁명 때처럼 사려 깊고 실천력 있는 지식인들이 나서서 자연과 인류의 공존을 위한 혁명을 일으킬 때 비로소 세상은 바뀔 수

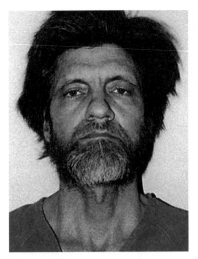
이상 사회를 꿈꾼 테러리스트 유나버머

있다고 주장했습니다. 이처럼 카진스키는 현대 문명 사회에서 발생하는 문제에 대한 명쾌한 대안까지 제시해, 읽는 사람이 큰 충격을 받도록 했습니다. 그는 과학 기술의 위험을 인류에게 알리기 위해 극단적인 방법으로 테러를 선택했을 뿐이며, 개인적인 욕심은 없다고 주장했습니다.

유나버머의 선언문을 읽은 사람들은 혼란에 빠졌습니다. 추악한 미치광이 테러리스트인 줄 알았던 유나버머가 대단한 지적 능력을 갖춘 선각자라 여겨졌기 때문입니다. 그로 인해 적지 않은 미국인이 유나버머의 주장에 공감하며 그를 살인마가 아닌 과격한 정치 운동가로 존경하기에 이르렀습니다. 하지만 선언문 공개는 유나버머의 종말을 알리는 신호탄이었습니다. 그의 동생 데이비드 카진스키David Kaczynski가 선언문을 읽고 자신의 친형이 쓴 글임을 알아차렸기 때문입니다.

유나버머의 선언문에는 '냉혹한 두뇌의 과학자들'이라는 표현이 여러 차례 등장하는데, 이 문구는 평소 유나버머가 즐겨 쓰던 글귀였습니다. 동생의 신고로 유나버머는 FBI에 곧바로 체포되었습니다. 수사관들이 급습한 그의 오두막집에는 전기와 수도 같은 문명 시설이 전혀 없었고 책만 가득했습니다.

유나바머는 종신형을 선고받고 콜로라도_{Colorado}에 위치한 중범죄자 전용 연방 교도소에 수감되었습니다. 교도소 안에서도 그는 자신의 신념을 굽히지 않고 저작 활동을 계속하고 있습니다. 유나바머는 단 한 번도 자신을 테러리스트라 생각한 적이 없습니다. 그는 오래전에 살다 간 헨리 데이비드 소로처럼 자신은 문명 비평가라고 주장하고 있습니다.

산업 사회에 대한 성찰

유나바머의 폭탄 테러는 결코 합리화될 수 없는 악행이지만 그가 펼친 주장은 깊게 생각해 볼 필요가 있습니다. 오늘날 인류는 역사상 최고의 물질적 풍요를 누리고 있지만 자연 속에서 마음 놓고 마실 수 있는 물 한 잔을 찾기도 쉽지 않은 상황입니다. 대기 오염이 해가 갈수록 심해져 대부분의 산업 국가에서는 1년 중 맑고 푸른 하늘을 볼 수 있는 날이 많지 않습니다. 카진스키의 주장대로 단번에 산업 사회를 포기할 수는 없지만, 자연과 공존할 수 있는 경제 발전에 대해 고려해야 할 시점에 다다랐습니다.

카진스키가 제기한 화두 중에 첨단 기술이 일으키는 인간 소외 문제에 대해서도 곱씹어 볼 필요가 있습니다. 현대 문명의 집약체인 컴퓨터가 집집마다 보급되기 이전인 1980년대까지만 하더라도 사람들 간의 인간관계는 지금과 사뭇 달랐습니다. 방과 후 아이들은 친구와

스마트폰에 중독된 현대인

함께 운동이나 놀이를 하면서 그들만의 세계를 만들어 갔고, 가정에서도 부모와 자녀 사이의 대화가 끊이지 않았습니다.

하지만 컴퓨터가 보급된 이후 아이들은 친구와 함께하는 것보다 컴퓨터 앞에 앉아 게임이나 인터넷을 하면서 시간을 보내는 경우가 더 많아졌습니다. 구슬치기, 카드놀이 등 오래전부터 내려온 전통 놀이는 손에 땀을 쥐게 하는 짜릿함은 없지만 컴퓨터 게임처럼 밤잠을 잊고 빠져드는 강렬한 중독성으로 문제를 일으키지 않습니다. 이전보다 부모와 하는 대화 역시 줄어들어 점점 더 혼자가 되어 가는 인간 소외 현상도 발생하고 있습니다.

2000년대 들어 스마트폰이 등장하면서 인간 소외 현상이 점점 심해지고 있습니다. 기술 발전에서 비롯된 인간 소외 현상이 심해질수록 인간에 대한 존엄성이 약화되어 살인을 포함한 각종 범죄가 점차 흉포화되고 있습니다. 산업 혁명으로 인류는 이전과는 비교도 할 수 없을 만큼 물질적 풍요를 누리지만 자연환경 파괴, 인간 소외 등 더 많은 손해를 입고 있다고 카진스키는 일관되게 주장하고 있습니다.

★

계속해서 등장하는
유나바머의 후예들

미국 사람들에게 큰 충격을 준 유나버머가 감옥으로 사라진 뒤에도 미국 사회는 결코 안전해지지 않았다. 2000년대 들어 인터넷이 널리 보급된 뒤 누구나 폭탄 제조법을 쉽게 알 수 있게 되면서 폭탄 테러의 위험성이 더욱 커졌다.

2013년 4월 15일 보스턴마라톤대회가 열리던 날, 대형 폭탄 테러가 발생해 미국을 경악케 했다. 범인은 러시아 연방 체첸공화국에서 미국으로 이주한 형제였다. 무슬림인 이들은 기독교 국가인 미국으로부터 박해를 받고 있다는 망상에 빠져 복수를 꿈꾸다가 인터넷에서 압력 밥솥을 이용해 폭탄을 제조하는 방법을 터득하게 되었다. 이들은 수천 명의 관중이 모이는 보스턴마라톤대회 결승점에서 폭탄을 터뜨려 3명이 죽고 280여 명을 크게 다치도록 했다. 범인을 검거하는 과정에서 형은 총격전 중 사망했으며 동생은 중상을 입고 체포되어 결국 사형 선고를 받았다.

한동안 조용하던 미국에서 2018년 3월 유나바머를 떠올리게 하는 사건이 발생했다. 텍사스에 살던 한 흑인이 집으로 배달된 정체불명의 소포를 열던 중 폭탄이 터져 즉사했다. 비슷한 사건이 연달아 일어나자 FBI는 제2의 유나바머가 등장할 것을 우려해 100여 명의 베테랑 수사관을 동원해 대대적인 범인 색출에 나섰다. 그런데도 소포 폭탄 사건은 6건이나 발생해 3명이 죽고 6명이 부상당했다. FBI가 포위망을 좁혀 나가자 범인인 23살의 백인 청년은 자동차 안에서 폭탄을 터뜨려 스스로 생을 마감했다. FBI는 범인을 생포해 범행 동기를 알아내고자 했지만 범인이 자살하는 바람에 뜻을 이루지 못했다. 다만 사망한 피해자가 모두 흑인이라서 유색 인종 증오 범죄라고 추측할 뿐이다.

텍사스 사건이 일어난 지 얼마 되지 않아 다른 유형의 소포 폭탄 사건이 발생하면서 미국 사회를 다시 긴장 속으로 몰아넣었다. 이때 폭탄 테러의 대상은 버락 오바마 전 대통령, 힐러리 클린턴 대선 후보, 조지 소로스 금융 재벌, 영화배우 로버트 드 니로 등 미국의 저명인사들이었다. 이들의 공통점은 도널드 트럼프 대통령을 비판한 사람들이었고, 범인은 도널드 트럼프의 극성스러운 지지자였던 것으로 밝혀졌다. 그나마 다행인 것은 소포를 받은 유명 인사들이 평소에도 테러의 위협 속에 살았기 때문에 모르는 사람이 보낸 소포를 열지 않아 폭발 사고가 없었다는 점이다.

미국에서 다양한 불만을 가진 사람들이 자신의 불만을 드러내기 위해 과거 유나바머처럼 소포 폭탄을 활용함에 따라 미국인들의 불안감은 사라지지 않고 있다. 미국 사회는 매년 수만 명의 무고한 생명을 앗아 가는 총기 사고에 이어 소포 폭탄 테러로 인해 택배물조차 마음 놓고 열어 보기 힘든 상황이 되고 있다.

세계통찰 미국 ⑥

미국을 만든 사람들 6
세상에 영향을 끼친 미국인 - 문화인, 예술인, 사상가
세계인의 감성을 자극한 문화 예술인

2020년 1월 31일 1판 1쇄 발행

지은이	한솔교육연구모임
펴낸이	권미화
편집	한솔교육연구모임
디자인	김규림
마케팅	조민호
펴낸곳	솔과나무
출판등록	2018년 12월 20일 제2018
주소	서울시 마포구 독막로 266, 111-901
팩스	02-6442-8473
블로그	http://blog.naver.com/solandnamu
트위터	@solandnamu
메일	hsol0109@gmail.com

ISBN	979-11-967534-8-1 44300
	979-11-967534-0-5 (세트)

© 2020 솔과나무

• 잘못 만들어진 책은 구입하신 곳에서 바꾸어 드립니다.
• 문의 사항이나 수정 의견은 이메일 확인 뒤 답신드리겠습니다.
• 이 책은 저작권법에 따라 보호받는 저작물이므로 무단 전재와 무단 복제를 금합니다.
• 이 책의 내용을 사용하려면 반드시 저작권자와 솔과나무의 서면 동의를 받아야 합니다.
• 이 도서는 한국출판문화산업진흥원의 '2019년 출판 콘텐츠 창작 지원 사업'의 일환으로 국민체육진흥기금을 지원받아 제작되었습니다.

• 이 책에 쓴 사진은 해당 사진을 보유하고 있는 단체와 저작권자의 허락을 받아 게재한 것입니다.
• 저작권자를 찾지 못하여 게재 허락을 받지 못한 사진은 저작권자를 확인하는 대로 게재 허락을 받고 통상 기준에 따라 사용료를 지불하겠습니다.